本教材获得复旦大学“双一流”建设项目
“七大系列精品教材”建设计划资助

商务印书馆（上海）有限公司 出品
The Commercial Press (Shanghai) Co. Ltd.

复旦哲学·教材系列

社会哲学与社会理论

邹诗鹏　主编
郁喆隽　潘　斌　副主编

商務印書館
创于1897 The Commercial Press

图书在版编目（CIP）数据

社会哲学与社会理论 / 邹诗鹏主编；郁喆隽，潘斌副主编. — 北京：商务印书馆，2025. —（复旦哲学）. ISBN 978－7－100－25252－2

Ⅰ. B0；C91

中国国家版本馆 CIP 数据核字第 202595VR06 号

社会哲学与社会理论

邹诗鹏　主编

郁喆隽　潘　斌　副主编

商　务　印　书　馆　出　版

（北京王府井大街36号　邮政编码 100710）

商　务　印　书　馆　发　行

山东临沂新华印刷物流集团有限责任公司印刷

ISBN　978－7－100－25252－2

2025年8月第1版　　开本 640×960　1/16

2025年8月第1次印刷　　印张 18½

定价：78.00元

目　录

· 社会哲学与社会理论导论 ·

新世纪以来，国内若干大学的哲学专业以及通识教育中，有不少开设了社会哲学或社会理论课程，比较受学生欢迎。但目前国内相关的教材建设完全没有跟上需要，仅有的两三种教材，还是20世纪80—90年代编写的。这些教材符合当时的需要，但主要服务于哲学专业选修课，且仍然局限于实证主义社会哲学传统，较少社会理论方面的内容，对有关研究前沿的吸纳也不足，课程内容相对陈旧。尤其是几十年来，人类社会实践已发生了巨大变化，已有的教材已经不能适用。这些年来，各大学本门课程的任课老师基本上是自编讲义，或援用相关专著，更多的是直接引用国外专著性教材（如《社会思想名家》、《社会理论二十讲》、《社会学理论的结构》、吉登斯《资本主义与现代社会理论》等），对这些国外教材，也未来得及做切合中国社会实践的甄别与分析批判。直接援用国外教材，也不符合建构与中国自主知识体系相适合的教材建设的要求。鉴于这一状况，我们组织多位高校专业课老师，编写了这部《社会哲学与社会理论》教材。在导论中，拟就课程定位、课程内容安排以及课程学习要求几个方面做一些说明。

一、课程定位

教材定名为“社会哲学与社会理论”，有必要做一些解释。一般而言，各大学哲学本科专业，都会开设“社会哲学”选修课，与经济哲学、政治哲学、历史哲学、文化哲学、艺术哲学、管理哲学、教育哲学等并列，通常属于应用哲学（领域哲学或部门哲学）课题系列。同时，它又与哲学导论、马克思主义哲学、中外哲学史与哲学传统、伦理学、逻辑学、美学、宗教学、科学技术哲学等哲学基础理论类的主干课程区分开。应当说，这一传统分类法仍有一定的合理性与可行性。在很大程度上，表征着实证主义的社会哲学，在哲学课程体系中，大体就属于一门选修课，不过，这也决定了社会哲学在哲学课程体系中的次要位置。

需要指出的是，这种将哲学课程分为基础理论类主干课程与应用哲学类选修课程的课程体系设计，并不符合现代哲学的基本样态。现代哲学的基本样态，是实践哲学崛起并成为显学，进而引领哲学基础理论。不仅哲学基础理论越来越强调自觉的实践感与问题意识，而且诸多实践哲学分支学科也越来越要求较高的哲学基础理论造诣。哲学基础理论与实践哲学的高度融通，乃现代哲学的一大特征。这也给相应的哲学课程体系设置提出了要求。哲学课程体系，因教学环节的推进，以及哲学本身的理论性质，固然强调基础理论以及基于基础理论的主干课分量，但不能因此而贬低实践哲学类课程。实际上，把这类本来属于实践哲学分支学科的诸课程，归之于与哲学基础理论相对峙并受到轻视（有时候还是贬义评价）的应用哲学（领域哲学或部门哲学），本身就不符合现代哲学样态。

应当说，在哲学课程体系中做基础理论主干课程与应用哲学选修课程的分置，实际上已经过时。代之而起的是构建以实践哲学为牵引的、与现代哲学样态相适应的哲学课程体系。现代实践哲学诸显学必须得到足够重视。现代主流实践哲学主要有三大显学——伦理学、政治哲学与社会理论，按照目前中国学科建设的方案，三大显学都应按照二级学科进行建设。在目前国内哲学学科体系中，伦理学已是成熟的二级学科并快速发展，政治哲学也已经被增列为二级学科（这本身就是重视实践哲学的一大标志），但社会理论则在哲学学科建设中明显不足，乃至是缺项。一般哲学学科课程体系的选修课程甚至没有列入社会理论。“社会理论”课程就其名称而言，似乎很不“哲学”，其看上去更偏向于社会学。而社会学学科有一门社会学理论，其中虽包含社会理论内容，但社会学学科对其重视还不够。这种安排也有一定的道理。社会理论本身就是哲学性质的，其本来也应存身于哲学学科及其课程体系，而且有理由成为哲学专业的基础类或主干类课程。这当然是就社会理论学科建设的应然性而言的。现在亟待解决的问题是社会理论课程在哲学专业的“户口”或身份难题。而在目前的哲学课程体系中，要开设社会理论，必须以“哲学”的方式将社会理论与社会哲学整合与融通到一门课程之中（实质上是经由社会哲学而拓展为社会理论），这即是这门课程被称为“社会哲学与社会理论”的由来。

值得指出的是，社会哲学本身也在向社会理论拓展。通常说来，社会哲学分为经典社会哲学与现代社会哲学。经典社会哲学系指由孔德开创并由斯宾塞及涂尔干所巩固的实证主义社会学传统。这既不同于马克思主义的批判的社会理论传统，也有别于韦伯的解释的社会理论传统，其也许更适合于在实证性的社会学专业展开，带有本质的非批判与非解释性质。这一脱胎于社会理论的社会哲学传统，在以批判与解释为主业的哲学专业中，也只能作为选修课。问题在于：现代社会哲学已经从实证主义的社会哲学传统拓展为内容及论域十分广阔的社会理论。社会理论在现当代哲学版图中占有重要地位。在现当代哲学流派与人物中，社会理论家要占据三分之一的地位，古典人物马克思、韦伯、涂尔干、齐美尔自不必说，诸多现当代哲学家如卢卡奇、阿多诺、帕森斯、米尔斯、哈耶克、阿隆、马尔库塞、弗洛姆、列斐伏尔、福柯、哈贝马斯、布迪厄、吉登斯、卢曼、鲍德里亚、贝克、鲍曼、霍耐特、卡斯特、施蒂格勒等，既是有着卓越贡献的哲学家，也是杰出的社会理论家。这本身也反映了社会理论在现当代哲学中的位置：社会理论前所未有地嵌入现当代哲学，现当代哲学也因此有着社会理论的空间。与此同时，社会哲学的论域也在拓展，并事实上融入现当代社会理论。当代欧陆社会理论虽然仍称其为“社会哲学”（或不加区别地使用“社会哲学与社会理论”），但实际上已经是在社会理论论域中被重新定义和定位的“社会哲学”。虽其名为社会哲学，从内容上讲已经延及社会理论。总之，社会哲学与社会理论已经融为一体。就此而言，将本课程定为“社会哲学与社会理论”也是名正言顺。

鉴于社会理论对于现代人与社会的理解，以及现代社会理论对诸多人文社会科学研究的基础性地位，社会理论也是一门前景广阔、对文科各专业都具有基础意义的通识教育课程。从实际教学过程而言，社会理论也不宜限于某一具体社会科学学科，而应该凸显反思的和分析的哲学性质，提炼问题意识，更新对社会的理解，呈现社会理论对于整个人文社会科学的基础性意义，并促使相关人文社会学科更为自觉地吸取哲学资源，实现人文科学与社会科学的会通，体现较强的文理交叉特点，以更好地体现社会理论的通识性质。本课程完全有理由成为人文社会科学以及自然与技术科学的基础课程。

本教材具有直接而重要的课程思政意涵：其一，以马克思社会理论为引领，侧重于引入马克思主义社会理论资源，并以之统领相关社会理论资源。马克思依然是我们的同时代人，马克思社会理论对于现代社会理论传统以及社会现实的批判性分析，将会对现代性社会的深入理解有所增益。这也要求授课老师及选课学生以马克思的社会理论为统领，并立足于当今中国社会实践，分析评判相关社会理论资源，形成健康积极的社会观。对于相关西方社会理论资源的把握与分析，也要基于马克思社会理论及其唯物史观而展开。从资源上看，现当代社会理论资源，除马克思之外，批判的社会理论、结构主义、空间社会理论、身体社会理论、消费社会理论、风险社会理论，这些都属于或倾向于马克思主义批判的社会理论传统，其重心在于对现当代资本主义社会的分析批判。掌握这些资源，有益于理解马克思社会理论的当代性。

其二，社会理论的核心议题是现代社会转型，因而有益于理解现代中国社会，并建构具有自主知识体系的当代中国社会理论。迄今为止，中国仍处于现代社会转型及其现代性境遇的总背景下。社会理论对于理解中国社会问题，具有一定的原型价值，值得深入研习。社会理论的研习，有助于切入中国实践，化用西方社会理论资源，完成相关理论资源的中国转化，推动实现社会理论的本土化。马克思主义中国化时代化也形成了一定的现代中国的社会哲学与社会理论传统，比如李达先生的《社会学大纲》，既是马克思主义哲学的系统表达，也包含相应的社会思想，理当继承并发扬。当代中国，尤其是在改革开放以来的中国社会理论领域中，也初步形成了可与西方社会理论对话的资源，比如费孝通先生在20世纪90年代即形成了蜚声中外的文化自觉以及“各美其美，美人之美，美美与共，天下大同”的理念。置身于今天这一全球化变局，结合对社会理论的研习，人们更为深切察知费孝通先生提出上述理念的重要性与紧迫性。当然，面对中国式现代化以及中华民族现代文明建设的时代任务，中国社会理论建设仍然任重道远，也仍然需要深入研究吸纳和分析现代社会理论资源。

其三，学习社会理论，有益于培养社会主义核心价值观，有益于推进当今中国的社会文明与社会建设，也有益于加强和改进思想政治工作。结构化及其社会团结，是社会理论的核心问题。社会理论传统有着天然的社会主义倾向；现代社会理论，更是有着对现当代资本主义社会的针对性与批判性。总的说来，社会理论所强调的结构化、社会团结及其集体主义，与社会主义核心价值观以及当今中国的社会文明建设，均有着相通性，并有一定的学理支撑价值。值得注意的是，结构化与社会团结，不是机械团结，而是社会的有机团结，是基于并积极培植社会活力与流动性的社会团结。但是，基于社会活力的社会结构与社会团结，如今特别需要回应当下人类社会所面临的民粹主义与无政府主义挑战。而社会理论学习，有必要重视对民粹主义与无政府主义思潮的认真甄别与合理批判。加强和改进思想政治工作，也有必要吸纳社会理论资源。学习社会理论，还有益于养成健康积极的人格。近些年来，青年群体容易受到各种特异及非社会性的亚文化思潮的冲击，很有必要通过社会理论的学习，既深入剖析各种社会问题，又实现价值观的自我调整。青年学子有条件，也有理由，通过社会理论的学习，养成对象化及其社会化的实践能力，成为社会主义事业的建设者和接班人。

二、课程内容安排

本课程共分十四讲，除导论（也作一讲）外，分十三个专题性章节，课程内容安排上有如下几个基本考量：

其一，反映马克思主义社会理论传统的主导及其中轴地位。课程揭示马克思社会理论的要义以及对整个现代社会理论的统领性。马克思的社会理论，建基于唯物史观及其社会历史视域。通过异化劳动及其阶级分析，市民社会及其政治经济学批判，马克思揭示了资本主义社会的结构、机制、存续及其扬弃，揭示了东方社会及其国家民族的独立解放和发展道路的自主选择。通过阐释人的本质、实践及其对象性活动，并通过对资本逻辑的分析批判，马克思开创了一般现代性社会批判，由此规定了现代社会理论的基本论域及其问题域，也开创了马克思主义社会理论传统。课程挖掘具有显著马克思主义特征的现当代社会理论传统。一般而言，批判理论、冲突理论、消费社会、风险社会、空间理论以及身体理论，都可以看成马克思批判的社会理论传统的延续，其他现代社会理论传统，也都与马克思的社会理论传统存在这样或那样的联系。

马克思经典社会理论也呼应着现代中国马克思主义社会理论之建构。从马克思经典社会理论开出了影响深远的东方社会理论传统，激活马克思主义社会理论传统及其资源，有益于探讨当代中国马克思主义社会理论之建构。与此同时，中国是马克思开出的东方社会现代转变的典范，因而，马克思主义社会理论资源与马克思主义中国化以及当代中国社会实践的结合，也有益于分析评判有关西方现代社会理论资源，并助力于形成具有自主知识体系的当代中国社会理论。对西方现代社会哲学与社会理论的系统学习，是形成中国社会理论的一大有益资源，所谓“他山之石，可以攻玉”，理论自信也表现在善于学习并透彻研究外来理论及其经验。

其二，重点介绍并分析社会理论的主要传统及其人物。以马克思主义社会理论传统为主线，本教材尽可能在一个开阔及与其关联的格局中引介经典及现代社会理论诸资源。现代社会理论人物众多、流派纷呈、谱系复杂，本教材讲述的十三种理论资源，基本上涵盖了现代主要社会理论诸家及其论域。在有关马克思、涂尔干与韦伯等经典社会资源的讲述中，会带出孔德、圣西门、斯宾塞、齐美尔等人创造的相关理论，它们会作为对话与批判性资源被引入。有的重要学派如结构功能主义不予单列，但会在功能主义章做专题介绍。现代社会学特别重视冲突、交换、互动三种社会理论，本教材各辟一章介绍和分析。法兰克福学派是20世纪社会理论中的重头，且属于马克思主义社会理论的延续，也凸显了现当代德国哲学传统对社会理论的影响。消费社会、风险社会、网络社会以及空间社会理论均属于20世纪60年代以后兴起的现代性社会理论领域，与大众文化转向、空间转向、身体转向以及生命政治学兴起等有关，具有显著的法国理论特征。鉴于其重要性，各辟一章讲述。中国学界对法兰克福学派社会理论以及法兰西风格的社会理论的研究也已经有了三十多年，已有相当积累及其分析批判，也有理由将这若干领域引入教学环节；法兰克福学派以及法兰西当代社会理论的深入分析，乃本教材的一个亮点。

其三，力求社会理论资源与社会实践问题的内在结合，培养社会理论的想象力以及分析能力。课程的总体思路，是将相关资源与现代社会实践结合起来，并置于当代资本主义批判视域，展开分析批判。以人物及其学派为主题，带出诸如社会进步、社会进化、社会活力、社会转型、社会变革、社会团结、分工、现代资本主义、市民社会、大众文化及其社会心理、知识社会学、技术社会、网络社会、消费社会、风险社会，以及空间化、身体化、身份政治、边际人等问题域，实现理论的资源化。社会理论的想象力对于哲学专业学生十分重要，传统哲学习惯于围绕抽象与自我意识展开想象，而社会理论则长于面向社会实践展开理论想象。以马克思为代表的现代哲学家则实现了从抽象与自我意识到面向社会实践问题的理论想象的转变，从而使得现代哲学呈现出丰富的面相。社会理论课程致力于反映这一面相，并引导学生培养和发掘面向社会实践问题的想象力。切实提升面向社会问题的分析能力，是本课程最重要的目的，资源的意义在于为我所用。通过对相关理论资源的吸纳与分析，引导同学深入分析现代性尤其是盛期现代性及其当代资本主义社会诸问题，进而自觉关注当代中国社会实践及其社会转型问题，形成面向中国式现代化的社会理论自觉。

三、课程学习要求

（一）哲学性质的研习要求

现代哲学专业及其课程体系本身就弥漫着社会理论资源（这也是哲学学科展开社会理论的优势）。哲学专业同学选修本课程，要注意与相关专业课程打通。哲学二级学科中马克思主义哲学、外国哲学、中国哲学、伦理学、宗教学、政治哲学以及科学技术哲学等，都在不同程度上包含或直接通向社会理论；相关课程，尤其是马克思主义哲学史、现代西方哲学、中国哲学史、西方伦理学、政治哲学、技术哲学以及宗教社会学等，都渗透和弥漫着社会理论。研习社会哲学与社会理论课程的哲学专业同学，要善于并且尽可能充分地汲取哲学专业课程所提供的丰富的社会理论滋养，打通社会哲学与社会理论和相关专业课程的内在关系。

鉴于社会理论是整个人文社会科学的基础性课程，本课程还将要求学生尽可能吸纳哲学、社会学、政治学、史学、经济学、传播学、人类学、民族学以及生命科学诸学科的资源及其前沿，自觉形成一种跨学科学习能力，也为人文社会科学的跨学科研究奠定一定的基础。

本课程系哲学专业的专业选修课，也系通识教育课程，一般建议大学二年级及以上同学选修。选修本课程，最好已选过哲学导论、马克思主义哲学导论、社会学概论、世界近现代史、西方哲学史等课程。作为通识课程，课程更强调其对于人文社会科学的基础价值。

（二）实现社会理论资源的内化与开放

其一，本课程尽可能实现对现代各社会理论资源的贯通性把握与分析批判。课程以马克思主义社会理论为主干，同时充分消化和吸纳社会哲学与社会理论的诸传统、流派及其主要理论学说。既要在现代社会理论的总体走向中形成对各章节具体资源的贯通性把握，又要具体吸纳并掌握每一项理论资源，为后续更高阶的社会理论学习与研究奠定专业基础，并将国内外社会理论研究前沿与社会理论基础的研习相结合。与此同时，本课程自觉运用唯物史观，结合当代中国马克思主义社会理论建构，自觉分析批判西方社会理论资源。鉴于现代社会理论资源十分丰富，而课程容量有限，本教材围绕主要内容及其资源展开，每一章都包含着一定的文献与文本资源，而在每一章之后，还提供了一份进一步研习的“推荐书目”。

其二，本课程注重问题意识与社会理论能力的培养，注重培育社会理论的观察力、想象力与思维方式，运用社会理论资源及方法，对相关现代性社会文化现象展开分析，形成面对现代复杂社会的社会化、对象性以及结构化的思维方式，形成健全的现代文明意识和包容的价值观，包括形成符合现代社会发展要求的健康的心理人格及其责任意识。应形成社会理论在时代意识上的同频共振，但也要尽量避免主观价值、个人偏好以及迭代效应等对课程学习的误导。

其三，本课程应鼓励教学互动。相关章节的讲授学习均应有一定的讨论与互动。教学相长及其互动式学习，更有利于学生对相关资源的把握与汲取，并激发学生掌握相关理论资源，自主探索社会理论。社会理论强调的实践感，本身也要求实现教学互动。教学互动不只是老师面向学生开放，也包括学生向老师的主动请教以及学生之间的积极互动。

关于本教材讲授时的章节选取，有两种讲法。一种讲法是全部照讲，教材章节从形式上也适合做这种安排，即导论及各章各一次课，一共十四讲。另一种讲法是选取其中若干章节，或者侧重于经典社会理论，或者侧重于结构、功能、交换、冲突以及互动等现代诸章，抑或主要选取其中法兰克福学派及当代法国社会理论，具体可以因地制宜。但无论哪种选择，建议都不要轻易绕过经典社会理论。复旦大学哲学学院的做法是本科阶段偏重于经典社会理论，在问题意识及知识视野上关联于现当代社会理论，并强调与相关专业课程的关联性。在相关专业的研究生阶段开设“西方社会理论前沿”“社会批判理论”以及“现代性社会与文化理论”课程，以此强化社会哲学与社会理论的基础课性质，在培养哲学专业人才的同时，也可培养出优秀的社会理论专门人才。

教材各章撰写分工如下：导论（邹诗鹏，复旦大学哲学学院），第一章（邹诗鹏，复旦大学哲学学院；潘斌，华东师范大学哲学系），第二、四、九章（李嘉弘，复旦大学马克思主义研究院），第三章（郁喆隽，复旦大学哲学学院），第五章（陈曲，同济大学哲学系），第六、十二章（张米兰，中山大学哲学系），第七章（宋一帆，北京大学哲学系），第八章（陆凯华，华东师范大学哲学系），第十、十一章（闫婧，上海社会科学院哲学所），第十三章（潘斌，华东师范大学哲学系）。宋一帆、牛小雪、赖诗奇、黄庆辉、张露思、程潇、包凌峥、张相彤、戴霞蔚等参与了文稿编辑与校正。最后由主编、副主编完成统稿。

虽经反复修改，本教材仍会有不少错谬，欢迎识者提出，再版时再做更正。

第一章
马克思及其批判的社会理论

马克思是对现代人类世界变革产生深远持久影响的革命家、哲学家与社会科学大师。在国民经济学之后并且在批判国民经济学的基础上，通过深入分析工商业与资本主义状况，提出唯物史观与实践观，马克思开拓并定向了现代社会科学变革。其中，马克思创立了批判的社会理论。马克思被誉为古典社会理论第一人，也全面影响着现代社会理论。马克思是社会理论大师，把握马克思的社会理论，应结合其整个理论探索，切入其社会理论论域。马克思的社会理论包含社会存在、社会关系、社会生活、市民社会批判、劳动及其交往实践、社会动力、社会形态与社会发展、东方社会等一系列概念及其论域，也包含一系列有原创性并深刻影响现代社会科学的方法：唯物史观及其总体的历史分析方法、唯物辩证法及其社会结构方法、社会批判以及政治经济学批判方法、从抽象上升到具体的方法、阶级分析方法。马克思的社会理论，仍然是分析当代人类社会的基本资源。

第一节　人物及其背景

一、生平及其著述

卡尔·海因里希·马克思（Karl Heinrich Marx，1818—1883），伟大的无产阶级革命导师，与弗里德里希·恩格斯（Friedrich Engels，1820—1895）一起缔造了马克思主义，推动了现代世界的革命性变革，深刻影响并将持续影响当今人类社会。马克思也是极其卓越的哲学家与社会科学大师，其发动的哲学革命，推动了从传统哲学到现代哲学的变革并主导着现代哲学，也开创并持续影响着现代社会科学。在社会学与社会理论方面，马克思开创了古典社会理论与批判的社会理论传统，马克思的批判的社会理论传统、埃米尔·涂尔干（Emile Durkheim）的实证的社会理论与马克斯·韦伯（Max Weber）的解释的社会理论，被奉为现代三大经典社会理论传统。

马克思出身于普鲁士德国治下特利尔城的一个犹太人家庭。19世纪初的德国仍系分崩离析的封建国家，虽有一些早期资本主义因素，但远远落后于西欧尤其是英国。不过，当时德国的知识界已经受到英法启蒙思想的影响，特利尔尤其如此。马克思的父亲以及未来的岳父深受这一传统的影响，他们推崇拿破仑，内心不满于普鲁士德国的封建统治。这种氛围直接影响了青少年时代的马克思，马克思的高中毕业论文《青年在选择职业时的考虑》所表达的人类解放的宏大抱负，即是法国启蒙传统影响的结果。

马克思起初就读于波恩大学法律系，但他不满于那里浪漫派及其保守主义氛围，随后转学至柏林大学，并在入学一年以后从法学转入哲学专业，哲学更能满足马克思崇尚自由与解放的志向。马克思于1841年初以《德谟克利特的自然哲学和伊壁鸠鲁的自然哲学的差别》获耶拿大学哲学博士学位，伊壁鸠鲁被马克思誉为古希腊伟大的启蒙思想家，而马克思在唯物主义传统中论证了伊壁鸠鲁的原子概念，实际上也论证并修正了青年黑格尔派的自我意识概念。《莱茵报》时期遭遇的“物质利益难事”，使马克思深感学院气息以及理性逻辑无力面对现实生活，这也是马克思思想成长的转折点。此前的马克思已积累起丰富学识，如一只“吃书的动物”，且才华横溢、睥睨天下，但却不接地气；“物质利益难事”迫使马克思关注苍生大众，切入社会实践并转向实践批判，进而发展出包括批判的社会理论在内的诸多理论领域。

对社会实践的关注及由此带来的社会观的转变，在整个马克思的学说中至关重要。在《莱茵报》时期致卢格的一封信里，马克思写道：“如果德国的亚里士多德想根据我们的状况写一本他自己的《政治学》，那么他会在开头就写上：‘人是社会的动物，但完全是非政治的动物。’”[1] 正是由于实践感的引导，马克思先是完成了从青年黑格尔派到费尔巴哈派的转变，从启蒙自由主义转向激进民主主义；随后不久，又通过对黑格尔观念论的国家哲学批判及其市民社会批判，以及对路德维希·费尔巴哈（Ludwig Feuerbach）直观唯物主义的批判，完成了从启蒙思想到唯物史观、从政治批判到政治经济学批判、从激进民主主义到共产主义的三重转变。1843年至1848年，马克思撰有一系列重要著述。1848年2月与恩格斯合著的《共产党宣言》，标志着马克思、恩格斯共产主义思想的成熟。

1848年发生了影响深远的欧洲革命，自由主义全面进入欧洲并同时伴随着民族主义的勃兴（又称为“民族之春”）。德国、法国以及比利时等欧洲政府相继对马克思下了驱逐令。1848年底，马克思携家人从布鲁塞尔流亡伦敦，除去中间短暂回过德国外，一直客居伦敦直到离世，此间马克思始终以“世界公民”自称。英国当时已处于维多利亚盛期，资本主义发展也积累起自身的矛盾，伦敦时期马克思的主要工作是从事政治经济学批判，撰写《资本论》与《政治经济学批判》，并留下多部经济学笔记。19世纪50年代以后，马克思认为短期内欧洲已不可能发生大的革命，但由此推论客居伦敦时期的马克思不再关注革命这一论断是站不住脚的。比如，1864年马克思短暂回到

1 《马克思恩格斯全集》第47卷，北京：人民出版社，2004年，第57—58页。

德国，即是为起草《国际工人协会成立宣言》；直到1882年即马克思去世的前一年，他还在病榻上口授完成《法国工人党纲领导言（草案）》，这表明他仍然关注着欧洲革命。马克思追求理论与实践的高度统一，也实现了他作为革命家与理论家的统一。

东方社会思想是马克思学术理论的一个重要方面。19世纪60年代以后，马克思对俄国、印度、中国及日本等东方社会产生了浓厚兴趣，关注并思索东方社会的命运及其现代遭遇，并开始将目光从英法先进国家这一西欧"小小角落"[1]投向欧洲以外广阔的非西方世界，尤其是东方社会。《给维·伊·查苏利奇的复信》以及《人类学笔记》等著述，记录了马克思的东方社会思想，由此带来学界尚存争议的马克思晚年"人类学转向"之论。无论如何，由马克思推动的有关东方社会是否可能跨越"卡夫丁峡谷"之问，持续影响着东方社会现代转变及其学术研究。在马克思的《摩尔根〈古代社会〉一书摘要》之后，恩格斯完成了《家庭、私有制和国家的起源》，此著是对马克思人类学思想的推进与完成。

虽然马克思没有社会理论的专著，但其著述作品包含着丰富的社会思想及其社会理论内容。除《资本论》及其手稿外，相关作品还有《1844年经济学哲学手稿》《黑格尔法哲学批判》《〈黑格尔法哲学批判〉导言》《论犹太人问题》《神圣家族》《关于费尔巴哈的提纲》《德意志意识形态》《哲学的贫困》《共产党宣言》《法兰西内战》《路易·波拿巴的雾月十八日》《哥达纲领批判》以及《人类学笔记》《历史学笔记》等，这一系列著作蕴含着马克思丰富而深刻的社会理论思想。

1883年3月14日，马克思病逝于伦敦，葬于海格特墓地，墓志铭是马克思自己的名句："哲学家们只是用不同的方式解释世界，而问题在于改变世界。"[2]在距马克思墓几米远的地方安葬着赫伯特·斯宾塞（Herbert Spencer）。斯宾塞是当时最负盛名的社会达尔文主义者、自由主义的社会学家、英国实证主义代表人物，被誉为"维多利亚时代的亚里士多德"。两位伟人在生前未曾谋面，却在另一个世界"比邻而居"，展开批判性对话。今天，相较于马克思墓前总有络绎不绝的朝拜者，斯宾塞墓前过客无数却鲜有人驻足瞻仰，与其生前享受的殊荣形成不小反差。

毋庸置疑，连同社会理论在内的马克思的整个学说及其理论，对世界历史产生了

1 《马克思恩格斯文集》第10卷，北京：人民出版社，2009年，第166页。
2 《马克思恩格斯文集》第1卷，北京：人民出版社，2009年，第506页。

决定性影响。19世纪与20世纪之交，马克思与爱因斯坦、牛顿等一起被英国广播公司评为“千年思想家”。研习马克思的社会理论，尤其要求与现当代中国内在地关联在一起。马克思主义是指导现代中国发展的思想源泉。习近平总书记指出：“马克思主义是人类历史上的伟大创造。在人类思想史上，就科学性、真理性、影响力、传播面而言，没有一种思想理论能达到马克思主义的高度，也没有一种学说能像马克思主义那样对世界产生了如此巨大的影响。”[1]认识现代中国社会，必然需要从马克思的社会思想中汲取资源，持续推进中国化马克思主义，发展中国化马克思主义的社会理论。

二、马克思对孔德实证主义的批判

马克思虽未与斯宾塞有过照面，也没有批判其实证主义，但却遭遇并批判了斯宾塞的法国前辈奥古斯特·孔德（Auguste Comte）的实证主义。批判传统与实证主义传统构成现代社会理论的一对基本矛盾，而对孔德实证主义的批判，则是马克思批判的社会理论传统得以确立的理论前提。

马克思主义与孔德的实证主义，差不多同时出现在19世纪40年代。马克思一开始并没有在意孔德及其实证主义。《德意志意识形态》中多次提到“实证科学”，但并未提到孔德。“在思辨终止的地方，在现实生活面前，正是描述人们实践活动和实际发展过程的真正的实证科学开始的地方。”[2]“真正的实证科学”，即唯物史观及其历史科学，是自然科学与人的科学的一体化。“自然科学往后将包括关于人的科学，正像关于人的科学包括自然科学一样：这将是一门科学。”[3]不言而喻，孔德那种将社会历史再度自然科学化的实证主义，实际上是无视人的社会学，无法成为“真正的实证科学”及其“人的科学”。马克思的实证科学以及人的科学，本身就已经批判了孔德仅仅在自然科学意义上定义人的实证主义。自40年代确立起新唯物主义即唯物史观开始，青年马克思展开了一系列批判，诸如宗教批判、政治批判、社会批判、实践批判、意识形态批判直到政治经济学批判，而标榜自我肯定的无批判的实证主义，显然不能为马

1 《习近平向各国共产党赴华参加纪念马克思诞辰200周年专题研讨会致贺信》，《人民日报》，2018年5月29日。
2 《马克思恩格斯文集》第1卷，北京：人民出版社，2009年，第526页。
3 《马克思恩格斯文集》第1卷，北京：人民出版社，2009年，第194页。

克思所认可。马克思提出“真正的实证科学”，意味着对黑格尔辩证法的批判性改造与合理继承，但是，由于实证主义的无批判性及其再次遁入二元对立思维方式，在事实上已被摒弃于“真正的实证科学”之外。

马克思不重视孔德，也与孔德在世时的糟糕形象有一定关系。师承但并不尊重圣西门的孔德，竟稀里糊涂地将圣西门同样推崇的科学精神与某种“邪教”联系在一起，实际上进一步败坏了圣西门主义。孔德晚年把自己说成“宇宙教创始人”“人道宗教大祭司”，在当时的知识界已沦为某种笑话。孔德即实证主义的代名词，其声名狼藉自然也损及实证主义。在孔德去世后的几年里，他的思想连同实证主义忽然在欧洲学界流传开来，也一度引起马克思的关注。19世纪60年代，马克思曾在致恩格斯的信里表示，他用了两周时间专门研究孔德，得出的结论还是“实证主义的破烂货”[1]。实际上，随着唯物史观、政治经济学批判以及科学社会主义思想的日臻成熟，马克思越来越自觉地批判孔德及其实证主义，后者也并没有在60年代成为欧洲的主流思想（当时的主流思想主要是自由主义）。就西方主流社会学界而言，直到涂尔干学派的兴起，且正是由于涂尔干的推崇，孔德及其实证主义的形象才日渐好转，但这与其说是孔德的实证主义，倒不如说是涂尔干的实证主义。

简要分析马克思主义与实证主义的区分如下：马克思主义与实证主义虽然都是反叛传统抽象哲学与形而上学的结果，却形成了截然不同的现代社会理论传统。孔德的实证主义强调科学与工业至上，而对支配着科学与工业的资本主义制度不予批判。马克思的社会理论虽然高度肯定科学与工业成就，但强调必须对宰制科学、工业并导致异化劳动的资本主义制度展开批判，分析资产阶级社会（即市民社会）何以实际地阻止了通向人类社会的道路。由此，资产阶级社会即市民社会批判成为马克思展开社会理论的基本方法。孔德的实证主义拒不承认社会乃超越自然历史，又在世界历史意义上重建自然历史的产物，事实上最后走向了并不真正理解科学精神的科学主义迷狂。马克思的市民社会批判导向政治经济学批判及其阶级分析，而孔德的实证主义则通向庸俗政治经济学以及新的宗教迷信。马克思主义立足于无产阶级与人民大众的立场，而孔德的实证主义强调资产阶级立场及其价值。马克思主义包含马克思主义哲学、政

---

1 《马克思恩格斯选集》第4卷，北京：人民出版社，2012年，第463页。

治经济学以及科学社会主义，孔德的实证主义还只是缺乏人文精神与社会历史性的单一的科学主义。马克思强调实践批判的精神，这直接造就了批判的社会理论传统，孔德的实证主义反对这一批判精神，而将实证主义直接定义为积极的、肯定的精神，也就摒弃了实践批判，并封闭了实证主义本身。马克思主义开创了批判的社会学及其社会理论传统，在马克思之后，通过涂尔干的努力，孔德及其实证主义社会学之根才真正开出了实证主义的社会学传统。

第二节　理论要义

一、社会存在及其社会生活观

社会存在是马克思哲学不同于传统哲学的基础概念，也是马克思社会理论的基本概念。传统哲学的存在概念是超验的、实体的，马克思哲学则实现了哲学的存在论变革或生存论转向，即从超验的、实体性的存在论转向实践的和社会历史性的生存论。马克思的社会存在概念具有实践生存论的内涵，在更大的意义上，社会理论在开端处既具有马克思哲学的前提，也具有现代哲学的性质。

传统哲学一直无力把握社会，现代性意义上的社会概念是英法启蒙及其近代政治哲学的产物，一般从属于市民社会范畴。德国古典哲学对于社会的自觉滞后于英法启蒙及其政治哲学传统。受大卫·休谟（David Hume）影响，伊曼努尔·康德（Immanuel Kant）认为，个人受到“非社会的社会性”及私欲的支配，乃历史及文明的直接动力[1]，社会是依据自然法则形成的理性和强制性的结合。“大自然给予人类的最高任务就必须是外界法律之下的自由与不可抗拒的权力这两者能以最大可能的限度相结合在一起的一个社会。”[2]社会是自然的理性化的结果，既不是客体，也不是主体。在黑格尔那里，伦理性的“第二自然”具有社会性，但未必是社会本身；超越自然存在与个体

1　参见康德:《历史理性批判文集》，何兆武译，北京：商务印书馆，1991年，第8页。
2　康德:《历史理性批判文集》，何兆武译，北京：商务印书馆，1991年，第9页。

存在的“社会”，实际上是由扬弃市民社会的伦理国家所承担的。相较于黑格尔，包括费尔巴哈在内的旧唯物主义将自己的立脚点确立为资产阶级性质的市民社会。但是，在马克思看来，必须历史地批判和超越资产阶级市民社会，以新唯物主义之立脚点即“人类社会或社会化的人类”来规定社会，将主体把握为社会，以实践批判来规定社会存在，并使社会存在通向社会生活及其社会意识。

关于马克思的社会存在、社会生活与社会意识的关系，须把握如下三个方面。

其一，社会存在并非可以单独给予的概念，而是人的社会化及其现实生活过程，社会存在及其人的现实生活决定并规定着人的意识与社会意识。“不是意识决定生活，而是生活决定意识。”[1]“物质生活的生产方式制约着整个社会生活、政治生活和精神生活的过程。不是人们的意识决定人们的存在，相反，是人们的社会存在决定人们的意识。”[2]社会存在是将社会生存化及其存在化，既是对于人的生存及其存在的历史规定，也是社会性的个体对于现实共同体的认同建构。马克思要求以社会来定义主体，并以之为辩证思维的前提，主体乃是社会历史性的概念。社会存在不是抽象的而是具体的。人不只是自然存在物，还是社会存在物。人的本质，“在其现实性上，它是一切社会关系的总和”[3]，社会存在建基于人的本质定义。格奥尔格·卢卡奇（György Lukács）的《社会存在本体论导论》以及卡罗尔·C.古尔德（Carol C. Gould）的《马克思的社会本体论》，都尝试定义马克思的社会存在概念，但前者并未摆脱传统本体论的束缚，后者则受存在主义的过度影响，仍然将个体与社会对立起来。

其二，社会存在通向并且表达为社会生活。社会存在与社会生活具有同构性，对于社会存在只能在生存论意义上进行把握（“社会存在”本身就是马克思所推动的生存论转向的直接表达方式）。超验的存在概念转变为社会存在概念，基于彻底的无神论立场，以宗教批判为前提，马克思不承认社会领域具有超验的存在，而只承认与人的感性生存内在关联的社会存在，并由此规定个体生存。“社会的人的感觉不同于非社会的人的感觉。”[4]社会生活当然不是直观的社会事实，而是经过实践批判的社会生

1 《马克思恩格斯文集》第1卷，北京：人民出版社，2009年，第525页。
2 《马克思恩格斯文集》第2卷，北京：人民出版社，2009年，第591页。
3 《马克思恩格斯文集》第1卷，北京：人民出版社，2009年，第501页。
4 《马克思恩格斯文集》第1卷，北京：人民出版社，2009年，第191页。

活，“社会生活在本质上是实践的。凡是把理论诱入神秘主义的神秘东西，都能在人的实践中以及对这种实践的理解中得到合理的解决”[1]。这一思想，有理由置于古典及现代社会理论并凸显其优越性，格奥尔格·齐美尔（Georg Simmel）以及现代现象学社会学试图以肯定的、非批判的、直观的社会生活为出发点，不外是回到了费尔巴哈的直观唯物主义。马克思通过实践批判规定社会生活，与其不懈地展开对现存资产阶级社会的历史批判及人类解放的价值目标关联在一起，这一思想也与各种现代乌托邦社会思想区别开来，后者总是避开对现存社会的批判而空谈人的解放。

其三，不能孤立地看待意识与社会意识。意识以及社会意识必然是社会存在及其现实生活过程的反映。在唯物史观视野里，意识本质上是社会意识，而“意识在任何时候都只能是被意识到了的存在，而人们的存在就是他们的现实生活过程”[2]。这同时也决定着社会存在本质上的实践基础、可知论及其可解释性。各种看上去独立存在的社会意识本质上都是“形而上学的幻影”，“道德、宗教、形而上学和其他意识形态，以及与它们相适应的意识形式便不再保留独立性的外观了”。[3]由社会存在及其实践批判拓展为相应的意识形态批判，意识形态批判既决定了马克思同观念论以及传统意识形态学说的区分，也决定了其与各种现代知识社会学的区别。对于既定文化及其价值观展开意识形态批判，是马克思社会批判理论的题中应有之义。

社会存在是存在论第一性的概念，社会意识是社会存在的反映，是第二性的概念；社会生活是社会存在的表达，社会意识也必然要求反映社会存在。社会存在、社会生活与社会意识具有贯通性，但不是同一个概念，更不能相互代替。

二、市民社会批判

作为批判的社会理论，马克思社会理论最直接的领域是市民社会批判，由市民社会批判通向政治经济学批判。

马克思所讲的“市民社会”（bürgerliche Gesellschaft），直译即“资产阶级社会”，

1 《马克思恩格斯文集》第1卷，北京：人民出版社，2009年，第505—506页。
2 《马克思恩格斯文集》第1卷，北京：人民出版社，2009年，第525页。
3 《马克思恩格斯文集》第1卷，北京：人民出版社，2009年，第525页。

稍有别于英文中的“市民社会”（civil society）。civil society（拉丁文societas civilis）概念在公元前1世纪由古罗马哲学家西塞罗（Marcus Tullius Cicero）提出，后被英国古典政治经济学家以及苏格兰启蒙学派使用，苏格兰启蒙学派代表人物亚当·弗格森（Adam Ferguson）著有*The History of Civil Society*，译为《市民社会史》或《文明社会史》。与civil society有别，bürgerliche Gesellschaft有着法语语境，与法兰西第三等级以及法国资产阶级关联更大；但二者在现代语境下的含义是相通的，在马克思批判的语境下都是指与资本主义关联在一起的“市民社会”。从哲学前提而言，“市民社会”是“旧唯物主义的立脚点”，对市民社会的批判要求揭示市民社会的旧唯物主义基础，亦即英法唯物主义基础。在马克思那里，市民社会有别于血缘关系的家庭，凸显出契约、市场及其利己主义性质，马克思说其具有“卑污的犹太人的表现形式”[1]。市民社会也与政治性质的国家有别，马克思促使市民社会脱去法国资产阶级的政治外衣，而趋向于英国那种反映典型现代资本主义经济要求的市民社会。

在黑格尔法哲学中，伦理分为三个环节——家庭、市民社会、国家，国家伦理是最高环节。其中市民社会又包括三个部分：第一是需要的体系，系经济社会范畴，在此范围内形成劳动及分工，进而形成各个等级；第二是司法，系国家法律的制度架构，由此规定所有权及契约关系，并说明犯罪的本质何以是对公共性的侵犯；第三是形成保护社会公共性与安全的警察与同业公会，系社会治理的基本形式，带有自治性。马克思将黑格尔的“家庭、市民社会与国家”二分为“市民社会与国家”，把作为客观精神（理性）的国家对作为质料（知性）的市民社会的支配，颠倒为“市民社会决定国家”。与此同时，从旧唯物主义到新唯物主义的转变，意味着扬弃市民社会及其利己主义性质，将市民社会所表达的“物质生活资料的总和”，抽象为历史的一般前提，进而揭示人类生活的直接基础，也即把决定着“吃、穿、住、行”等人类生活的物质生活资料的生产，看成历史生产的第一个前提，由此揭示了一个人类社会长久以来被遮蔽的秘密，进而发现了唯物史观。

将人类社会确立为新唯物主义的社会基础，意味着马克思扬弃了狭义的市民社会概念。广义的市民社会，即物质生活资料的生产，取代了黑格尔的客观精神即国家，

---

1 《马克思恩格斯文集》第1卷，北京：人民出版社，2009年，第499页。

成为人类生活的首要前提。由政治批判转变为社会批判，而市民社会批判以及作为政治批判主题的国家批判，均转变为政治经济学批判。“对市民社会的解剖应该到政治经济学中去寻求。”[1]市民社会批判的实质，就是对资产阶级社会的政治经济学批判，这也正是《资本论》及其手稿的主要工作。由此，政治经济学批判本身就属于马克思批判的社会理论展开的主题。

三、基于劳动及其交往实践的社会结构理论

马克思主张对现存社会即现存资产阶级社会展开批判，导向未来社会之建构。通过批判古典政治经济学以及黑格尔的劳动观，马克思提出了劳动异化概念，进而形成了一般的社会结构理论。在那里，标示着人的对象性活动的劳动，乃社会结构的动因，劳动创造了全部的世界历史。“对社会主义的人来说，整个所谓世界历史不外是人通过人的劳动而诞生的过程，是自然界对人来说的生成过程。”[2]劳动赋予了生产力以历史的肯定性质，形成了基于人的解放及社会持续进步的社会动力学说，进而通向人类解放，并通向现代哲学人类学。

生产力，作为人改造自然界从而获取和创造生产生活资料的能力，是劳动的直接体现。工业作为人手的延伸，进一步强化了生产力。生产力是人类历史及其变革的决定力量，生产力与生产关系构成生产方式，生产方式又关联着一定的交往方式。在马克思那里，交往是伴随着生产而形成的实践活动。“在后来时代（与在先前时代相反）被看做是偶然的东西，也就是在先前时代传给后来时代的各种因素中被看做是偶然的东西，是曾经与生产力发展的一定水平相适应的交往形式。生产力与交往形式的关系就是交往形式与个人的行动或活动的关系。”[3]要理解社会结构，尤其要把握由生产方式而来的交往方式，社会结构总是一定社会人群交往方式的结果。

马克思从劳动、实践、生产力、生产关系、生产方式拓展到交往方式。因此，应合理地理解和把握这些概念的内在联系。其一，在马克思的理论框架中，劳动、实践

---

1 《马克思恩格斯文集》第2卷，北京：人民出版社，2009年，第591页。
2 《马克思恩格斯文集》第1卷，北京：人民出版社，2009年，第196页。
3 《马克思恩格斯文集》第1卷，北京：人民出版社，2009年，第575页。

与生产本质上是相通的。社会生活在本质上是实践的，是人的劳动及其对象性活动的表现。实践是总体概念，劳动与生产是表达方式。劳动与生产的同一，意味着价值不是由消费及其闲暇决定，其主体是劳动者，而不是劳动的剥夺者；也正因如此，人的实践要求摆脱单纯的生产性以及简单劳动，追求活劳动的实现。活劳动作为人的类本质的生产与劳动，以对象性与自我确证的双重方式进入社会的全面生产与再生产，实现人类解放。

其二，生产通向交往，二者具有一定的互释性。不同于重商主义重交往（换）而轻视生产，也不同于重农主义重生产而轻视交往（换），马克思强调的是生产与交往的统一。在马克思看来，生产决定交往，但“生产本身又是以个人彼此之间的交往为前提的。这种交往的形式又是由生产决定的”[1]。这也意味着：不能仅限于个体与自然的关系理解生产方式，而应由交往方式对生产方式进行再定义，进而理解和把握社会结构。生产与交往之间的互释性，意味着不能简单地将交往看成生产的从属状态。在生成的意义上，交往后于生产；但就现实历史而言，交往方式可以直接影响生产活动，因此需要主动发展和改善交往方式及其生产关系，以利于发展生产力，推进生产方式的积极变革，推动社会结构的优化及其发展。

其三，交往方式要求适合生产方式，并由此表征社会结构的质量。当交往方式适应生产方式时，其表现为积极的和肯定的，从而也决定着社会结构的积极性质。马克思提出的“普遍交往”，建设积极的社会结构成为共产主义社会的实现目标，并为此主张“每个人的自由发展是一切人的自由发展的条件”[2]，也把共产主义看成“交往形式的再生产”。当交往方式不适合甚至阻碍生产方式时，就会出现不合理和不公正的社会结构。按照马克思的解释，这主要是因为受制于私有制的交往方式催生了劳动异化或异化劳动，导致基于阶级分化及其冲突的社会结构取代了本来由社会分工决定的社会结构。马克思也注意到了消费异化与交往异化，但他将交往方式的异化主要归为劳动异化，而在现存资产阶级社会的批判中，劳动异化又特别取决于劳动与资本的对立。对劳资对立及其劳动异化的批判，则从属于“人类社会或社会化的人类”的未来社会结构。

1 《马克思恩格斯文集》第1卷，北京：人民出版社，2009年，第520页。
2 《马克思恩格斯文集》第2卷，北京：人民出版社，2009年，第53页。

马克思的社会结构理论特别强调个人与集体的有机统一。马克思充分肯定个人在社会历史中的作用，“全部人类历史的第一个前提无疑是有生命的个人的存在”[1]。激发个人激情与创造力，增强社会动力与活力，由此实现社会公正、社会团结及社会结构的创造性变革与开放有序，是马克思社会结构理论的基本方向。但是，马克思坚决反对自由主义、个人主义及其利己主义，强调集体主义、社会主义与共产主义价值。“只有在共同体中，个人才能获得全面发展其才能的手段，也就是说，只有在共同体中才可能有个人自由。”[2]马克思反对各种类型的或源自原始共产主义并在空想社会主义基础上再现的“虚幻的共同体”“虚假的共同体”“冒充的共同体”“抽象的共同体”等。马克思追求个人与共同体有机统一的“真正的共同体”，亦即“自由人联合体”，其内涵为超越市民社会的“人类社会或社会化的人类”。马克思追求基于科学社会主义及全社会的有机团结，以此区别于涂尔干那种基于伦理社会主义及其社会自治的有机团结。

值得注意的是，马克思认为，在未来社会，无产阶级将成为世界历史性民族，国际主义联盟则是通向人类社会的基本样态。但正如共产主义之实现一样，国家之消亡也必然要经历一个漫长的历史过程。在这一过程中，基于国际主义原则，马克思主张多民族国家建构，强调理性的爱国主义，并坚持不懈地反对雅各宾主义、民粹主义以及无政府主义等非理性的个人主义。马克思显然不能为涂尔干、韦伯等古典社会学家所反对的“特赖奇克”[3]式的狭隘民族主义“背书”。

马克思的社会结构当然包含着政治与文化维度，也即上层建筑以及由上层建筑支配并反映着经济社会的社会意识形态。但政治社会以及社会文化并非单独存在，而是由经济基础决定。在《1844年经济学哲学手稿》之前，马克思特别关注政治社会，之后尤其是《资本论》及其手稿中则关注经济社会。西方马克思主义兴起时，卢

1 《马克思恩格斯文集》第1卷，北京：人民出版社，2009年，第519页。

2 《马克思恩格斯文集》第1卷，北京：人民出版社，2009年，第571页。

3 海因里希·戈特哈德·冯·特赖奇克（Heinrich Gotthard von Treitschke）是德国历史学家、政治学家，普鲁士学派的主要代表人物，其政治观点与学术主张深受普鲁士学派的影响。他强烈地主张普鲁士的武装统一德意志的道路，要求建立一个君主制的霸权国家，其代表作是五卷本的《十九世纪德国史》。同时，他反对法国大革命，敌视社会主义，极力地鼓吹种族主义、民族沙文主义，是狂热的民族主义思想的典型代表。

卡奇并不认为社会意识形态从属于社会结构；但自从安东尼奥·弗朗切斯科·葛兰西（Antonio Francesco Gramsci）提出领导权（hegemony）概念以来，则自觉地将社会意识形态看成社会结构的题中应有之义，这一趋势在路易·皮埃尔·阿尔都塞（Louis Pierre Althusser）以及后马克思主义思想中越来越明显，这也与结构化日渐成为现代社会理论的主流有关。

四、社会形态理论及其科学社会主义理想

基于唯物史观及其社会发展动力学，马克思的社会形态理论是关于社会形态演进的学说，并由此形成了科学社会主义理论体系。不同于社会改良主义性质的社会进化论，马克思将社会形态的演进看成借助社会革命实现社会进步的结果。恩格斯（《社会主义从空想到科学的发展》《家庭、私有制和国家的起源》）以及列宁（《论国家》）将马克思的社会形态理论概括为五个阶段：原始社会、奴隶社会、封建社会、资本主义社会与共产主义社会。其中，社会主义是共产主义社会的低级阶段。马克思本人则将社会演进看成“人类社会的史前时期”向“人类社会”转变的漫长历程，并区分为不同的社会形态。在《〈政治经济学批判〉序言》中表述为“大体说来，亚细亚的、古希腊罗马的、封建的和现代资产阶级的生产方式可以看做是经济的社会形态演进的几个时代”[1]，它标示着人类社会的史前时期，而人类社会则是社会主义与共产主义。马克思的表述混杂着地域、历史时间以及社会性质等复杂要素，但这四种形态加上未来人类社会形态，也正是恩格斯与列宁所概括的社会形态的五个阶段。由此可见，恩格斯与列宁五阶段论的描述与马克思的描述并不矛盾。

应将马克思有关社会形态的三阶段论与五阶段论统一起来。在《1857—1858年经济学手稿》中，马克思依据人的发展，将社会形态区分为群体本位、个人本位与类本位。

> 人的依赖关系（起初完全是自然发生的），是最初的社会形式，在这种

---

1 《马克思恩格斯文集》第2卷，北京：人民出版社，2009年，第592页。

> 形式下，人的生产能力只是在狭小的范围内和孤立的地点上发展着。以物的依赖性为基础的人的独立性，是第二大形式，在这种形式下，才形成普遍的社会物质变换、全面的关系、多方面的需要以及全面的能力的体系。建立在个人全面发展和他们共同的、社会的生产能力成为从属于他们的社会财富这一基础上的自由个性，是第三个阶段。第二个阶段为第三个阶段创造条件。因此，家长制的，古代的（以及封建的）状态随着商业、奢侈、货币、交换价值的发展而没落下去，现代社会则随着这些东西同步发展起来。[1]

在马克思那里，一方面，三阶段论是对五阶段论的简写，即完全自然的人的依赖关系、以物的依赖性为基础的人的独立性、基于类本质的自由的社会个性，分别对应于前资本主义阶段、资本主义阶段、共产主义社会阶段。另一方面，三阶段论有其复杂性，它不仅强调人的发展及其生存方式之变迁，也强调物的发展、社会权力及其社会支配之间的复杂关系。在五阶段论中融入三阶段论，更富于历史的分析、解释与引导意义，也可以避免某种单一的社会进步话语以及对马克思社会形态演进学说的简化。

从资产阶级社会或资本主义社会到社会主义及共产主义的转变，是马克思社会形态思想研究的重点，其中特别要把握马克思有关“两个必然”与“两个决不会”的辩证关系。“两个必然”（“资产阶级必然灭亡、无产阶级必然胜利”）是《共产党宣言》（1848）的表述，表明社会主义以及共产主义之必然取代资本主义的历史进程及规律，也即从必然王国到自由王国的必然转变。“两个决不会”是马克思在《〈政治经济学批判〉序言》（1859）中提出的著名判断：“无论哪一个社会形态，在它所能容纳的全部生产力发挥出来以前，是决不会灭亡的；而新的更高的生产关系，在它的物质存在条件在旧社会的胎胞里成熟以前，是决不会出现的。”[2] 这一判断特别揭示了生产力对于既有社会结构的支撑性，以及资本主义在相当长历史时间的持存性，也表明资本主义社会转向未来共产主义的长期性及复杂性。在《1844年经济学哲学手稿》中，马克思提

1 《马克思恩格斯文集》第8卷，北京：人民出版社，2009年，第52页。
2 《马克思恩格斯文集》第2卷，北京：人民出版社，2009年，第592页。

出:“自我异化的扬弃同自我异化走的是同一条道路。”[1]马克思对资本主义的积极分析,诸如工业、科学技术、自由交换、流动性,以及建立在现代无产阶级基础上高度的组织化等方面,与对资产阶级社会的劳动异化、拜物教及资本主义私有制的批判性分析关联在一起。在马克思看来,“在广大得多的地域内资产阶级社会还在走上坡路”[2]。19世纪90年代,恩格斯分析指出:资本主义基础“在1848年还具有很大的扩展能力”[3]。这意味着,在相当长的历史时期,持存的资本主义与新生的社会主义将处于同一个时空。社会主义虽然是共产主义的初级阶段,但本身也须经历相当长的历史时期,并与晚期资本主义并行。因此要历史地和清醒地把握社会主义与资本主义的同时空关系,把握现代资本主义的持存性,把握当今全球资本主义时代中国特色社会主义事业的现实境遇及其历史使命。

五、东方社会思想

马克思的东方社会思想是依据西欧社会展开的社会形态理论无法继续运演时,出现的一个巨大的“例外”,这一“例外”出其不意但又天命般地指向东方社会的现代转变。

在马克思欧洲研究的视野内,普鲁士德国即是相对于“英法先进国家”而言的“东方”。普鲁士德国的日耳曼所有制因难以发展出资本主义,需要获得一种有别于从封建制发展到资本主义的西欧社会形态类型。当判断德国无法实现这一现代转变时,马克思将一种激进革命思想赋予德国。19世纪50年代以后,德国逐渐发展出自由资本主义,马克思则尝试将德国纳入自由资本主义批判视野。与此同时,马克思的思想视野逐渐从“英法先进国家”以及欧洲转向欧洲以外的世界,特别是转向东方社会。马克思从立场与价值观方面自觉批判了欧洲中心主义,无产阶级的阶级化以及无产阶级对于现存社会的反叛,实际上体现为对欧洲资产阶级民族亦即欧洲民族国家的自觉批判与反叛。民族阶级化的思想,不仅适合于马克思对欧洲不同民族间关系的分析,在

---

1 《马克思恩格斯文集》第1卷,北京:人民出版社,2009年,第182页。

2 《马克思恩格斯文集》第10卷,北京:人民出版社,2009年,第166页。

3 《马克思恩格斯文集》第4卷,北京:人民出版社,2009年,第540页。

其国际主义及其“世界历史性民族”框架内，更适合于对东西方民族矛盾的分析。马克思有关“东方从属于西方”的判断，包含着弱势并被欺凌的东方社会对强势的西方社会的反抗，其中“东方”主要指正在或即将被西方殖民化的东方。马克思将欧洲中心主义批判置于国际主义论域，而国际主义本身即包含着对东方社会主体性的肯定与强调。随着垄断资本主义的出现，实际上已出现资本的帝国化，西方帝国主义对东方殖民地的残酷剥削与奴役，种族主义大行其道。在这一语境中，强调东方社会主体性，直接表达为东方社会及其国家民族的独立解放。晚年马克思越来越反对基于欧洲历史以及现存社会的分析来研究东方社会，转而希望区分东方社会与欧洲社会，通过直接研究东方社会展开人类学及其民族理论研究。在这一意义上，国外理论界前沿有关晚年马克思的“人类学转向”是有一定依据的。

实际上，19世纪50年代以后，马克思已经在有意避开基于欧洲社会的社会形态理论及其方法（包括政治与政治经济学批判方法），致力于重新发现东方社会。一般地说，马克思将无产阶级民族面对资产阶级民族的激进革命运用于东方社会的现代变革。尚未且远未进入现代进程的广大东方社会，只能借助反常规的激进革命，才能进入已被欧洲占得先机的世界历史。东方社会自身也必然要求一场革命，马克思明确地讲：亚洲社会必然要经历一场彻底的社会革命。[1] 在此前提下，马克思致力于发现东方社会的复杂性，从亚细亚所有制到亚细亚生产方式等各个方面。马克思一度特别关注这样一个问题：像俄罗斯这种缺乏，也不可能马上培育起资本主义的，原始农庄村社式的东方古老社会主义，有没有可能跨越资本主义这道令落后民族感到屈辱的“轭门”即“卡夫丁峡谷”？当时俄国一批民粹主义者急于从马克思那里获得肯定答复，但马克思不打算给予草率的答案。在给《祖国纪事》女记者查苏利奇的回信中，马克思数易其稿，越写越薄，最后的回信不过300字，简明扼要，即《资本论》有关资本积累的思想不适合分析俄国公社的现代转变。作为“俄国社会新生的支点”，俄国公社有可能不通过西欧资本主义这一“卡夫丁峡谷”，但必须进行社会革命，完成俄国公社的现代转变。马克思尤其不希望低估俄罗斯社会的复杂性，他也不认为自己清楚研究了俄国问题，历史地说来，马克思把认识东方社会复杂性的具体任务交给了东方马

1 参见《马克思恩格斯文集》第2卷，北京：人民出版社，2009年，第683页。

克思主义者。

随着对东方社会研究的深入，马克思深感古代东方社会的复杂以及现代转变之艰难。在马克思那里，亚细亚生产方式乃是先于古代社会的理想型社会形态，亚洲属于亚细亚生产方式的原生形态，欧洲属于次生形态，俄国则属于再次生形态。人类社会的起点不只是欧洲，还有欧洲以外的广大非西方，尤其是东方社会。马克思越来越不接受黑格尔所谓“亚洲没有历史”的判断，相反，他赋予亚洲东方社会以世界历史的主体性。路易斯·亨利·摩尔根（Lewis Henry Morgan）的《古代社会》使马克思意识到古代社会尤其是古代东方社会的复杂性，古代社会演进可能存在着某种复线逻辑，不过，马克思和恩格斯还是特别强调阶级的产生及私有制在古代社会演进中的决定性作用。

总的说来，社会理论从属于马克思的整个理论，在马克思的诸多学说理论中都渗透着社会理论资源。哲学上，马克思创立了新唯物主义及其唯物史观，并推进了康德开创的哲学人类学，其社会理论的存在论基础即从传统实体的和抽象的存在转变为实践的和历史性的社会存在。经济学上，马克思破除了古典政治经济学对分工及财产权的迷信，从异化劳动及由此决定的劳资矛盾理解现存资产阶级社会的社会关系，分析工业社会及社会化大生产与资本主义私人占有制的矛盾，批判古典自由主义，提出剩余价值理论，从实证的古典政治经济学发展为政治经济学批判。现代经济学大体继承了19世纪中后期的边际效应革命思想，后者是对马克思剩余价值理论的某种回应，但其低估了劳动异化及剩余价值理论，进而导致现代经济学的诸多问题；马克思对古典政治经济学的批判及其促进的经济学范式的转变，仍有待于现代经济学理论做出积极回应。史学理论方面，马克思扬弃了黑格尔的历史哲学，发展出唯物史观，建构起生产方式及其社会形态学说。唯物史观作为“现实的人及其历史发展的科学”，也蕴含着社会进步与发展的基本理论，始终对现代史学产生着影响及导向作用。在自觉超越欧洲中心主义的基础上，马克思提出了东方社会国家民族整体解放的思想，迄今为止仍然是国际社会研究东方社会及其民族发展状况的基本资源。政治学与法学方面，马克思致力于政治批判、国家学批判及意识形态批判。在有关历史法学派批判及黑格尔国家法哲学批判中，马克思致力于批判封建主义与保守主义，这也是现代政治学与法学的基本定向。而政治理论必然要求与社会理论相关联且贯通，马克思由此开启了现代政治社会理论。马克思的社会理论从属于其科学社会主义体系，强调群众观点、人民主权及爱国主义的价值观。在一些西方现代社会学传统试图回到“伦理社会主义”时，有必要凸显马克思社会理论的科学社会主义立场。在马克思那里，政治解放是人类解放的必要环节，但政治解放的主体是资产阶级，而资产阶级的政治解放要求从属于社会解放，并从属于“社会化的人即人类社会”的生成。马克思要求通过人的社会性来定义其政治性，国家社会化是基本路向，人的全面发展是根本目标。

第三节　理论效应及其学科定位

一、理论效应

（一）经典社会理论的奠基及其对现当代社会理论的深刻影响

马克思开创了批判的社会理论传统；半个世纪之后，涂尔干与韦伯结合欧洲现代民族国家兴起的时代背景，分别推出实证的社会理论与解释的社会理论，它们并称为三大经典社会理论传统。虽然这是现代社会理论尤其是法兰克福学派以及结构化社会理论传统的再度定位，但三大传统完全符合整个社会理论传统的走向。

西方马克思主义是马克思主义传统经历韦伯理论洗礼后的产物，但西方马克思主义的根基仍是马克思，尤其是马克思批判的社会理论。法兰克福学派的社会批判理论，当代法国激进社会理论传统所关注的身体转向、空间转向以及生命政治学兴起，其理论之根都在马克思。大体说来，西方马克思主义的兴起直到法兰克福学派，主要延续并发展马克思的社会政治批判与文化批判，政治经济学批判的传统则有所偏废；20世纪60年代出现政治经济学批判的复兴，并与文化批判交融；当代激进社会理论，更是发展出富于想象力的技术批判思想。激进社会理论的这些进展，都与激活马克思批判的社会理论资源直接相关。马克思批判的社会理论，不仅批判孔德的实证主义社会学，在现当代论域下，还持续针对自由主义以及保守主义的社会理论传统。

马克思批判的社会理论传统对现当代社会理论的影响，还体现在对西方非马克思主义社会理论传统的影响。解释的社会理论、进化理论、结构主义、功能主义、结构功能主义、互动理论、冲突理论、后现代社会理论等，都从马克思批判的社会理论中吸取资源及元素，以实现社会理论的不断更新与创新。

（二）对现代社会科学的奠基意义

马克思不仅开创了社会理论，而且开创了现代社会科学。马克思提出了一系列批判，如国家学批判、宗教批判、法哲学批判、实践批判、意识形态批判、政治批判、封建主义与保守主义批判、自由主义批判、无政府主义与民粹主义批判、市民社会批判、政治经济学批判，这些批判共同的目标与旨趣，即破除旧的概念知识框架与价值观念，并开始建构面向现代世界的人文社会科学。

马克思对实证主义的批判，也应在开创现代社会科学的高度予以理解与定位。一般而言，现代社会科学起始于亚当·斯密（Adam Smith）的政治经济学，并开始形成实证主义。孔德的社会学特别发展了实证主义，但实证主义的自足也堵住了其通向现代社会科学之路。而马克思对实证主义的批判、开放的问题域及其理论建树真正奠定了现代社会科学基础，其中批判的社会理论发生着中枢作用。物质资料的生产，这一被马克思肯定性地把握为历史生产的首要条件，乃是对社会存在的本质规定，并借此确定历史规律，发现唯物史观，在此基础上建构作为“唯一的一门实证科学”的“历史科学”，这乃是对整个社会科学的新规定，也构成了现代社会科学的基础。这不只是哲学的终结及其面向社会科学的开放，也是方兴未艾的社会科学本身的开放，从扬弃哲学开始，向经济、政治、社会、文化等各个领域开放，由此展开为现代社会科学体系。对于过度学科分化的当代社会科学而言，重申马克思社会理论对于现代社会科学的基础意义，有益于实现现代社会科学的跨学科对话与融通，推进现代社会科学的整体发展。

（三）世界历史及其东方意义

这不只是指马克思东方社会思想在东方世界的意义，也是指整个马克思主义对东方社会现代转变及其发展的意义。东方社会在现代世界的革命性转变，最直接的理论动力、分析方法及思想启示，都源自马克思的东方社会及其革命思想。迄今为止，马克思仍然是东方世界的表达者与辩护者。马克思的学术理论及其后续影响大体包括早期的哲学—政治实践（包括社会政治哲学、唯物史观以及新唯物主义），中后期的政治经济学批判、东方社会思想三大部分。前两个部分无疑是马克思学术理论中的显学，其中即渗透着批判的社会理论。相比之下，第三部分即马克思的东方社会思想则相对单薄，不仅缺乏前两个部分宏富且精深的文本基础，也缺乏确定的内涵。然而，结合马克思主义深远的东传效应及其现代史上的累累硕果，从年鉴学派到东方学，从殖民地独立解放理论到各种后殖民思想研究，从俄罗斯、中国、印度、日本、东南亚到非洲及拉丁美洲，又都是马克思东方社会思想的拓展。马克思东方思想的成果，还直接体现在其有关人类学及民族理论的研究，表现为哲学人类学的自觉。现代人类学民族学在民族志方法的引导下，逐渐向古代社会纵深推进。

从更大的世界历史视野看，马克思主义东方社会思想直接关联于马克思主义的东传过程，形成了苏联、东欧地区的马克思主义社会理论传统。其内部情形十分复杂：结构化是苏联社会理论的主题，东欧地区则因地缘及宗教文化传统等因素，形成了人道主义的马克思主义理论传统，也受到了西方社会理论传统的直接影响。马克思主义中国化更是促进了马克思主义社会理论的中国化。老一代马克思主义者如李达先生自觉在马克思主义哲学上定位马克思主义社会学，并著《社会学大纲》，它是通过社会学实现的马克思主义哲学的系统表达，也是将马克思主义哲学自觉贯彻到社会学理论的尝试。基于巨大的中国革命与实践，中国化马克思主义哲学传统力图在整体的马克思主义哲学观上定位社会学与社会理论，对马克思主义社会理论的重构、纠正西方社会理论的某些倾向，均发挥了积极作用。改革开放以来，中国社会理论一直挖掘和吸纳马克思主义社会理论资源，致力于社会理论的本土化，且这一进程仍有待于积极推进。

二、学科定位

马克思学说涉及哲学、经济、历史、社会、法律、科学、人类学、宗教、民族以及地理等多个领域，因而在理论上关涉哲学、经济学、史学、社会学、法学、人类学、宗教学、民族学、地理学等具体学科，但都不能完全局限于现代分门别类的人文社会科学学科框架。相比于韦伯明确的社会理论，以理性化及规范性为社会理论之标尺，马克思展开的主要是批判性的社会思想。而既超越现代学科框架，又打通马克思的相关思想与现代人文社会科学的应有关联，已经成为当代人文社会科学研究的一项重要任务。

事实上，撇开复杂的现代人文社会科学学科体系，马克思有关哲学、社会、历史、经济、法律、文化、地理、宗教、民族等论述本身就是关联在一起的。马克思既反对国家学的思路，也反对对社会政治经济问题做分门别类且彼此不相干的研究，这本身也是唯物史观及其政治经济学批判的内在要求。自1843年提出“消灭哲学”（“扬弃哲学”，其中“哲学”既是黑格尔哲学的代称，也是形而上学的称谓），进而转入社会实践并自觉批判实证主义以来，马克思致力于实践批判与政治经济学批判，而无意于建构具体哲学。严格来说，将马克思有关领域的研究称为经济哲学、历史哲学、政治哲学、法哲学等，都不符合马克思的本义，社会哲学也是如此。鉴于孔德几乎是社会学及社会哲学的代名词，而马克思坚决批判孔德的实证主义社会学与社会哲学，马克思的社会思想也不能称为社会学与社会哲学，而应合理定位为社会理论。马克思开创了批判的社会理论传统，通过对现代性社会的批判性分析与洞察，不仅实现了从社会哲学到社会理论的转变与拓展，更主导着现代社会理论及其走向。但现代社会理论传统多沿用“社会哲学”的用法，早期西方马克思主义、法兰克福学派以及结构理论等用“马克思的社会哲学”这一说法，而马克思也承认“实证科学”，在此意义上，可以将马克思的社会思想称为马克思的社会哲学。

马克思批判的社会理论有其整体性与自洽性，不宜被元素化。当代美国著名社会理论家乔纳森·H.特纳（Jonathan H. Turner）将马克思的社会理论资源分解为不同的元素，使之分别归为他本人的冲突理论所重构的七种社会理论传统（功能主义理论、进化理论、冲突理论、批判理论、交换理论、互动理论、结构理论），因而严重肢解了马克思的社会理论。

第四节 马克思的社会科学方法论

在开创现代社会科学的过程中，马克思也开创了现代社会科学研究方法。相较于孔德、斯宾塞、涂尔干以及韦伯等古典社会学家创立专门的社会研究方法，马克思则创立了综合性且内容丰富的社会研究以及现代社会科学研究方法。值得注意的是，马克思主义强调世界观与方法论的高度统一，以及理论、观点与方法的高度统一，不存在脱离理论、世界观及价值观的先验的方法论。马克思的社会科学方法论，必然要求与马克思的理论研究，尤其是社会研究活动关联在一起。

一、唯物史观及其总体方法

唯物史观是马克思有关历史总体性并贯彻到诸社会科学研究的总方法，也直接关联于并且涵盖着唯物辩证法、社会批判及其政治经济学批判、具体—抽象—具体以及阶级分析等诸种方法。唯物史观以生产方式（即生产力与生产关系的统一）及其变革为基础，揭示社会形态及其演进；要求基于历史进步定位现实的人及其发展，将社会形态的演进与人的发展统一起来，强调历史进步及其不可逆性，主张高级社会形态的分析解剖有益于认识更低的社会形态，即“人体解剖对于猴体解剖是一把钥匙”[1]。唯物史观方法强调现实的人及其发展，人的发展是目的，不是手段，“自由人联合体”是共产主义的目的，也是唯物史观有关人与社会发展的题中应有之义。

正确把握和运用唯物史观方法，须注意如下问题：

一是不可因马克思批判实证主义，就误认为马克思不重视实证研究方法及社会调查。马克思主义本身就是欧洲波澜壮阔的历史实践的产物，经历《莱茵报》时期“物质利益难事”之后，马克思尤其强调问题意识及社会实践的重要性，马克思、恩格斯也进行了大量的社会调查（如马克思《莱茵报》时期的大量社会调查、恩格斯有关英国工人阶级状况的调查、马克思《资本论》撰写过程中有关工厂检查员的调查等等）。马克思批判黑格尔的国家法哲学、批判费尔巴哈的“二重性直观”，就是因为他们忽视了真正的实证方法及其社会调查，从而无法走出历史唯心主义。马克思主张的实证科学必然要求强调实证研究方法及其社会调查方法，关键在于通过细致的实证研究抓住根本的问题，而那种细节考证严密，却得出错误结论的实证主义，显然是马克思批判的对象。

二是把握生产方式的决定作用，不能重新回到唯生产力论。唯物史观当然强调生

1 《马克思恩格斯文集》第8卷，北京：人民出版社，2009年，第29页。

产力与经济基础的决定性作用，但也反对唯生产力论与经济决定论。唯物史观与重农学派和古典政治经济学的区别，就在于它不只是局限于生产力或交换关系，而是从作为生产力与生产关系之统一的生产方式，以及生产方式与交往方式的统一来分析人类社会演进规律。晚年恩格斯在有关历史唯物主义的一系列通信中，特别重申不能将唯物史观还原为经济决定论。而不少学科声称坚持唯物史观方法，但具体说来不过是强调生产力决定生产关系、经济基础决定上层建筑，或者再加上生产关系反作用于生产力，以及上层建筑反作用于经济基础之类，并没有引入生产方式以及交往方式，也很难称得上是自觉运用唯物史观方法。就此而言，现代社会科学方法离真正的唯物史观方法尚有很大的距离。

三是将社会形态及其结构的演进与人及其社会主体的发展自觉统一起来。特别表现在把握有关“五阶段论”与“三阶段论”的辩证统一，这在理论要义中的“社会形态理论及其科学社会主义理想”一节里已做过分析，在此不赘。五阶段论与三阶段论的统一，不只是理论内涵的理解，也是方法论的把握，而只有将人的发展与社会关系及其结构的发展相统一，才可能在方法论上将五阶段论与三阶段论统一起来。

四是把基于西欧的经济社会分析与对欧洲中心主义的自觉批判区分开来，因此积极地理解马克思的东方社会思想。对于既定社会即资产阶级社会，马克思依据当时西欧社会特别是英国的历史经验，推导出其进入现代资产阶级社会的历史逻辑，但这绝不是要退回黑格尔的历史哲学再次确证欧洲中心主义，而恰恰是要批判欧洲中心主义。马克思通过对西欧的经济社会分析，一方面确证了西方资本主义的历史合法性，另一方面也指出了其局限性，从而为突破欧洲论域、朝向东方社会做准备。从视野到立场再到价值观，马克思越来越自觉地超越了欧洲中心主义，形成了有关东方社会研究的方法论自觉。

二、唯物辩证法方法

马克思极其反感德国知识界简单粗暴地将黑格尔视为“一条死狗”，而自己则“公开承认我是这位大思想家的学生”，马克思称自己是黑格尔辩证法的继承者，并在历史科学以及社会科学领域贯彻唯物辩证法。黑格尔逻辑学已经论述了本体论、认识论与逻辑学的同一性，这是对英国经验主义二元对立的知性思维以及法国唯物主义二重性直观的超越，但黑格尔将这种同一仅仅限定于思辨领域；当费尔巴哈试图从思辨领域引向感性领域时，又只不过是重复了法国唯物主义的二重性直观，而无力将感性引入社会历史领域。马克思发现了这一问题，并致力于在历史以及人的活动领域贯彻辩证法，《资本论》及其政治经济学批判方法本身就体现了唯物辩证法。列宁称马克思的《资本论》包含着“大写的逻辑学”，认为“在《资本论》中，唯物主义的逻辑、辩证法和认识论［不必要三个词：它们是同一个东西］都应用于一门科学”。[1]“大写的逻辑学”实际是指弥漫于《资本论》并作为总体的辩证法方法。

在社会理论上把握唯物辩证法时，须特别注意如下几个方面：其一，社会历史领域的对象是物质意义上的社会现象与社会事实，不能由观念的东西解释现实的东西，而应由现实的东西解释观念的东西，社会历史辩证法必然是唯物辩证法。其二，马克思辩证法之强调对立统一以及多元统一，与黑格尔辩证法所强调的“同一”（identity）本质上是不同的。黑格尔所谓本体论、认识论与逻辑学的同一，只存在于纯粹思维中，同一中的差异是概念自身的分化，而不是对象的分化；但在马克思那里，社会历史领域的辩证法是在确认社会历史现象之现实分殊基础上的统一，是现实的和历史的“分”与“合”。这意味着不能回避社会现实存在的矛盾与多样性，不能因为辩证法反对二元论以及知性思维，就不承认实际存在的矛盾，不能把辩证法变成是“变戏法”，以为辩证法就是“怎么都行”，而要求正视现实社会中的矛盾，具体问题具体分析。在此基础上，寻求矛盾的对立统一，或在多样性中寻求共同性及一致性，求同存异。其三，社会历史辩证法的目的是人的发展，是因果性与合目的性的统一。因此既不是诡辩法与变戏法，更不是“怎么都行”的无政府主义方法论。恩格斯强调辩证法的本性是批判的和革命的，运用唯物辩证法的目的即积极推进人与社会的进步与发展。

三、社会批判及政治经济学批判方法

社会批判方法，乃唯物史观以及唯物辩证法方法在社会理论上的运用，具体表达为政治经济学批判，使马克思有别于旧唯物主义、国民经济学以及实证主义社会学

1 《列宁全集》第55卷，北京：人民出版社，2017年，第290页。

传统，也有别于以黑格尔为代表的观念论批判。政治经济学批判的本质是资本关系批判，马克思讲："资本不是物，而是一定的、社会的、属于一定历史社会形态的生产关系，后者体现在一个物上，并赋予这个物以独特的社会性质。"[1]"资本不是一种物，而是一种以物为中介的人和人之间的社会关系。"[2]资本的本质就是社会关系，因此对资本关系的分析与批判，本质上就是对资本主义制度下人与人之间社会关系的分析与批判。

政治经济学批判方法与马克思提出的一系列批判及其方法存在着内在关联，包括国家学批判、宗教批判、法哲学批判、实践批判、意识形态批判、政治批判、封建主义与保守主义批判、自由主义批判、无政府主义与民粹主义批判等。但政治经济学批判是其中的枢纽，并直接具有方法论意义。

在马克思那里，社会批判是对现代资产阶级社会的批判，因而必然表达为政治经济学批判，并通向现代性批判。现代性是较现代资本主义更大的范畴，正如不能将现代性等同于资本主义，也不能将现代性批判等同于现代资产阶级社会批判。法兰克福学派将马克思的现代资本主义批判发展为现代性批判，却疏离了政治经济学批判方法，也因此远离了对资本主义的本质批判。马克思的批判理论方法开启了现代批判理论传统，且不同于现代批判理论传统疏离政治经济学批判方法，马克思的批判理论奠基于政治经济学批判方法之上。

四、具体—抽象—具体的方法

具体—抽象—具体的方法，是马克思通过资本研究体现出来的方法，但已上升为一般的社会科学研究方法，也是专门研究"主体即社会"的前提性理论方法。此方法分为两个环节：从具体到抽象，以及从抽象上升到具体。按照马克思的分析，从具体到抽象是一般哲学形成的方法，是抽象思维活动中的重要环节。观念论或唯心主义即是从抽象到抽象，与之相反，经验主义以及实证主义则是从具体到具体。马克思特别强调从抽象上升到具体，并视之为人类辩证思维的基本方法。在马克思看来，相对于从具体到抽象，从抽象上升到具体更难。从抽象上升到具体涉及理论自觉，是科学

1 《马克思恩格斯文集》第7卷，北京：人民出版社，2009年，第922页。
2 《马克思恩格斯文集》第5卷，北京：人民出版社，2009年，第877—878页。

认识及其理论思维对于现实的对象性和反思性的把握。科学认识不仅要求把感性的具体事实作为科学抽象的依据和前提，即从具体到抽象，而且要求从抽象再上升到理性的具体。“具体之所以具体，因为它是许多规定的综合，因而是多样性的统一。因此它在思维中表现为综合的过程，表现为结果，而不是表现为起点，虽然它是现实的起点，因而也是直观和表象的起点。在第一条道路上，完整的表象蒸发为抽象的规定；在第二条道路上，抽象的规定在思维行程中导致具体的再现。”[1]理性的具体是许多规定的综合，是一般到个别，也是多样性的统一。从抽象上升到具体的方法要求人们客观地分析对象各种规定之间的内在联系，确定每一规定在具体的总体中的地位和作用，以便在概念或范畴的互相联结上，从起点经过中介到达终点，形成一个反映着客观必然联系的逻辑体系。

从抽象上升到具体，强调的是“具体总体”。“具体总体作为思想总体、作为思想具体，事实上是思维的、理解的产物；但是，决不是处于直观和表象之外或驾于其上而思维着的、自我产生着的概念的产物，而是把直观和表象加工成概念这一过程的产物。整体，当它在头脑中作为思想整体而出现时，是思维着的头脑的产物，这个头脑用它所专有的方式掌握世界，而这种方式是不同于对于世界的艺术精神的，宗教精神的，实践精神的掌握的。”[2]具体总体显然是对“从具体到抽象”中的“具体”的超越，因此，不能把具体—抽象—具体方法中的第二个“具体”还原为第一个“具体”。

抽象是必要的，经过抽象这一环节，具体实现了面向总体的再现，也是真实性的再现。在抽象通向具体总体的过程中，理论思维已经获得了一种批判资质，此具体总体本身就是批判的社会理论传统应当把握的具体。具体总体也为卢卡奇的总体性所把握，并在法兰克福学派中延续。当然，“具体总体”与“思想总体”也不能再度抽象化，这也是具体—抽象—具体方法的具体化方向所决定的。

现代认知科学的重大突破就是具体化方法的自觉运用，从逻辑学、认知科学到脑科学、心理学、社会学、经济学等，具体化方法无处不在。但诸多哲学社会科学学科所讲的具体化，未必都与马克思的“从抽象到具体”相通。不少学科并不存在诸如抽象之类的“本体论承诺”，而仅仅是从经验到经验，从具体到另一个具体；不少具体

1 《马克思恩格斯文集》第8卷，北京：人民出版社，2009年，第25页。
2 《马克思恩格斯文集》第8卷，北京：人民出版社，2009年，第25页。

化直接等同于实证化，或把具体化与宏观性及其整体性相对立，从而简单理解为微观化。因此，很有必要结合马克思有关“具体是多样性的综合”的思想，反思当代哲学社会科学的具体化方法，完善当代哲学社会科学方法论。

五、阶级分析方法

马克思主义的哲学社会科学方法论本身是一个形态多样、路径多元的方法论体系，是认知与分析当代社会的基本思维工具与方法论。其中，马克思尤其重视阶级分析的方法，这也是马克思主义研究所强调的基本方法。《共产党宣言》开篇即讲“至今一切社会的历史都是阶级斗争的历史”[1]，要分析这一历史，就需要自觉运用阶级分析方法。具体而言，“一切社会”指奴隶社会、封建社会与资本主义社会，其基本阶级区分为奴隶与奴隶主、农民与地主、工人与资本家，在这一基础上还可以细分，但奴隶与奴隶主的矛盾、农民与地主的矛盾，以及工人与资本家的矛盾，构成奴隶社会、封建社会与资本主义社会的主要矛盾。马克思强调，资本主义社会或资产阶级社会依然还需要自觉运用阶级分析方法。阶级分析是相对于国民经济学所迷信的分工而言的，马克思通过揭示异化劳动，指出看似多样性的分工及多种阶层的实质是“劳动与资本的对立”，强调必须扬弃劳资对立，实现劳动解放及基于社会所有制的社会公正。

在马克思那里，阶级分析总是自觉地与经济社会分析关联在一起，并从属于生产方式研究。比如，从奴隶社会的阶级分析中，马克思抽象出劳动力自由买卖以及解放问题；从封建社会转入资本主义社会的阶级分析中，马克思提出土地所有制以及分工与所有制的同一问题，也深化了阶级分析方法，避免陷入布朗基主义式简单化的血仇逻辑。同理，马克思也与工团主义以及拉萨尔主义进行坚决的斗争，强调阶级斗争的正当性。从历史进程方面看，避免阶级分析方法泛化为阶级斗争的工具是有必要的。原始社会没有阶级分析的基本条件。未来共产主义是无阶级社会，作为以社会主义建设及其治理为主的社会主义社会，也应避免阶级分析方法引向不必要的阶级斗争，为社会和谐与团结创造条件。

---

1 《马克思恩格斯文集》第2卷，北京：人民出版社，2009年，第31页。

对于现当代社会而言，阶级分析方法并没有过时，它仍然是现当代人文社会科学研究的基本方法。但不能片面强调阶级分析方法，尤其不能通过强调阶级分析方法助推阶级斗争扩大化。也不能将马克思的社会分析方法仅仅局限于阶级分析方法。马克思的阶级分析方法应与冲突理论及其相关的现代社会研究方法结合起来，尤其要与社会基本矛盾的分析结合起来。

第五节　评　析

理解马克思的社会理论，有理由回到其所处的早期资本主义时代，但又不能局限于此，而应将其置于资本、技术以及国家交织在一起的现代性的复杂社会背景中。对于中国学人而言，尤其需要把握马克思东方社会思想对于现代中国的意义。马克思主义中国化，将促使我们这一国家民族决定性地进入现代社会，实现中国式现代化，而在这一进程中，马克思主义社会理论具有十分积极的意义。就此而言，马克思的社会理论包含着两个主题：一是决定性地促进所在国家及地区走出自身的封建主义，实现朝向现代社会的变革及其转型；二是历史性地扬弃资本，既获得现代资本主义的条件，同时也扬弃资本主义制度，实现人的自由全面发展，在自我异化的过程中实现自我异化的扬弃。推进社会革命与社会建设相统一，既是马克思诸学说理论包含的内容，更是其社会理论特别强调的意涵，也是马克思的社会理论对当今中国持续发生作用的理论资源。

思考题与推荐书目

思考题

1. 马克思何以开创了古典社会理论？

2. 如何理解马克思的这一判断，“对市民社会的解剖应该到政治经济学中去寻求”？

3. 为什么说马克思有关东方社会及其亚细亚生产方式研究是一个持续开放的领域？

4. 试析马克思的社会科学研究方法及其对现代社会科学方法的影响。

推荐书目

《经济学手稿（1857—1858年）》,《马克思恩格斯全集》第46卷上下册，人民出版社，1979年。

《资本论》第1卷,《马克思恩格斯文集》第5卷，人民出版社，2009年。

卡尔·洛维特:《韦伯与马克思：以及黑格尔与哲学的扬弃》，刘心舟译，南京：南京大学出版社，2019年。

亨利·列斐伏尔:《马克思的社会学》，谢永康、毛林林译，北京：北京师范大学出版社，2018年。

安东尼·吉登斯:《资本主义与现代社会理论：对马克思、涂尔干和韦伯著作的分析》，郭忠华、潘华凌译，上海：上海译文出版社，2013年。

罗伯特·布伦纳:《马克思社会发展理论新解》，张秀琴等译，北京：中国人民大学出版社，2016年。

第二章 涂尔干及其实证的社会理论

涂尔干被视为现代社会学学科的创始人之一。他的思想同时对文化人类学、教育学等人文社会科学产生了巨大的影响。涂尔干提倡将社会现象作为客观事实来进行科学的研究，反对道德和形而上学的空洞评判。更重要的是，涂尔干不认同从个人的心理和动机出发来分析人们的行为。他重视人们在集体生活中获得的观念、知识和情绪。涂尔干的社会理论是一种社会实在论。这种理论强调社会作为一种独立的现实要素对现象的决定作用。个体的想法和行动只是这种现实要素的产物，而不是在这种要素之前就预先给定。在这个意义上，涂尔干重新分析和解释了宗教所具有的深层的社会学含义。涂尔干的社会理论，对于当代各种人文社会科学的前沿研究仍旧有着重要的启发意义。

第一节　人物及其背景

法国社会学家埃米尔·涂尔干（Emile Durkheim，1858—1917）是现代社会学和人类学的重要奠基人。他和卡尔·马克思、马克斯·韦伯被人们并称为社会学的三大先驱。涂尔干的思想对后世的实证主义、结构功能主义和结构主义等思潮都产生了很大的影响。

涂尔干1858年4月出生于法国洛林的一个犹太裔家庭。他的家庭环境宗教氛围浓厚，这多少构成了涂尔干日后反思人类宗教生活的起点。涂尔干于1879年进入巴黎高等师范学校学习。这一时期他受到实证主义者奥古斯特·孔德和赫伯特·斯宾塞的巨大影响。孔德是19世纪现代社会科学的主要倡导者之一，也是最早提出“社会学”这一概念的人。然而，当时的法国高等教育体系内还没有设立社会科学的专门学科。高等文科院校教授的主要是卢梭、孟德斯鸠等古典人文主义者的思想。涂尔干于1882年取得教师资格，随后在一些外省学校教书。1885年，他前往德国学习社会学，在此期间他完成了第一部重要著作《社会分工论》。1887年，涂尔干开始在波尔多大学任教，在那里他主讲教育学和社会学，并且建立了全欧洲的第一个社会学系。1898年，他又创设了《社会学年鉴》。1902年，涂尔干在巴黎索邦大学获得教育学教席。1912年，他出版了重要著作《宗教生活的基本形式》。

终其一生，涂尔干始终是民主和平等理念以及理性主义的捍卫者，并对社会主义运动抱有极大的兴趣和好感。普法战争和第一次世界大战之间是涂尔干思想最为活跃的时期。法国在普法战争失败后，被迫向普鲁士割让领土。随着拿破仑三世及其帝国倒台，法兰西第三共和国建立起来。这一时期的法国一方面在经济文化上发展迅速，另一方面也滋生出了强烈的民族主义潮流。这股潮流时常对第三共和国新确立的共和主义理念进行冲击。著名的德雷福斯案就发生在这样的社会背景下。作为第三共和国的坚定支持者，涂尔干也参与了德雷福斯案所诱发的公开争论，并为犹太裔的德雷福斯上尉辩护。

涂尔干是一位爱国主义者。第一次世界大战爆发后，他曾专门撰写文章分析和抨击德意志军国主义的弊病，并宣扬法兰西共和精神以鼓舞国民士气。同时，涂尔干也是一位理性的爱国者。他反对鼓吹民族仇恨，也反对沙文主义和对外侵略。1915年，涂尔干的独生子在前线阵亡。这对晚年的涂尔干造成了巨大的精神打击，两年后他便与世长辞。

在思想上，孔德的实证主义对涂尔干产生了很大影响。孔德实证主义的根本主张是拒斥形而上的空洞思辨，追求将学术研究建立在确实和肯定的证据之上。这样的立场极大地吸引了涂尔干。在巴黎高师就读期间，涂尔干就已经厌倦了过于抽象的古典哲学。他希望延续孔德的思路建立一门针对客观社会现象的科学学科。而这门学科就是社会学。另一方面，孔德也希望建立一门能够指导公共道德生活的专门科学。涂尔干同样在很大程度上继承了孔德的这一愿景。这主要反映在他的教育学和伦理学思想当中。涂尔干生活的法兰西第三共和国是一个处于快速变化中的社会。快速的社会变迁诱发了很多问题，也激起了人们精神上的困惑和焦虑。这些都是涂尔干在学术和实践上需要处理的课题。对涂尔干来说，实证主义首先意味着直面这些社会课题本身，而不是仅仅针对这些问题做道德说教。实证社会学的任务是寻找和分析客观社会现象的现实成因，从而帮助人们更好地理解和应对这些社会现象。

涂尔干创立的社会学学科产生了深远影响。在法国，他培养了整整一代社会学家。另一位著名的法国社会学和人类学家马塞尔·莫斯（Marcel Mauss）是涂尔干的学生，同时也是他的外甥。另外，涂尔干创立的《社会学年鉴》吸引了当时一大批不同专业背景的法国年轻学者。比如后来共同开创了法国历史学年鉴学派的历史学家马克·布洛赫（Marc Bloch）和吕西安·费弗尔（Lucien Febvre）都曾为《社会学年鉴》撰稿。在20世纪，涂尔干和莫斯的学说影响了诸如克洛德·列维－斯特劳斯（Claude Lévi-Strauss）、让·鲍德里亚（Jean Baudrillard）、皮埃尔·布迪厄（Pierre Bourdieu）等著名法国学者。

第二节　理论要义

一、社会分工与团结

社会分工是涂尔干最早加以系统探讨的主题。分工是19世纪许多不同学科都喜欢讨论的一个话题，但不同学者讨论分工的目的却不尽相同。例如，对于古典政治经济学而言，分工是一个国民财富问题；古典政治经济学家关心的是劳动分工如何确保社会财富的共同积累。而涂尔干探讨社会分工的意图在于揭示人类社会存在的基础。分工从属于这样一个基本问题：人们为什么能够生活在一起从而构成一个社会？这一现象被称为社会团结。它并不是理所应当的。卢梭在设想自然状态的时候就描述过一种分散在野兽之中、孤单和懒懒散散的生活方式。对卢梭而言，自然状态和聚居相对。如果离群索居在卢梭看来是自然状态，那么问题就在于为什么人类最终会选择生活在一起。

这正是涂尔干在《社会分工论》一开始试图回答的问题。他给出了两类原因。首先是因为相似性。涂尔干写道："社会团结是存在的，因为同一社会的所有成员共同具有某些同样的意识。"[1]涂尔干认为，同一个社会的成员生活在一起，原因在于他们分享着某些共同的强烈感受。他把这些共同的强烈感受称为"集体表现"。比如在一个大家族中，所有家族成员都能够感受到他们跟一个共同祖先之间的亲缘关系。这时对这个共同祖先的情感会使家族成员感到他们属于同一个集体。集体生活就是依靠这样的共同感受维系的。涂尔干把这样的社会团结称为机械团结；社会团结的另一种方式是社会分工，涂尔干把它称为有机团结。在有机团结中，一个社会由具有不同职能的个别部门组成。因此，个体与他人或社会打交道时，实则是与其他职能部门或个人相互协作。这种协作关系把社会成员聚合成一个系统。

不难看出，涂尔干所说的机械团结和有机团结是两种对立的团结模式。机械团结需要人们将自己个人的想法让位于集体的共同感受。如果一个社会中个体的特殊想法强于集体感受，那么社会团结就很难维持。但是，集体共同感受的强烈程度始终

1　涂尔干:《社会分工论》，渠东译，北京：生活·读书·新知三联书店，2000年，第71页。

有限，人们总是需要在一定程度上拥有自己独特的想法和行动，以便同其他人有所区别。而有机团结则恰恰建立在具有不同职能的部门的特殊性之上。有机团结需要而非排斥人与人之间的差异。只有存在差异才会有协作。

此外，涂尔干认为从机械团结到有机团结是一个历史发展过程。机械团结是那些更简单、更原始社会的特征；而有机团结则是更复杂、更发达的社会所独有的。随着社会的发展，机械团结逐渐让位于有机团结。与此相应，职业组织——按照专门功能来划分并联系着社会——也产生了出来。不过在涂尔干看来，职业群体在他所生活的时代还没有完全承担起社会团结的职能。但他预言职业团体在将来将会扮演重要的社会角色。

涂尔干分析分工的动机和政治经济学家截然不同。涂尔干批评持功利主义立场的经济学家从个人出发解释社会分工。后者认为分工只是每个个人追求自己利益的必然结果。但在涂尔干看来，个人追求自己的个人利益并不必然导致他们共同生活在一起并组成一个社会。像卢梭设想的自然状态那样，每个人单独生活也一样符合个人的逐利目的。因此社会生活并不是个人生活自然而然的产物，相反，是社会生活在协调和塑造着个人生活——这是涂尔干社会思想中一以贯之的一大判断。涂尔干在此基础上提出，社会生活产生了分工，而不是分工产生了社会生活。他写道："只有在各个社会成员之间已经构成联系的前提下，分工制度才能得以实行。"[1]具体来说，分工的产生只是人们优化相互关系的结果。在那些规模巨大、密度很高的社会，分工协作确保了人和人之间的和谐共处，避免了矛盾和相互侵害。换句话说，分工是作为社会关系的协调机制而诞生的。反过来，如果分工无法有效地把人们联系在一起，那么社会团结就会丧失。涂尔干把这种情况称为"失范"的分工。[2]社会团结的衰弱导致社会成员普遍地难以从社会生活中获得充分的情感支持和伦理约束。因此，失范状态会反映在个体心理和行动层面，导致抑郁情绪、犯罪率提升、自杀等现象。

总的来说，涂尔干总是从社会总体的角度来分析具体现象。对他而言，一切社会现象根本上关乎"人与人之间如何相处"这个基本问题。各种社会制度只是为了保证人们能够以某种方式在同一个社会中共同生活而存在的。因而，绝不是人类先天

1 涂尔干：《社会分工论》，渠东译，北京：生活·读书·新知三联书店，2000年，第232—233页。

2 涂尔干：《社会分工论》，渠东译，北京：生活·读书·新知三联书店，2000年，第313—332页。

的情感促使他们形成社会，毋宁说个体的想法、意识、情感等产生自彼此之间的社会交往，而非人类天生所具有。涂尔干的这种看法经常被解读为社会决定论。塔尔科特・帕森斯（Talcott Parsons）等人进而认为，涂尔干将社会设想为某个超越个人的集体意识或主体，这个集体意识决定了每个个体的想法和行动。[1]但是在对具体问题的分析中，涂尔干其实并没有过多表达类似看法（尽管他经常不得不把社会作为主语来使用）。涂尔干想要强调的是，社会生活并不是个人意志或者生物因素的结果。社会生活和社会交往具有其自身独立的运作机制。这些运作机制保证了人们相互之间能够共处并形成社会集体。人们的想法和情感正是从这些独立机制的运作过程中产生。人们的主观思想不可视作由社会从外部灌输，相反，人们总是非常主动地试图维护他们所信赖的那些社会关系。

当一个人感受到自己属于一个更大的集体时，这同时就意味着他感受到了自己同其他集体成员之间的社会纽带。这种感受几乎总是情感性的。这种情感性的感受构成了我们同他人交往的基石，并且在我们同他人的交往过程中不断得到更新。反过来讲，我们也总是用我们对他人的这种情感性的感受来定义我们自己。当我们对他人和集体的这种感受遭到否定和损害，我们会产生出悲伤、愤怒等消极情绪。我们对他人和集体的感受越强烈，我们对损害这种感受的行为就越是反感。用涂尔干的话说，当我们的集体表现遭到触犯时，我们自然会想要抵抗或者反击这样的触犯。

涂尔干认为这就构成了惩罚的来源。在任何一个社会，人们都会对所谓罪行活动产生愤怒之情。罪行常常并不是对利益的直接侵犯。比如乱伦行为引发了人民的反感，但乱伦本身并不直接触犯其他人的利益。在很多社会，对乱伦行为的惩罚是非常严厉的。那么这种惩罚的原因何在呢？我们可能会自然而然地指出惩罚的用途或者好处。从直觉出发，好像只要指出一种行为或者一种社会制度的用途和目的，就足以解释它存在的原因了。但是，涂尔干并不满足于此。他指出，对罪行的愤怒是一种情感性的冲动，是直接针对罪行本身的，而不是对罪行的消极后果深思熟虑后的结果。施加惩罚的好处、后果和目的的理性考量，只是事后反思这种情感冲动的结果，还不足以解释这种情感冲动本身。所以在涂尔干看来，问题的关键在于我们为何会对罪行立

1 Talcott Parsons, *The Structure of Social Action: A Study in Social Theory with Special Reference to a Group of Recent European Writers*. New York: The Free Press, 1966, pp. 460–470.

马产生愤怒之情。

一种罪行是对人们共享的某些集体情感的亵渎。所以人们才会对犯罪行为产生冲动性的愤慨。同时，人们对集体和他人所保有的共同感受经常体现在特定的物品上，比如一个亲近的人赠送的礼物在其持有者心目中就具有巨大的情感价值。如果有人随意处置乃至破坏这件礼物，那么这样的损害无疑会激起物品持有者的激烈反应。同样，社会生活中存在很多这样的物品或者观念，它们是人类社会生活和社会关系的表征或者中介。对这些事物的损害和亵渎同时也是对某种强烈集体情感的伤害。人们对这种损害的情绪反应正是惩罚的根源。[1]

或许可以说，涂尔干的全部社会思想都和这样一个问题有关：我们是如何在同他人和社会打交道的过程中产生各种观念、信仰、习俗或者社会制度的。就像卢梭一样，涂尔干并不认为这些东西是人类本性的自然产物，因为人类并不是天生就一定要生活在一起并形成一个社会。在人与人之间的交往和社会生活之前，并没有什么有意义的事物是为人类预先规定好的。哪怕是人类的生物特征，也只是在社会交往过程中被赋予意义的；在此之前，人们对自身生物存在的体会仅仅是直接感官和本能层面的。因此，涂尔干才总是主张用社会来解释我们的情感、想法和观念。这也成了他社会思想的根本特征。

二、自杀、社会病理学、社会事实

我们和他人共享的集体情感是在社会交往的过程中产生的。从更广阔的视角来看，这种集体情感也是我们感知社会存在的结果。涂尔干提出，我们总是能体会到社会在我们之外存在。我们感受到社会是一种从外部对我们产生影响的客观存在的力量。同时我们也能感受到，社会是一种比我们自身更大、历史更久远的存在。我们对社会的这种感知产生了各种各样的集体表现，比如宗教中的神明、图腾等就都属于集体表现。它们也是我们感知到社会这个更伟大存在的表现。

涂尔干的读者常常把以上观点看作社会决定论的表达，但他们往往忽略了涂尔干

1 涂尔干：《乱伦禁忌及其起源》，汲喆等译，上海：上海人民出版社，2006年，第344—350页。

并不是预先假定“社会”这样的存在物。相反，涂尔干总是从人们对他人和社会的经验感知出发来论述社会存在的。当然，涂尔干的结论并不令人满意。涂尔干对社会存在的讨论确实容易被看作一种过于激进的社会唯实论。人们确实感知到了某种超越个体的外部力量，并不等同于社会就是纯然统一的存在物。

尽管如此，涂尔干很少笼统地讨论社会。他对现象的讨论总是很具体。他更关注社会生活在人们心中激发起来的感受，而不是简单地假定人们的想法是从外部输入的。社会生活的条件发生变化时，一个社会的普遍情绪就会发生变化。这种普遍情绪并不是个人心理状态的数量总和。比如在涂尔干看来，一个国家的气候并不会直接造成普遍的忧郁情绪，因为人们的情绪总是在社会交往中产生的。假如一个社会的自杀率升高和集体的忧郁情绪有关，这不是源于气候或者遗传因素，而是社会生活的方式发生变化的结果。

这是涂尔干在《自杀论》一书中想要表达的核心观点。《自杀论》或许是涂尔干流传最广的著作。它被社会学视为这门学科最具代表性的著作之一。不过这本书的声誉不只归功于涂尔干的洞见，它的影响力很大程度上也源自涂尔干使用的方法。社会学把涂尔干对自杀的研究奉为实证主义方法的典范。

现代社会学强调用实证材料，特别是统计数据验证假定的因果联系。而涂尔干在《自杀论》一书中大量使用了当时他能得到的统计数据来建立对自杀现象的解释，因此现代社会学才把这本书看成现代实证研究方法的古典起源。不过需要注意的是，涂尔干的分析思路跟现代社会学的定量研究并不完全一致。举例来说，涂尔干发现，法国各县的自杀率同家庭平均人数之间表现出很强的相关性。自杀率较高的县往往家庭平均人数较少。[1] 但这并不意味着家庭平均人数是自杀率的影响因素，或者说家庭平均人数决定了自杀率的高低。统计数据上的相关性只是提示实际根源的表征。家庭平均人数和自杀率一样都是表象，而非因变量和自变量。实际上，对任何一个社会或者对任何一个科学研究对象都可以进行无数种测量，得出无数种统计数据。在这无数种数据之间存在着无数种可能的相关性。科学研究想要穷尽所有可能的相关性是不现实的，也没有研究者真的会这么做。科学研究总是先假定几个有限的测量变量之间可能

1 迪尔凯姆:《自杀论》，冯韵文译，北京：商务印书馆，1996年，第200—205页。涂尔干又译为迪尔凯姆。

存在相关性，然后再试图去验证这一假设。所以真正重要的是预先做出的假设，而不是实证验证的方法。可以提出最荒谬的假定，比如某个天体的运动和一个国家的年国民生产总值之间存在相关性，然后再去进行统计验证，但是这样的工作显然不能产生任何科学知识。这样无用的假定无穷无尽，试图把它们全部排除是毫无意义的。重要的是如何提出有价值的理论假设，而严谨的实证验证方法只是科学理论构建的辅助工具。

《自杀论》这本书的真正价值并不在于它的方法，而在于涂尔干解释自杀现象的思路。前面已经提到，在涂尔干看来，一个人并不是孤立和自发地产生自杀的念头的，所以在自杀率和宗教、结婚率、政治形势等社会因素之间才会存在统计相关性。涂尔干指出，情绪并不是一种个体心理现象，而是一种集体状态。个人的情绪是在社会生活中生成的。自杀率的变化是社会整个地陷入某种情绪时发生的，比如一部分自杀是社会集体由于“失范”而产生的集体忧郁情绪的反映。

在一些情况下，当人们同社会生活失去联系时，自杀的风险就会增加。反之，如果一个人能够在家庭、职业、宗教等社会交往中寻找到适合自己的位置，并因此确信自己的存在价值，这能够极大地降低自杀发生的可能。涂尔干提出，当一个人无法在社会生活中获得足够的情绪支持时，就容易陷入这样一种内向化的忧郁情绪之中并排斥社会生活。涂尔干把这种状态诱发的自杀称为利己主义的自杀。通俗地说，假如一个人始终无法得到他人和社会的肯定，那么就很容易陷入自我否定的情绪，进而造成利己主义自杀。不难看出，这类自杀的发生是由个人同集体或社会的关系所决定的。利己主义自杀的根源在于社会生活的衰落和失序。涂尔干写道：“……由于集体的力量是最能遏制自杀的障碍之一，所以集体的力量削弱，自杀就会发展。”[1]

另一方面，当人们感受到的集体情感过于强烈时，也会导致自杀。涂尔干把这一类自杀称为利他主义自杀。涂尔干发现，统计数据表明，军人的自杀倾向同平民的自杀倾向呈现相反的趋势。平民的自杀倾向增高时，军人的自杀倾向反而下降，反之亦然。这是因为军人的自杀往往不是出于某种个人化的忧郁情绪。比如一个军人可能因为感到自己的荣誉受到了侮辱，因此以自杀的方式来表示抗争。这时自杀者并不是同

1　迪尔凯姆:《自杀论》，冯韵文译，北京：商务印书馆，1996年，第215页。

社会集体生活失去了联系从而产生了自我否定的倾向，相反，自杀者感受到自己同集体和他人之间的强烈联系。最为典型的例子是军人和其他一些公共职务所伴随的自我牺牲倾向。当人们非常强烈地感受到自己对于集体的义务或者价值时，就会产生奋不顾身的牺牲态度。这就构成了利他主义自杀的情绪基础。

可以看到，涂尔干所说的利己主义自杀和利他主义自杀是社会生活和集体情感强度变化的两个极端反应。如果集体情感增强，那么利己主义自杀的倾向就会下降。比如在战争时期，出于忧郁情绪的自杀会渐少；这时人们能够更加强烈地感受到自己对于集体和国家的责任和价值。但反过来，战争时期人们在集体事业中会表现得更加奋不顾身，因而利他主义自杀倾向会增加。因此不论社会生活和集体情感的强度变得过弱还是过强，都会极大提升一个社会的自杀倾向。除了这两种类型之外，涂尔干还提出了第三类自杀，即反常的自杀。这主要是一种出于对现实的失望和愤怒而产生的自杀。涂尔干指出，反常的自杀往往同前两种类型相互混合，所以这三种类型之间又存在着三种混合类型。[1]

涂尔干从对自杀的分析中提炼出了社会病理学的概念。如果一个人感觉自己生病了，这是因为一定的症状对他的生活造成了不便。但是从生物的角度看，疾病的生理过程和健康状态下的生理过程都遵循同样的科学规律。因此疾病和健康之间的区别并不是一个客观事实，而是人们基于自身立场做出的主观判断。同样，涂尔干指出，一个社会的病理或者失常状态并不是和正常状态截然相反的。对一个社会而言，并不存在绝对的正常和反常。社会生活和集体情感的强度并没有一个一成不变的标准。[2]比如前面提到，涂尔干认为过分强烈的集体情感会造成利他主义自杀的增加，然而这并不表示强烈的集体情感就一定是一种反常或者社会疾病。例如在灾难或者战争等非常时期，对一个社会来说强烈的集体情感是必要的，不然这个社会就很难在灾难或战争中幸存下来。这时也很难说非常强烈的集体情感就一定是反常或者病态。从这个角度讲，涂尔干并不简单地认为自杀是一种反常现象，因此是需要杜绝的。相反，自杀是一种客观现象。它是社会生活变化的结果和表现。在涂尔干看来，科学的社会学研究不应当对它研究的对象事先做出道德判断，而应当客观地对待社会现象。用他自己的

1 迪尔凯姆：《自杀论》，冯韵文译，北京：商务印书馆，1996年，第254—318页。

2 迪尔凯姆：《社会学方法的准则》，狄玉明译，北京：商务印书馆，1995年，第66—77页。

话来说，社会学研究的是“社会事实”。

涂尔干是这样来定义“社会事实”的：“一切行为方式，不论它是固定的还是不固定的，凡是能从外部给予个人以约束的，或者换一句话说，普遍存在于该社会各处并具有其固有存在的，不管其在个人身上的表现如何，都叫做社会事实。”[1]按照这个定义，他又进一步强调对社会事实的观察应当抛弃任何预先给定的判断。仍旧以自杀为例，当现代社会科学将自杀作为一种现象来加以研究时，这本身就是一种预先给定的道德判断。自杀固然是很多社会中都存在的现象，但是人们对自杀现象的疑问总是来自比较。如果一个社会中存在一些人自愿放弃生命和另一些人的求生意愿两种现象，那么问题不应当只是为何前一种人自愿放弃生命，问题应当在于为何会产生自杀和求生两种截然相反的现象。因此求生意愿并不是理所应当的，相反，自杀现象的存在恰恰证明，求生意愿有时候并不存在。那么，想要理解自杀发生的原因，同样也要解释求生意愿存在的原因，而不是把后者当成自然而然而不加质疑。也就是说，自杀与不自杀的同时存在应当被视为一个整体现象来加以解释。

社会习俗告诉我们求生意愿理所应当（乃至属于人类本能），而自杀是反常甚至是不道德的——因此，社会科学才会把自杀作为一个单独的事实来加以研究。像这样关于正常和反常的判断就是一个涂尔干认为应当加以避免的事先给定的立场。涂尔干所说的社会事实则恰恰要求我们抛开对社会事实的各种预先价值判断来客观地加以分析。**对社会事实这种客观性的强调**比统计数据的使用在涂尔干的研究方法中占据着远为重要的位置。

三、人类宗教生活的社会基础

在一个社会中，人们生活在一起，互相之间能够开展社会交往，这并不是理所应当、自然而然的事。它是有前提的。如果人们没有共同的语言、感受、思维方式、观念等等，那么社会就不可能存在。比如说，当我想向外传达自己的感受时，假如其他人没有过类似的感受进而无法理解我想要传达的感受，或者我所使用的表达方式他人

---

1 迪尔凯姆:《社会学方法的准则》，狄玉明译，北京：商务印书馆，1995年，第34页。

无法理解，那么交流就不可能存在。社会总是建立在人和人之间在一定程度上分享的、共同的东西之上的。但是我们常常并不能那么确定自己和他人在多大程度上、在哪些方面分享着相同的感受、思想和表达方式，因为我并没有直接体会到他人的感受。如果一个人对我说“疼”，我或多或少能知道这个人在描绘一种什么感受，但我并没有直接感受到对方的疼痛。我能够想象这个人的感受，首先是因为我自己也感受过疼痛，其次是因为在一个社会中所有人都约定用共同的概念或者表达方式来指称疼痛这种感受。尽管如此，他人的疼痛仍旧不是我在自己的直接感觉体验中能够确定的东西。我知道别的某个人拥有与我类似的感受，并不是因为我直接体会到了别人的感受，而是因为我相信自己同他人分享着某些共同的东西。

在涂尔干看来，关于人们分享的共同事物的信仰构成了宗教生活的基础，而一个社会的成员对于所有人共同分享的经验或存在的信仰，就是集体表现。涂尔干指出，一切宗教的最基本特征是神圣和凡俗的截然对立。人们总是要求把神圣的事物同凡俗的事物分隔开。比如，人们经常把他们认为最宝贵的东西单独摆放在特定的位置，以免与其他物品混杂在一起。在所有宗教中都存在被认为具有神圣性的物品。这些物品普通人在一般情况下是不能触碰的。这种把神圣事物和凡俗事物严格分隔开的习俗就是禁忌。在各种宗教中，违反禁忌的行为被认为会造成消极乃至灾难性的后果。这些后果被看作对违背禁忌的惩罚。例如在澳洲的一些土著社会，一个图腾氏族的成员食用自己的图腾动物或者植物是被禁止的。如果一个人食用了自己的图腾动物或者植物，那么他就会遭受厄运甚至很快死亡，除非他通过某种禳解仪式解除自己的违禁行为。哪怕在现代社会也广泛存在着禁忌，比如个人的身体就被现代人认为是神圣而不可侵犯的。对一个个人来说，特定的身体部位具有禁忌性，是他人乃至本人不可随意触碰的，甚至需要遮掩起来。总而言之，各种宗教习俗和制度最终都是为了确保神圣和凡俗之间的绝对区隔而存在的。涂尔干认为，对于神圣的信仰就是对于集体表现的信仰。神圣性的观念就来自人们对共同社会生活所产生的集体情感，而各种具有神圣性的物品和神明等都是集体情感的载体。[1]

涂尔干最早在一篇研究乱伦禁忌的论文中明确提出了他对宗教的解释。这篇论

1 涂尔干：《宗教生活的基本形式》，渠东、汲喆译，北京：商务印书馆，2011年，第44—58页。

文是《社会学年鉴》第一期的第一篇文章。[1]在所有人类社会中都存在着禁止乱伦的习俗和制度，那么其中的原因是什么呢？我们会自然而然地认为，这样的习俗避免了乱伦导致的潜在遗传危害。然而就像在解释惩罚时一样，涂尔干认为用目的来解释社会事实并没有揭示出其中的原因。乱伦的遗传危害只是在很晚才被人类所认识。绝大多数前现代社会对此一无所知。同时，也很难说人类社会存在对这种危害的本能的，或者神秘的感知。乱伦在某些社会和文化中并不被严格禁止。因此对乱伦的禁止也不是出于某种普遍的生物本能，更无法由此解释为什么在许多社会的神话传说中都广泛存在关于乱伦的故事。就像我们对犯罪的冲动性的反感和愤怒一样，人们对乱伦现象的反感也是直接和不假思索的，而不是对实际后果深思熟虑后的结论。社会学需要解释这种冲动性的态度的根源，而不是简单地指出它是错误的。我们认为一种行动或者制度达到了特定的目的，或者具有特定的作用——在涂尔干看来这本身就是结果而非原因。因为人类并不是天生就知道他们应该追求什么样的目的，以及如何去追求这些目标。我们所追求的目标和使用的手段都是在社会生活中学会的。人们做出某件事，当然是因为他们认为这样做是正确的、有用的，但人们因为正确而做出的事情却大相径庭。那么问题就不在于为什么一件事是有用的或者正确的，而在于**是什么决定了我们认为做一件事是正确或有用的**。目的是我们在思考自身行动时做出的解释，但并不是对客观社会事实的解释。

所以究竟是什么导致人们对乱伦的冲动性的反感呢？为了回答这个问题，涂尔干研究了那些最原始和最简单社会中的婚姻规则。在澳洲的许多氏族社会，关于哪些人之间可以通婚的规则是固定的，比如在划分为两大氏族的部落中，氏族内部的通婚是被禁止的。一个氏族的成员只能和另一个氏族的成员结婚。这样一种制度被人类学家们称为外婚制。相比于那些划分为两大氏族的社会，四分的部落中的婚姻规则更为复杂。在这些社会，一个部落分为两大氏族，每一个氏族又分为两个对偶族。任何一个对偶族内部都禁止通婚。一个对偶族只能按照特定的顺序同其他三个对偶族中的某一个联姻。氏族社会中的外婚制类似现代社会中人们对一个家庭内部成员之间两性关系的排斥。涂尔干认为，对一个氏族或者对偶族的成员来说，本族的女人身上存在着严

1 涂尔干:《乱伦禁忌及其起源》，汲喆等译，上海：上海人民出版社，2006年，第3—62页。

格的禁忌。因此在氏族或对偶族内部的两性关系也是严格禁止的。只有在不同氏族或对偶族之间才能存在两性关系。解释外婚制的关键就在于解释为何女人对于本族的成员来说会成为禁忌。

我们已经看到，涂尔干认为禁忌的根源在于神圣和凡俗的分割。被认为具有神圣性的东西不能接触凡俗的事物，因此神圣事物成了禁忌的对象。而一件事物之所以是神圣的，原因在于它唤起了一个社会中人们对某些共同的东西，也即集体表现的强烈情感。女人之所以对于本族的人来讲变为禁忌的对象，乃是因为女性代表了一个氏族或对偶族的成员分享的共同的东西，比如血脉或生殖力量等等。这种共同的力量也时常以血液或者图腾为载体，因而女人所带有的禁忌同血液或者图腾所带有的禁忌类似。相应地，两性关系往往被认为是一种凡俗的事物。这种凡俗的事物应当同女性所代表的神圣力量或者性质相分隔，由此才会产生对族内通婚的反感和排斥。这就是族外婚产生的原因。涂尔干又进一步提出，现代人对乱伦的强烈厌恶也是出于相同的来源。在现代人的观念中，家庭生活是排斥两性关系的。我们对于同属一个家庭的其他成员往往抱有纯洁和美好的想象，这种想象同我们对于两性关系的评价相悖，因此我们很难接受这两者的结合。家庭生活的根源是家庭成员对于家人所共有的某种东西的信仰。我们对亲人的强烈情感来自我们相信自己同亲人所分享的某种东西，而这种东西同两性关系是相互排斥的，就像宗教观念中的神圣事物同凡俗事物相互排斥和区隔一样。

按照涂尔干的观点，在人类的观念中总是存在着某些神圣的事物，也存在着一些凡俗的事物。前者是人类共同社会生活促使我们产生的集体情感的载体和依托。这些神圣事物在我们看来必须同其他凡俗的事物加以区分，不能使二者相互混淆。许许多多的社会现象，比如外婚制和乱伦禁忌都来源于集体情感对神圣与凡俗的区分。被现代人称为宗教的那些思想观念和行动的体系是最明确的表现。这样看来，宗教并不简单地是某种迷信或者错误认知的产物。宗教生活的实质就是集体生活。宗教是一个社会中的人们表达集体所共享的经验和存在的渠道。当一个社会的成员共同膜拜某种神圣事物时，他们就确认了自己同其他人之间所分享的那些共同的集体情感。在涂尔干看来，这些共同的集体情感是社会的基础，是任何人愿意同他人共同生活在一起的基本条件。因而宗教生活实际上起源于社会生活得以存在的最基本的那些要素。或者说，一切社会都必然具有某种类似宗教的基础。[1]

在此基础上，涂尔干提出了人性二重性的想法。他认为我们一方面是社会性的存在：一个人的观念和思想总是在社会交往中建立起来；假如每个人都只是孤立地产生自己的想法，那么人和人之间就不可能交流了。在一个人身上总是有很多所有社会成员共同的东西。但是另一方面，任何人都只是在自己的有限的存在中理解和认识其他人。我们的想法并不是他人或者集体观念的直接复制。在个人和个人或者个人和集体的观念之间总是不可避免地存在偏差。因此，每一个人也或多或少具有个性，这种个性使其偏离自身的社会性。每一个人都是社会性和个性的结合。在那些更简单、规模也更小的社会，人们互相之间的相似性更大；他们在个性上的差异也不那么容易产生冲突。而在那些更复杂、更庞大的社会，人与人之间、人群与人群之间的差异更加明显，所有社会成员所共享的经验也更薄弱。这时，不仅每个人的集体情感会变弱，人与人之间在个性上的矛盾也变得更激烈。[2]

第三节　评　析

在第二次世界大战之后，涂尔干的理论并没有在法国本土得到延续，尽管他的学生和学术继承人马塞尔·莫斯仍旧在法国学术界享有极高的声誉。有人猜测这是由于涂尔干对集体情感的强调让一些欧洲人联想到法西斯主义者所做的集体主义宣传。[3]在法国以外的其他地方，涂尔干的社会思想产生了巨大的影响。这种影响集中在两个学科，一个是社会学，另一个则是文化人类学。在社会学界，涂尔干受到了结构功能主义者的重视。结构功能主义的代表人物是美国社会学家塔尔科特·帕森斯。帕森斯认为，任何一种社会制度都具有一定的社会功能，比如刑罚能够维系一个社会的内部团结。但社会制度的这些功能并不直接反映在人们的想法之中，因此社会功能并不等于

1　涂尔干：《宗教生活的基本形式》，渠东、汲喆译，北京：商务印书馆，2011年，第574—613页。

2　涂尔干：《乱伦禁忌及其起源》，汲喆等译，上海：上海人民出版社，2006年，第177—188页。

3　斯特伦斯基：《二十世纪的四种神话理论》，李创同、张经纬译，北京：生活·读书·新知三联书店，2012年，第311页。

人们行动的直接目的。社会学需要把社会制度的深层功能揭示出来。[1]文化人类学对涂尔干的理解则与帕森斯不同。结构主义人类学家像涂尔干一样，反对用目的来解释社会现象。在他们看来，帕森斯所说的功能无非是社会学家假定存在的一种目的而已。功能和个人目的的区别无非在于前者属于社会这个想象出来的主体。结构主义人类学更重视讨论人们观念之间的关系如何产生具体的社会现象，比如神圣和凡俗之间的区隔如何产生宗教活动。

无论如何，涂尔干本人的思想足够丰富和深刻，后世对他的解读难免产生分歧。他作为现代社会学创始者的地位也导致这门学科在梳理自己历史的时候必须把他同社会学的当代发展联系起来。当代社会学喜欢强调涂尔干的实证主义方法，哪怕他使用的方法和当代社会学的实证研究之间已经几乎看不出相似性了。不过，无论我们今天从哪一个角度来阅读和使用涂尔干，他的作品总能提供一些有趣的启发。

思考题与推荐书目

思考题

1. 什么是社会分工？可以从哪些不同的角度来认识社会分工？
2. 我们对犯罪感到愤怒并认为犯罪必须得到惩罚的原因是什么？
3. 今天我们该如何面对现代社会中集体情感的衰弱以及人和人之间个性差异导致的冲突？

推荐书目

爱弥尔·涂尔干:《孟德斯鸠与卢梭》，李鲁宁等译，上海：上海人民出版社，2006年。

爱弥尔·涂尔干:《职业伦理与公民道德》，渠东、付德根译，上海：上海人民出版社，2006年。

爱弥尔·涂尔干、马塞尔·莫斯:《原始分类》，汲喆译，北京：商务印书馆，

---

1 Talcott Parsons, *The Social System*. London: Routledge, 1991.

2012年。

马塞尔·莫斯:《社会学与人类学》，佘碧平译，上海：上海译文出版社，2014年。

马塞尔·福尼耶:《莫斯传》，赵玉燕译，北京：北京大学出版社，2013年。

斐迪南·滕尼斯:《共同体与社会》，张巍卓译，北京：商务印书馆，2020年。

马歇尔·萨林斯:《文化与实践理性》，赵丙祥译，上海：上海人民出版社，2002年。

安东尼·吉登斯:《资本主义与现代社会理论：对马克思、涂尔干和韦伯著作的分析》，郭忠华、潘华凌译，上海：上海译文出版社，2018年。

杰弗里·亚历山大:《社会学的理论逻辑（第一卷）：实证主义、预设与当前的争论》，于晓等译，北京：商务印书馆，2008年。

渠敬东:《涂尔干：社会与国家》，北京：商务印书馆，2014年。

第三章
韦伯及其解释的社会理论

马克斯·韦伯是社会理论领域屈指可数的巨擘。他对现代性问题有着超前的、敏锐的理论洞察，和马克思、涂尔干等大家一道，构建起了人类现代文明的自我理解与自我诊断。至今我们仍然生活在韦伯理论的“延长线”上。

韦伯不仅擅长对个别的历史案例进行鞭辟入里的分析，而且还在分析过程中提供了长时段的理论框架——其中既有试图破除西方文明中心论的跨文明比较研究，也有超出单个历史时期的普遍文明演化史的脉络，勾勒出了一个包含了“今古西东”的人类文明整全图景。在此意义上可以说，韦伯的理论视域之宽广、思考之深入，在20世纪的思想界是极为罕见的。

韦伯的理论工作是反思性的。他虽然成长于德国国民经济学的具体学科背景，但在19世纪后半叶欧陆风起云涌的学科发展涡流中“两线作战”：他一方面尝试对固有的系科划分和传统的理论预设进行批判性的继承；另一方面则对方兴未艾的新思潮、新方法、新学科进行审慎地吸纳。韦伯的理论工作也是承上启下、和而不同的。他通过德国西南部的新康德主义上接德国古典哲学之脉络，又通过经济史和社会科学方法论的论辩，与同时代的解释学、经济学、心理学等互通有无，但又保持了相当的张力。因此他才能够和同辈诸贤一同开创了社会理论的独立天地。

在一个多世纪之后可以确定的是，韦伯的影响力远远超出了单个学科的领域，已经波及且内化到诸多现代学术的元理论和元概念中去了。他为后世的社会理论乃至整个人文—社会学科提供的绝不止于具体的研究结论，还贡献了大量的概念和理论工具，如理想型、合理性、祛魅等等。

虽然一些学派和学者并不愿意坦承受到了韦伯的直接影响，但无法否认的是，想要绕开韦伯创造的一些概念工具，现代社会理论的叙述将会陷入失语的窘境。所以，我们才有必要不断地返回韦伯，阅读他在一百多年前写下的文本。

第一节　人物及其背景

一、韦伯其人

马克斯·韦伯（Max Weber，1864—1920）拥有众多学术史头衔和耀眼的光环。他与马克思、涂尔干被并称为西方现代社会学的三大奠基者，是19世纪末20世纪初在人文社会科学领域的一个全才式人物。他身处一个思想和学科急速变化的时代。以今日通行的学科分类和系科标准，是难以充分定位韦伯的。他的学术工作不仅仅具有跨学科的影响力，还具有极广的视域和深刻的洞察力。他提出的一些基本问题和概念，今天依然持续地影响着多个领域的学人，甚至部分塑造了当代普通公众的自我认知。

韦伯是家中长子。他的原生家庭属于典型的德国资产阶级（亦可称为“市民阶层”）家庭。其父老马克斯·韦伯（Max Weber Sr.）是一个典型的“享乐人”，最初从事法律行业，后投身政治；其母海伦娜·法伦施坦因·韦伯（Helene Fallestein Weber）出身于德国西部的文化教育世家。父母双亲的殷实家境为韦伯提供了很好的成长环境。韦伯自小就好读书，崇尚欧洲古典文化。1882年韦伯进入海德堡大学攻读法律与哲学。他在学业上一帆风顺，1889年获得了博士学位（Promotion），两年之后通过了教授资格考试（Habilitation）。求学期间，他的主要研究领域是罗马法和国民经济史。1893年，韦伯开始在弗莱堡大学担任政治经济学教授。1896年，韦伯又回到母校海德堡大学任教。

1897年是韦伯生命当中的一个转折点。由于他父亲的意外病故，加之高强度的学术工作，韦伯出现了严重的神经官能症，难以继续进行科研与教学。此后的若干年，海德堡大学一直给予韦伯全薪假期，直到1903年他正式离职。1904年，韦伯的健康逐步恢复，他和好友恩斯特·特洛尔奇（Ernst Troeltsch，1865—1923）一起去美国进行了三个月的游历。这次美国之行使得韦伯看到了截然不同于欧洲大陆的风土人情，而且还搜集了大量一手学术资料，并激发了他对现代资本主义的反思。在此后很长一段时间里，韦伯一直"赋闲"在家。不过一方面他在家中定期举办沙龙，与学术—知识界保持着紧密的思想交往；另一方面他并没有放弃学术研究，一直在为保罗·齐贝克（Paul Siebeck）出版社以及《社会科学与社会政策文库》刊物撰写大量的学术文章。1909年，韦伯还参与了德国社会学协会的成立工作。

"一战"开始之后，韦伯曾经短暂地以预备役军官身份在海德堡的战地医院担任管理工作。这为直接观察现代官僚制（又称"科层制"）提供了绝无仅有的机会。"一战"结束之前，韦伯曾考虑赴维也纳大学任教，但他最后选择了去慕尼黑大学继续他的学术生涯。1920年6月，韦伯因意外感染了西班牙流感的变种而患上肺炎，生命戛然而止。

韦伯终其一生在两个方向选择上摇摆，一个是学术，另外一个是政治：从政原本是其父老韦伯为他制定的人生轨迹；而学术工作是韦伯尝试挣脱父亲控制的一种表达。绝大部分的专业研究者可能只关注韦伯作为"学术人"的那个面向，而他其实非常关注现实政治，还写作了大量的政论文章，针砭时弊。有研究者认为，韦伯的精神世界存在非常严重的分裂、内在焦虑，充满矛盾与紧张。作为一个公民，韦伯极其爱国，言必称"德意志"，希望国家能够在经济上有长足的发展；但另一方面作为学者，他崇尚自由、客观、追求真理，对当时德国的具体政治人物和政策深感厌恶和鄙视。

可以说，韦伯在思想上有两个"精神教父"，一个是卡尔·马克思，另外一个是弗里德里希·尼采。虽然韦伯和他们在具体观点以及思想特征上呈现较大差异，但他的基本问题意识以及对时代的敏感性，与这两位思想大家是一脉相承的。

二、德意志第二帝国的时代与社会背景

韦伯个人的人生基本与德意志第二帝国（Deutsches Kaiserreich，1871—1918）重合。德意志第二帝国是一个非常奇怪的组合体。一方面，普鲁士宰相俾斯麦主张国际

舞台上只有“铁与血”才能起作用，坚信“现实政治”（Realpolitik）。在其主导下，普鲁士成功地在很短时间内以几场局部战争的方式，打破了英法“分而治之”的地缘策略，将欧洲大陆上原本讲德语的多个独立国家（例如巴伐利亚、萨克森）统一起来，建立了现代意义上的德意志民族国家。但另一方面，在德意志第二帝国内部，原有的社会、文化、宗教、民族的结构性裂痕依然存在，且缺乏有效的整合资源。更为凸显的是，德国作为一个后发现代化国家，存在着诸多短时间内难以克服的问题。德国的精英阶层也表现出首鼠两端、缺乏担当的软弱性。这样的国情使得当时的德国容克阶层以及不少知识分子都陷入了一种思想悖论：一方面，德意志民族的自尊和自豪感空前高涨，但另一方面德意志民族、社会、文化的特殊性不断被强调，从而拒斥已有的一般性现代化路径。于是就形成了“德国例外论”或者后世学者总结的“特殊道路论”（Sonderweg）。[1] 如何摆脱后发现代化国家的困境，以及在理论上阐明现代化的内生动力，成为当时德国理论界无法绕开的难题。

1871年德意志第二帝国成立之后，正好赶上了第二次工业革命的浪潮。德国内部的经济和工业均出现了长足的进步与发展，但这种发展也引发了社会和文化领域的骤变。大量的国民试图从原本的农业地区进入高速工业化的城市，形成了日益庞大的市民阶层和无产劳动者群体。而容克地主阶层从其自身利益层面考虑，更倾向于将劳动力束缚在土地上。无产劳动者、资产阶级和容克地主之间的矛盾尖锐，在众多国策上难以达成一致。俾斯麦一方面为国民建立了最初的医疗和劳动保险制度，但另一方面又通过《社会党人法》，将左翼政治派系逐出国会，由此，在德意志内部诸多矛盾依然无法调和，工人与工会运动风起云涌。

三、19世纪末20世纪初的欧洲知识图景

19世纪的欧洲，在思想和知识领域看似是一个巨人倒下、一地鸡毛的过渡时期。在这样一个时代当中，学科之间暗流涌动，旧有思想的断裂已经充分地展露在人们的眼前。传统的知识图景正在逐步瓦解，新的学科也在纷纷酝酿和建立过程当中，其中

1 韦勒：《德意志帝国：1871—1918》，邢来顺译，西宁：青海人民出版社，2009年。

以心理学和社会学为代表的新学科呼之欲出。

一般认为，韦伯的哲学背景是德国的新康德主义。韦伯本人和当时德国西南学派的代表人物李凯尔特（Heinrich Rickert，1863—1936）之间也有较为密切的私人交往。新康德主义是独具特色的德国古典哲学的延续，它有如下的特点：第一，它对当时在英国和法国哲学中方兴未艾的实证主义存有疑虑，认为实证主义可以较好地运用于自然科学中，但不适用于人文和精神领域；第二，新康德主义（以李凯尔特为代表）提出，要将科学（Wissenschaft）严格分隔为两个领域——自然科学（Naturwisssnschaften）与文化科学（Kulturwissenschaften）[1]——两者的研究对象、研究方法乃至研究目标是截然不同且无法相互化约的；第三，新康德主义也受到解释学传统的影响，认为在人类的精神活动中，"表意知识"才是首要的，人类社会中存在符号、规范、价值等独特内容。因此，"理解"（Verstehen）其内容才是文化科学的首要目标。

韦伯在大学中接受的学术训练主要是国民经济学。德国的国民经济学传统不同于英国的经济学，一方面带有客观认识经济现象，从而发现一般的经济规律的使命，但另一方面却不得不考虑德国的特殊状况，并为国家制定相应的经济政策，带有强烈的规范性色彩。从方法论和理论旨趣来看，该学科一方面要摆脱传统形而上学的羁绊，因而带有强烈的实证主义色彩，但另一方面，国民经济学不能忽视的是，在人类的经济活动当中存在不同于物理和生物属性的独特现象，例如约定、规范和价值判断。

第二节 理论要义

一、韦伯命题与现代性起源

马克斯·韦伯主要接受的学术训练是国民经济学和经济史，其博士论文为《中世纪商贸公司史》（1889），大学教师资格论文的题目是《罗马农业史及其对国家法和私法的意义》（1891）。在这两篇论文中，资本主义起源已经成为韦伯关心的一个问题。

1 李凯尔特：《文化科学与自然科学》，涂纪亮译，北京：商务印书馆，1986年。

1901年，韦伯的学生马丁·欧芬巴赫（Martin Offenbacher）在一篇利用国民经济统计数据的论文当中发现，在德国西南的巴登地区，当地的宗教人口、教育状况以及收入存在倒挂现象：巴登是一个天主教徒占多数（三分之二）的地区，但是在当地的各级学校尤其是高等职校当中，新教徒学生的比例却远远超过天主教；此外，新教徒的每户平均缴税也远远高于天主教。在外部环境并没有太大差异的前提下，这种反差现象引起了韦伯的注意。为了直接回应这一难题，并间接地回应此前在德国学界讨论的资本主义起源问题，韦伯在1904年写作了《新教伦理与资本主义精神》一文。

以往德语世界国民经济学派内部主流的解释是，宗教是被经济基础所决定的文化现象。韦伯对欧洲经济史了然于心，他认为事实与此并不相符。在欧洲很多地区都存在类似的现象，新教（Protestantismus）教派占主导或者刚崛起的地方，往往就会出现经济、制造—手工业的蓬勃发展。[1]因此韦伯推测，在新教和资本主义之间存在某种“选择亲缘性”（Wahlverwandtschaft）——换言之，作为上层建筑的宗教很有可能对经济基础的发展，起到了某种推动或者形塑的作用。韦伯的论证过程如下：

首先，他界定了其研究中的“资本主义”。他认为，资本主义曾经存在于欧洲之外的其他文明和其他时间，例如古代的巴比伦、埃及、印度和中国。但是在《新教伦理与资本主义精神》中他所要讨论的资本主义仅限于（近）现代西方的资本主义。[2]

其次，韦伯采用列举的方式，将美国人本杰明·富兰克林（Benjamin Franklin，1706—1790）作为现代西方资本主义精神（Geist des Kapitalismus/spirit of capitalism）的代表，因为在他身上表现出一种与众不同的精神（Ethos）——他不是为了享乐或者消费而赚钱，而是为了赚钱而赚钱。换言之，赚钱变成了目的本身（Selbstzweck/self-purpose），进而形成了一种职业义务。[3]

再次，韦伯使用了大量的欧洲基督教神学和宗教史资料来证明，上述的资本主义精神诞生于宗教改革之后的某些新教苦行教派，他集中加以论证的是加尔文派（Calvinism）。加尔文派有两个独特的教义：一个是神恩蒙宠，另一个是预定论（predestination）。前者认为，人能够获得拯救全靠上帝的恩宠；后者认为，上帝在创

---

1 韦伯：《新教伦理与资本主义精神（选译本）》，郁喆隽译，杭州：浙江大学出版社，2018年，第11页。

2 韦伯：《新教伦理与资本主义精神（选译本）》，郁喆隽译，杭州：浙江大学出版社，2018年，第26页。

3 韦伯：《新教伦理与资本主义精神（选译本）》，郁喆隽译，杭州：浙江大学出版社，2018年，第29页。

造世界之前，就已经决定了哪些人可以成为义人，也就是获得拯救的资格。这两个独特的教义结合在一起，使得加尔文派的信徒陷入一种特殊的紧张当中，因为无论他做什么都不能改变上帝已经做出的决定。他们首要的考虑是如何获得一种“救赎确证”。韦伯认为，在这种张力下，加尔文派信徒的日常生活和职业劳动成为了寻求救赎确认的最佳途径。因此，获得职业的成功、赚取更多的财富，不仅能证明个人的才智和努力，而且还能满足一个终极目标，即“荣耀上帝”——这就是富兰克林式的“资本主义精神”的宗教来源。[1]在这种强制性的内在驱动下，在很短的时间内，加尔文派的信徒通过勤勉劳动、拒绝非理性的奢侈品消费，从而积累了巨额的财富，促进了资本主义经济的发展。换言之，这种资本主义的核心并非以往人们认为的盈利欲，或者根植在人性中的贪婪，也不依靠掠夺或者单纯的投机，而是想尽办法以更合理的方式来提高企业经营的回报以及生产效率。

最后，在这种苦行式的宗教伦理要求下，形成了相应的职业观念，即“天职”（Beruf）和成体系的生活方式，是谓“入世苦行”（innerweltliche Askese）。由此，也将来源于宗教的救赎要求，带入到俗世生活的方方面面，进而形成了全面的合理化（rationalization）诉求。后世的社会学家和社会理论学家一般认为，韦伯开创了一个观点，即将合理性（rationality）或合理化视为现代性的根基和标志，并以他的方式论证了合理性起源的内在机制。

不过韦伯对资本主义的考察并未到此为止。依据韦伯对美国的近距离观察，上述合理化的要求很可能会彻底摆脱或者说斩断原本的宗教根基，变成一种非人的力量，从而反过来辖制人，形成“钢铁牢笼”（eisenhartes Gehäuse/iron cage）。这种“断根的”资本主义，究竟会产生何种社会效应，韦伯未能充分展开加以论述，但他已经预见到合理化的内在背反。这一洞见与马克思对资本主义状况下异化劳动的批判有着暗合之处[2]，其工具理性和价值理性二分的视角，对于日后的法兰克福学派亦有很大的启发。

综合上述的论证过程，也就形成了所谓的“韦伯命题”——西方现代合理资本主义诞生的一个重要条件是欧洲宗教改革之后出现的苦行伦理。两个看似相距很远的要

1 韦伯：《新教伦理与资本主义精神（选译本）》，郁喆隽译，杭州：浙江大学出版社，2018年，第82—93页。
2 洛维特：《韦伯与马克思：以及黑格尔哲学的扬弃》，刘心舟译，南京：南京大学出版社，2019年。

素——宗教和经济，在韦伯的论证当中发生了密切的关联。需要指出的是，韦伯并不是一个单因论者，也不是一个文化决定论者。他并不认为宗教伦理是资本主义诞生的唯一决定性因素，也不否认经济对文化的巨大影响。在《新教伦理与资本主义精神》的姊妹篇《新教教派与资本主义精神》（1905）当中，韦伯也讨论了这对因果中的反向关系，即经济收入如何影响了美国宗教派别的形成。

二、比较视野中的现代性理论

《新教伦理与资本主义精神》发表之后，引发了各方的批评和讨论，其中较为有质量的回应来自社会学家维尔纳·桑巴特（Werner Sombart，1863—1941）和经济学家卢约·布伦塔诺（Lujo Brentano，1844—1931）。为了回答韦伯命题的一个反向问题——为什么在西方之外的其他地区，虽然在历史上出现了资本主义，但是并没有产生现代西方的合理式资本主义——从1915年开始，韦伯计划要超越西方文明的单一视域，通过比较的方式，以中国（儒教与道教）、印度教与佛教、古犹太教为案例，来回答上面的这个问题。这个庞大的研究计划一直持续到了“一战”结束之后，也就是《世界宗教的经济伦理》。从这一计划的标题可以看出，韦伯主要考察的是各大世界宗教和经济伦理之间的交互关系。

对中国的研究是韦伯超出欧洲范围的第一个案例，该研究成为日后单行本的《儒教与道教》（英译本为*Religion in China*）。与《新教伦理与资本主义精神》的研究不同的是，韦伯在《儒教与道教》的前半部分加入了大量的涉及中国古代社会、财政、农业、城市和国家政治运作的材料，即“社会学基础”，后半部分才将儒教作为“正统”、道教作为“异端”加以论述。

简而言之，韦伯对中国的考察得出了如下的结论：中国的官僚体制历史悠久，是具备合理管理特征的集团。不过和西方相比，中国社会高度依赖以血缘为基础的血亲集团和宗族，缺乏独立的城市、行会和法律。文人士大夫接受了高贵的俗人教育，一旦入仕后就会凭借其身份地位来获得垄断特权，从而形成了一种“内政性的剥削资本主义”。中国在经济和官僚制度上都呈现出强烈的“传统主义”倾向，带有明显的“家产官僚制”特色。

在完成了《儒教与道教》论文的主体之后，韦伯还写下了儒教与清教的对比，即著名的《中间考察》（又译为《过渡研究》）。韦伯认为虽然儒教也带有强烈的合理性特征，但是完全执着于世俗方面。儒教的理性主义主要是去适应世界，而清教为了实现超越世俗的目标，是要去改造和掌控世界。[1]因此，儒教未能发展出新教那样的市民生活方式和资本主义精神。

有必要提及的是，20世纪60年代之后，亚洲学者纷纷对韦伯的这一结论提出质疑和挑战。其中最有代表性是余英时和杜维明。前者在《中国近世宗教伦理与商人精神》一书中提出中国中唐以来的"入世转向"，反驳韦伯的中国文化适应世界说，认为其存在一种积极改造的态度[2]；后者提出"儒家伦理"来作为新教伦理的"功能等价物"，并认为儒家伦理的核心是义务感、重视教育与礼仪以及注重社区和国家的领导力，以此来解释东亚各地在"二战"后的经济腾飞。[3]

在完成了对中国的研究之后，韦伯还研究了印度教、佛教、古犹太教。韦伯原本还计划对伊斯兰教进行研究，但是并未能实现。他的这些后续研究基本是沿着这样一个思路展开的——按照一个宗教是肯定还是否定世界，以及该宗教对世界采取了苦行（动态）还是冥想（神秘主义）的态度，由此可以产生出四种"理想型"，韦伯就此大致勾勒出了世界宗教的不同类型学：来自印度次大陆的印度教和佛教大致属于出世冥想；以加尔文宗为代表的清教属于入世苦行，进而要求主宰世界；中国的儒教是入世适应世界；而古希腊哲学则是要求从理论上把握世界。

在他生前最后时间定稿付印的《宗教社会学文集》第一卷中，还有一个前言的文本，是韦伯完成了《世界宗教的经济伦理》后增加的一个导论性引言。在该文本中韦伯总结了他对宗教伦理的研究，并认为西方的合理主义（Rationalimsmus）体现在科学、艺术、行政、国家和经济等多个领域中。盈利虽然充斥着人类的历史和几乎所有的文化，但它并非资本主义的核心。现代西方合理式资本主义发展出了如下几个要素：自由工作的合理资本主义组织、合理的交易形式、家计与经营的分离、合理的簿

1　韦伯:《儒教与道教》，王容芬译，北京：商务印书馆，1999年，第287页。

2　余英时:《余英时文集（第三卷）：儒家伦理与商人精神》，桂林：广西师范大学出版社，2004年。

3　杜维明:《现代精神与儒家传统》，北京：生活·读书·新知三联书店，1997年；杜维明:《东亚价值与多元现代性》，北京：中国社会科学出版社，2001年。

记制度。[1]

韦伯的这一研究计划虽然没有彻底完成，但对后来的影响是巨大的。卡尔·雅斯贝斯之所以能够提出“轴心时代”的学说，很大程度上受惠于韦伯先行尝试的比较研究。[2]而“二战”之后的多元现代性（multiple modernity）理论也得益于韦伯在半个世纪之前的思考。[3]

三、社会如何形成？

1909年，出版商保罗·齐贝克邀约韦伯来撰写一本国民经济学的新教材。韦伯应允之后断断续续地写作了大量的手稿，其体量严重超出原本的计划。该书直到韦伯逝世尚未完成，之后由其夫人玛丽安娜·韦伯和约翰内斯·温克尔曼（Johannes Winkelmann）联手整理出版，这就是著名的《经济与社会》。该书的理论密度极大，可以视之为一本关于社会的总体理论阐述，其核心问题是社会如何可能以及如何成立。因而其叙述的基本线索要从个人的行动上升到团体，如何以不同的方式组成社会（Vergesellschaftung）以及结社（Vergemeinschaftung）成为了韦伯在该书中紧扣的主题，其内容囊括了经济、政治、宗教、法律等多个学科和领域，其中的一些概念工具至今仍有巨大的影响力。

在《经济与社会》的第一章“社会学的基本概念”当中，马克斯·韦伯总结了社会行动的四种基本理想类型：第一种是目的理性式的（zweckrational），也就是通过对周围环境和他人个体行为的期待所决定的行动，这种期待被当作达到行动者本人所追求的和经过理性计算的目的的条件或手段，因而又可以被称为工具理性行动；第二种是价值理性式的（wertrational），是通过有意识地坚信某些特定的行为，例如伦理、审美、宗教具有其自身价值，由此无论它是否能够成功，都是由相关的信念或信仰所决定的行动；第三种是情感式的，也就是由当下的情感和感觉状态所决定的行动；第四

1 韦伯：《新教伦理与资本主义精神（选译本）》，郁喆隽译，杭州：浙江大学出版社，2018年，第1—21页。

2 雅斯贝尔斯：《论历史的起源与目标》，李雪涛译，上海：华东师范大学出版社，2018年。

3 Shmuel Eisenstadt, Wolfgang Schluchter, “Introduction: Paths to Early Modernities: A Comparative View,” *Daedalus*, 1998, vol. 127, no. 3, pp. 1−18.

种是传统式的，也就是被根深蒂固的习惯所决定的行动。[1]韦伯的这一组理想型，尤其是目的理性和价值理性的二分被后世学者所吸收与借鉴，成为社会理论中不可或缺的基础概念，法兰克福学派亦在此基础上转向对工具理性的批判。

在《经济与社会》的第三章中韦伯讨论了统治的三种理想类型：传统、合理与“卡里斯玛”。统治（Herrschaft，又译为“支配”）绝对不仅基于纯粹的暴力，而且必然要求对自身的正当性进行辩护。（1）传统的统治基于一些对于悠久传统的神圣性信念，或者诉诸习俗和惯例，即所谓的“一向如此”或者“自古以来如此”；（2）合理的统治要依赖对于规则合法性的信仰，其成员必须照章办事，人们必须是按照规则来发号施令；（3）“卡里斯玛”（charismatisch，又可以称为“超凡魅力”）统治则是基于对一个领袖、英雄、个人品质的信仰。[2]这三种统治类型也属于韦伯意义上典型的理性类型，在现实案例中均有不同程度的混合，各自也有明显的利弊。例如，合理统治的好处在于有一定的规则，其典型代表就是官僚制，但是它容易陷入文牍和形式主义，从而导致组织内部按部就班、死气沉沉、缺乏活力；传统型统治的典型是老人统治和家长制。而在卡里斯玛统治中，个人直接崇拜或者效忠于那个具有超凡魅力的领袖，组织的重大决策也基本按照这个领袖的个人意志来决定，因而具有灵活多变的特征，并不要求前后一致与连贯；然而在这个领袖退休或者死亡之后，那种关系就难以维系，也很难传递给下一个领导。因而卡里斯玛统治的团体是不稳定的，容易出现分裂或者迅速的崛起和衰落。卡里斯玛统治一直面临着日常化的压力，转化为传统或者合理式的统治，即建立起一套规章制度以及专事管理与行政的人员。

在《经济与社会》的第四章中，韦伯区分了阶层与阶级。这一区分的着眼点超越了单纯的经济要素，纳入了文化要素。阶层（Stand/status group，又被译为“身份团体”）不同于阶级。阶级状况按照韦伯的定义服务于以下三个目标：获取货物、某个人生地位和寻求内在满足。他将阶级进一步划分为三个：有产阶级（食利者）、商业阶级（商人和企业经营者）和社会阶级（工人）。[3]而标记出“阶层”的并非对货币、

1 韦伯：《韦伯作品集VII：社会学的基本概念》，顾忠华译，桂林：广西师范大学出版社，2005年，第31—32页。

2 韦伯：《经济与社会》第一卷，阎克文译，上海：上海人民出版社，2019年，第395—396页。

3 韦伯：《经济与社会》第一卷，阎克文译，上海：上海人民出版社，2019年，第513—518页。

资本或财产的占有关系，而主要是生活方式和教育，以及其他一些惯例。缺少财产并不意味着丧失了其阶层（身份）。[1]韦伯的阶层概念可以与马克思主义中的阶级概念形成对读关系，韦伯更加强调经济之外的因素对于社会分层（stratification）的作用。

四、韦伯的社会科学方法论

韦伯虽然被认为是现代社会学的三大开创者之一，但其涉及的学术领域绝对不止于现今大学系科意义上的社会学，而是涉及众多学科的根基，甚至触及多个学科的"元问题"。韦伯的社会科学方法论是一个遭到长期忽视的话题，它带有一个鲜明的特色，即社会认识论与社会本体论的相互支撑，并且谨慎地要求学者和教师克制自己的价值判断以及对社会的规范性的介入。

在《社会学的基本概念》的一开头，韦伯就提出了一组"三级跳"式的概念——行为、行动、社会行动：行为（Verhalten）最为宽泛，可以指人类的任何动作，包括那些无意识的动作，例如不自主的眨眼和呼吸等；行动（Handeln）是指行动个体对其赋予主观的意义（Sinn）的行为；社会行动（Soziales Handeln）则是指行动者的主观意义关涉到他人的行为，而且指向其过程的这种行动。[2]在此背景下，韦伯的"理解"概念就成为了一个枢纽。他提出，自然科学的基本目标是对自然现象进行"解释"（Erklären），而文化—社会科学则要对人类的行为做出"理解"（Verstehen）。因为，即便人们在做出一样的行为时，他们各自做出这个行为的动机可能是截然不同的，而且在很多情况下，他们各自对同一个行动的主观意义理解也是相差甚大。在这一点上可以看出德国新康德主义和解释学传统的影响。韦伯开宗明义表达了社会学的基本目标，一是对于社会行动进行诠释性的理解，二是对于社会行动的过程及结果与因果性的解释。[3]从这个目标设定可以看出，韦伯尝试弥合自然科学与文化科学之间的鸿沟，或者也可以说，他所理解的社会学恰恰能够处于自然科学与文化科学之间的飞地。韦伯将"理解"分成两种可能性：第一种是对行动主观意义做直接观察的理解；第二

1 韦伯：《经济与社会》第一卷，阎克文译，上海：上海人民出版社，2019年，第518—520页。

2 韦伯：《韦伯作品集VII：社会学的基本概念》，顾忠华译，桂林：广西师范大学出版社，2005年，第3页。

3 韦伯：《韦伯作品集VII：社会学的基本概念》，顾忠华译，桂林：广西师范大学出版社，2005年，第3页。

种是解释性的理解，也就是考查行动者的动机。[1]“解释”意味着掌握行动者自己的主观意义。[2]

在韦伯看来，社会学作为一个独立的学科，其目标是要建立类型概念，并追求经验事实的普遍规律。[3]这一点不同于历史学。后者致力于对个别的、具有文化显著性的行动结构和人格进行因果分析与解释。韦伯认为，虽然社会科学的认识目标不同于自然科学，但是作为科学，它不能放弃对因果关系的追求。但是长久以来，由于人类历史、文化的多样性，很多学者认为难以在社会科学中得出唯一有效的因果关系来。为此，韦伯提出了纯粹型（Idealtypus）的概念，以往一般翻译为“理想型”，但是“理想”两个字容易引发误解。简而言之，纯粹型并非一个类别中的平均值或者常见代表，而是某些特质的“提纯”，以显示其特殊性，因其是一个思维图式，并不存在于现实历史中：

> 它（理想型）是通过单方面地**提高**一个或者一些观点，通过把散乱和不明显的、此处多一些彼处少一些、有些地方不存在的那种符合上述单方面地强调的观点的**个别**现象，都综合成为一个自身统一的思想图形而获得的。就其概念上的纯粹性而言，这一思想图形不能经验地在现实中的任何地方发现，它是一个**乌托邦**，而对于**历史**工作来说就产生了一个任务，即在任何具体场合中确认，它与理想图形的远近……[4]

建构纯粹型的方法论意义是，可以找到纯粹型之间的因果关系，从而避免了纷繁芜杂的经验现实对这一目标的干扰。而每一个在历史或现实中存在的个案，都可以和纯粹型进行比较，从而看出其特质。因而，一般纯粹型并不会单独出现，而是成对或

1　韦伯：《韦伯作品集VII：社会学的基本概念》，顾忠华译，桂林：广西师范大学出版社，2005年，第9页。

2　韦伯：《韦伯作品集VII：社会学的基本概念》，顾忠华译，桂林：广西师范大学出版社，2005年，第10—11页。

3　韦伯：《韦伯作品集VII：社会学的基本概念》，顾忠华译，桂林：广西师范大学出版社，2005年，第25页。

4　韦伯：《社会科学认识和社会政策认识的“客观性”》，《社会科学方法论》，李秋零、田薇译，北京：中国人民大学出版社，1999年，第32页。译文有修改，着重为原文所有。

成组。在韦伯本人的研究中，“资本主义”就是一个典型的纯粹型组，包括掠夺性资本主义、贱民资本主义、合理资本主义、剥削性资本主义等。

韦伯谈到一些社会构造物，例如政府、公司、基金会等等，好像可以被当作个人那样来加以对待。但是对于理解社会学来说，这些构造物只不过是特殊行动的组织模式和结果，而个人是可理解行动的唯一承载者。[1]他明确地指出：“……社会学中并没有像个人的集合体去‘行动’之类的东西。当社会学论及如政府、国家、民族、公司、家庭或军团等类似的集体构造时，毋宁**只在**指称某些种类的个人实际或可能的社会行动的过程而已。”[2]在此意义上，我们可以说韦伯的理解社会学并不是不关注集体或者宏观现象，而是认为社会集体以及宏观现象，必须以个人的社会行动为基础，逐步地向上建立起理论描述，因为个人是唯一能够谈及主观理解意义的行动者。韦伯的这种方法论的个人主义（methodological individualism）和同时代的涂尔干的方法论的整体主义形成鲜明的对比。两者各有其道理。涂尔干就坚决反对将宏观的社会现象——例如自杀率的变动——还原为个体的原因，尤其反对将它理解为个人心理活动的结果。韦伯也同样反对把心理学当作理解社会学的基础。[3]

韦伯的理解社会学虽然在方法论意义上是个人主义式的，但他要明确地避免个人主义式的评价（Wertung）。他提出的“**价值判断无涉**”（Werturteilsfreiheit）原则经常引起误解，因而必须和他的另一个原则“价值关联”（Wertbeziehung）结合起来成对地加以说明。韦伯对此的讨论集中见诸《社会学和经济科学中“价值无涉”的意义》（1917）一文。从新康德主义的传统出发，韦伯认为世界具有连续性，而人出于自身的需要而从中截取出部分加以研究甚至利用，就表现出人与世界的“价值关联”来。换言之，人的生活与学术研究是以价值关联为前提的，因此价值关联不能被彻底摒除。然而，对于一个学术研究者而言，他必须秉持客观、中立的研究立场。在韦伯的时代，他看见讲坛社会主义者们在大学的课堂上随意地发表个人的伦理、世界观与政治

1 韦伯：《韦伯作品集VII：社会学的基本概念》，顾忠华译，桂林：广西师范大学出版社，2005年，第17页。
2 韦伯：《韦伯作品集VII：社会学的基本概念》，顾忠华译，桂林：广西师范大学出版社，2005年，第18页。译文有修改，着重为原文所有。
3 韦伯：《韦伯作品集VII：社会学的基本概念》，顾忠华译，桂林：广西师范大学出版社，2005年，第24页。

主张，即进行价值判断（或者说评判）。韦伯提出，要明确地区分（实践）价值判断和经验（事实）判断。[1]对一个学者和教师而言，大学课堂和学术研究不应当成为表达其个人宗教、政治和世界观立场的场合。

> 研究者和描述者应当无条件地把经验事实的规定（包括他所确定的经验的人的“有价值取向的”行为，而经验的人是他所研究的）与他的实际的价值评判态度，亦即在判断这些事实（包括经验的人的可能被造成为研究对象的“价值评判”）令人愉快或令人不愉快的意义上的“鉴定”态度区分开来，因为这是两个根本不同的问题。[2]

是否接受价值判断无涉这一原则，成为了实证式社会学与规范性社会理论的主要分歧，也一再地以不同的方式进入学术争论中。这不仅体现了不同学者对于学术研究“元伦理”的差异，也凸显了现代社会一个“元问题”——当不再有价值的最终决断者时，不同价值如何产生、自我证成，以及如何在多元社会中共存和持守？

第三节　评　析

韦伯虽然提出了价值判断无涉的原则，但是他本人并不是一个价值相对主义者或价值虚无主义者。价值问题或者说现代社会中的价值困境恰恰构成了他最后几年学术生涯的关注焦点。

在韦伯早年的绝大多数学术写作中，他本人均贯彻了价值判断无涉的原则，在极少数段落中表达出了对人类命运和资本主义的深切担忧：原本根植于宗教之上的资本主义经济制度，一旦羽翼丰满，就可能试图斩断其宗教根基，彻底摆脱信仰的控制，获得了其完全的自主性——某种“断根的”资本主义。原本的“宗教人”会彻底转变

1　韦伯：《韦伯方法论文集》，张旺山译，台北：联经出版公司，2013年，第493页。

2　韦伯：《社会科学和经济科学“价值无涉”的意义》，《社会科学方法论》，韩水法、莫茜译，北京：商务印书馆，2013年，第162页。

为“经济人”，功利主义原则将成为后者考虑问题的唯一标准。在《新教伦理与资本主义精神》的末尾处，他充满忧虑地提出，资本主义将会成为“宇宙秩序”，其强制性使得人感受到它是一个“钢铁牢笼”：

按照巴克斯特的看法，对外在财货的顾虑，应该像圣徒肩上“一件薄斗篷”，随时可以舍弃。但是，命运却使得这件薄斗篷变成了钢铁般坚硬的牢笼。因为苦行决意改造世界并在世界中发挥作用，俗世的外在财货便史无前例地赢得了凌驾于人类之上且最终无法挣脱的力量。如今苦行精神已经逃出了那牢笼，但是否永久，谁又知道呢？高歌猛进的资本主义，既已建立在机械的基础之上，就不再需要这样的支柱。其自鸣得意的继承者（启蒙运动），似乎也已经彻底褪去了她玫瑰色的红颜。[1]

在这一点上完全可以说，韦伯和马克思以及以后的法兰克福学派一样，都流露出了对人类未来命运的深切关怀。但是韦伯是这样一个学者：可能是由于他英年早逝，尽管他给出了一个相对完整的分析人类行为以及社会构成的描述性理论，也可以作为一套诊断的框架，但是韦伯并不愿意或者还来不及直接给出一个治疗的药方，而是将决定权留给每个行动的个人和决定国家命运的政治家。在这背后有一个更深的考虑，首先是每个人应该为自己的抉择担负责任；其次是韦伯对现代社会有一个更加深刻的判断，被归结为“诸神之争”。

……世界的各种价值秩序（Wertordnung），相互处在无可消解的冲突之中。……今天我们充其量不过是又重新认识到：一件事物之所以为神圣，非但不为其不美所碍，而且正是因为其不美、同时惟在其为不美的条件下，这事物才成其神圣。……一件事物，非但其为不美、不神圣、不善，皆无碍于其为真，并且正是因为其为不美、不神圣、不善，所以才为真；这实在是一项日常智慧（Alltagsweisheit）。以上所言，仅是各种秩序、各种价值的诸神

1 韦伯：《新教伦理与资本主义精神（选译本）》，郁喆隽译，杭州：浙江大学出版社，2018年，第147页。

之争（Kampf der Götter）的最基本形式。[1]

在1915年写作的《中间考察》中，韦伯将现代世界区分为六大价值领域——宗教、经济、政治、审美、性爱和知性。每一个价值领域拥有自身的法则（Eigengesetzlichkeit/inherent law）。在此意义上，现代世界的价值冲突首先并非不同国家、民族和传统代表的地域性的价值冲突，而是一个社会内部不同价值领域之间的价值冲突。每个价值领域就好似一个神明一样，追求自身特有的合理性，因而处于不可调和的持续冲突中。韦伯的这个方案在合理化—祛魅、行动理论之外，提供了一个对现代性问题的总体分析框架，因而也蕴含着某种理论诊断的可能性。可惜1920年韦伯英年早逝，未能就此继续深入和展开。

思考题与推荐书目

思考题

1. 你是否赞同“韦伯命题”？请结合对历史和现实的观察给出正反例证。
2. 你的日常生活中是否存在作为“目的本身”的行动？
3. 请从世界历史中找出几个符合“卡里斯玛”特质的人物，并说明其优势和劣势。
4. 你是否支持韦伯提出的“价值判断无涉”原则？请给出理由。

推荐书目

迪尔克·克斯勒：《韦伯传：思与意志》，高星璐、黄自勤译，桂林：广西师范大学出版社，2023年。

莱因哈特·本迪克斯：《马克斯·韦伯思想肖像》，刘北成等译，上海：上海人民出版社，2007年。

马克斯·韦伯：《韦伯作品集VII：社会学的基本概念》，顾忠华译，桂林：广西师范

1 韦伯：《韦伯作品集I：学术与政治》，钱永祥译，桂林：广西师范大学出版社，2004年，第179页。译文有修改。

大学出版社，2005年。

马克斯·韦伯:《新教伦理与资本主义精神（选译本）》，郁喆隽译，杭州：浙江大学出版社，2018年。

马克斯·韦伯:《韦伯作品集I：学术与政治》，钱永祥译，桂林：广西师范大学出版社，2004年。

马克斯·韦伯:《韦伯作品集V：中国的宗教、宗教与世界》，康乐、简惠美译，桂林：广西师范大学出版社，2004年。

第四章
结构主义及其社会理论

结构主义是20世纪六七十年代流行于诸多人文社会科学学科的一股强大思潮。跨学科是结构主义最显著的特征之一。这一思潮至今仍在人类学和语言学等学科中保持着旺盛的生命力。结构主义的核心主张是关系先于本质。结构主义者们拒绝在现象背后预设一种本质并将现象归结于这种本质。相反，他们提倡分析现象与现象之间的关系，并将这些关系视为一个整体结构来加以研究。结构主义的社会理论接受了这一核心主张。结构主义社会理论反对将社会现象解释为某种普遍目的或者功能的产物。它主张考察各种社会现象之间的关系，并将社会活动视为构建各种关系的过程。一些结构主义者进一步提出，结构主义同样可以采取这样的方式来研究历史现象。他们在此基础上建立起了一种结构主义的历史解释范式。结构主义由于其对现代社会科学的广泛影响，始终是思考社会理论问题的一种重要资源。

第一节　理论传统及概况

结构主义对现当代人文社会科学具有很大影响力。不过，迄今为止，却没有形成大家都接受的结构主义概念，其中一个重要原因在于结构主义具有的跨学科性质。在人文社会科学界，大部分思潮的影响仅限于某门学科内部，比如经济学中的新古典主义、心理学中的行为主义、社会学中的实证主义等等。但结构主义的影响却波及诸多相互没有明确关联的学科，某一学科中的结构主义者常常声称自己受到了另一学科中结构主义的巨大启发，但不同学科的结构主义者之间却又缺乏实质性的互动，大家不过是在各自的学科论域下使用结构主义概念。关于哪些人是结构主义者，哪些人不是结构主义者，也没有特别确切的跨学科标准。讨论结构的并不一定是结构主义者，结构主义者未必讨论结构。唯一没有争议的是结构主义的起源。人们一般认为结构主义最早来自瑞士语言学家费迪南·德·索绪尔（Ferdinand de Saussure）。所以那些主要受到索绪尔影响的学说，即属于结构主义。我们可以由此总结出结构主义的通用特征。

在语言学界，索绪尔的思想被北欧和东欧的学者加以继承，形成了哥本哈根学派和布拉格学派。前者的代表人物是路易斯·叶尔姆斯列夫（Louis Hjelmslev）。后者的代表人物是罗曼·雅各布森（Roman Jakobson）和尼古拉·特鲁别斯科伊（Nikolai Trubetzkoy）。[1]在俄国，结构主义思潮还影响了文艺学和文学理论。在那里，这一思潮还被称为形式主义。[2]北欧和东欧的语言学结构主义后来又在法国产生了很大影响。在

1　埃诺：《符号学简史》，怀宇译，天津：百花文艺出版社，2005年。

2　厄利希：《俄国形式主义：历史与学说》，张冰译，北京：商务印书馆，2017年。

法国形成了巴黎符号学派，代表人物是阿尔吉达斯·于连·格雷马斯（Algirdas Julien Greimas）。很多人认为结构主义具有“法国特色”，大抵与这一思潮在法国的集中爆发有很大关系。不过，法国结构主义受到了北欧和东欧结构主义者的启发，而不只是限于索绪尔的影响。比如法国结构主义人类学家列维-斯特劳斯就受到雅各布森的影响。在法国，除了巴黎学派和列维-斯特劳斯，结构主义还在精神分析和文学批评领域得到了发展，其中的代表人物是雅各·拉康（Jacques Lacan）和罗兰·巴特（Roland Barthes）。有时候，人们也会把法国哲学家路易·阿尔都塞和米歇尔·福柯（Michel Foucault）看成结构主义者。但这里存在着不少争议，前者是由于其激进性质，后者则一般是与后现代主义关联在一起。由于这两位思想家同索绪尔都没有明确联系，所以要将他们视为结构主义者，需要说明他们在理论内涵上的相似性。

除了哥本哈根学派和布拉格学派，结构主义语言学的另一个大本营在美国。著名的语言学家莱昂纳德·布龙菲尔德（Leonard Bloomfield）和爱德华·萨丕尔（Edward Sapir）都非常推崇索绪尔语言学。他们开创了语言学的描写学派，并形成稳定的学派传承。布龙菲尔德和萨丕尔不仅是语言学家，也是民族志作家和文化人类学家。比如布龙菲尔德在田野研究中专门收集北美土著的平原克里人的民间传说故事。[1] 实际上，不管是欧洲还是美洲，或者在世界的其他地方，语言学同民族志的关系总是十分紧密的。在美国，结构主义代表一种总的“语言学—人类学”传统。在美国文化人类学界，最主要的结构主义代表人物是埃里克·沃尔夫（Eric Wolf）和马歇尔·萨林斯（Marshall Sahlins）。不过他们并不只是受到欧洲结构主义的启发。美国人类学中存在着悠久的文化论传统。它发端于弗朗茨·博厄士（Franz Boas）以及他的学生玛格丽特·米德（Margaret Mead）和鲁丝·本尼迪克特（Ruth Benedict）。这种文化论传统的另一位代表人物即克利福德·格尔茨（Clifford Geertz）。他们都不是结构主义者，不过他们的后继者却又轻而易举地接受了结构主义的基本观点；美国人类学的文化论传统和结构主义之间存在一些契合和交集。

结构主义思潮的跨学科影响在20世纪六七十年代达到顶峰，在此之后这一学术理论传统基本只在语言学和文化人类学中有明确的表达。在这两门学科之外，已很少有

1 Leonard Bloomfield, *Sacred Stories of the Sweet Grass Cree*. Ottawa: Canada Department of Mines, 1930.

人为结构主义辩护。社会理论中的结构化概念，受到了语言学与文化人类学中的结构主义的影响。通过语言学与文化人类学，现代社会理论可以持续研究古代社会的结构及其古代人的生产与交换方式，进而为现代社会结构提供一份人类学的馈赠。

第二节 理论要义

一、语言学与人类学中的结构主义

为了阐明结构主义的核心主张，有必要简要回顾索绪尔的语言学思想。索绪尔的出发点是语言的任意性。同一个概念在不同的语言中对应着不同的称呼，比如苹果这种水果在现代汉语中被称为“苹果”，在别的语言中对应别的语音。因此单纯用“苹果”这个汉语称谓不能解释为什么人们用“苹果”或者别的词来称呼它。人们选择什么语音或者符号来称呼一件事物跟这件事物本身并没有什么直接关系。语言的使用具有任意性。这就是索绪尔所说的语言的任意性。但是语言的任意性并不表示语言是胡乱的创造。它是具有规则的。比如，如果我把苹果和梨这两种水果都称为“苹果”，那么就无法在称呼上把它们区别开来。对于不同的东西，我们需要不同的词汇来称呼。虽然某一样事物具体用什么词来称呼跟这件事物无关，但却和其他事物的称呼有关。某一个语音或者符号要表达独特的含义，就必须同表达不同含义的语音或者符号区别开。这样一来，一门语言就构成一个内部存在许多差异的总体。我们之所以能够用语言表达很多不同的含义，是因为语言内部存在一系列相互之间具有区别的语音或符号。决定我们使用某一个词来表达某种含义的不是这个词和这个含义之间的关系，而是这个词同所有别的词之间的差别。[1]

索绪尔把一个用来称谓的词称为“能指”（notifier），把词所表达的含义称为“所指”（notified）。这里需要注意的是，所指并不是一个具体的物品。比如，当我说出“苹果”这个词的时候，它的所指并不是一个具体的苹果，而是我的意识中产生的苹

1 索绪尔：《索绪尔第三次普通语言学教程》，屠友祥译，上海：上海人民出版社，2007年，第84—88页。

果的想法或者观念。索绪尔指出，能指具有什么含义往往取决于能指之间的关系。以“上”和“下”这两个概念为例。我们很难单独解释“上”和“下”之中具体某一个的含义。“上”这个词只是对应于“下”才具有含义，反之亦然。因此不能单独研究某一个词或者符号，而应该分析所有词或者符号互相之间的关系。换句话说，不是研究“能指”背后的“所指”，而是“能指”之间的关系。这是结构主义的核心主张：关系先于本质。

索绪尔学说对语言学的意义是比较明确的。如果我们从研究语音和符号之间的关系着手，就可以对一种语言做整体的描述，而不用去讨论人们在使用语言的时候是怎么想的。索绪尔把人们说出的具体的话称为言语（parole），而把人们的言语所构成的那个有规律的整体称为语言（langue）。语言学最终研究的对象是语言而非言语，也就是在全部言语中呈现出来的符号之间关系的总和。**这个关系的总和可以被称为“结构”**。换句话说，结构主义语言学不去分析语言现象背后的某种真相或者现实，而是只分析语言现象互相之间的关系。把现象互相之间的关系看作一个整体结构，这是所有学科中的结构主义共同的特点。那么语言学结构主义是如何被其他学科接受和运用的呢？以文化人类学为例，文化人类学同语言学有一个相似之处。现代语言学发端于历史比较语言学。语言学家们很清楚人类使用的语言处于不间断的历史变动和分化之中。不同的语言用不同的方式来表达相似的含义。没有哪一门语言比其他语言表达得更切近。现代语言学关心的不是什么样的语用是“正确的”或者“错误的”。语言是语言科学的客观研究对象。因此，语言学不能有意无意地假定某一门语言更好或者代表了普遍的语言本质，然后以这一门语言为标准考察其他语言。与此类似，文化人类学研究的是那些现代西方国家以外的社会和人群。虽然人类学这门学科在建立之初服务于西方国家的殖民统治，但是在20世纪上半叶，人类学内部发生了一场文化论转向。文化人类学家开始意识到，我们不能预先假定现代西方文化是先进的或者正确的，然后再以此为标准去理解其他文化。就像一门语言一样，每一个社会的文化都构成一个整体，不能用其他文化的标准去对前者进行切分，不然是无法真正理解前者的。同结构主义语言学一样，文化人类学要研究的不是文化现象同某种本质或者现实之间的关系，而是文化现象互相之间的关联。

举例来说，图腾制度在大洋洲土著社会是一种非常常见的现象。大洋洲的部落社会往往分成数个氏族。每个氏族都有自己的图腾。这些图腾往往都是动植物物种。一个氏族的成员会被认为就是其氏族图腾的动物或者植物，比如一个袋鼠氏族的成员会被认为就是一只袋鼠。换句话说，这个人跟袋鼠之间的相似性要远大于他与不同氏族的人类之间的相似性。同时一个氏族的成员经常被禁止食用他们的图腾动物或者植物，比如一个袋鼠氏族的成员不能吃袋鼠，不然就会造成可怕的后果。这样的习俗在现代人看来是匪夷所思的，因为我们都知道一个人不是一只袋鼠，我们也知道吃袋鼠并不会带来诅咒或者惩罚，那么为什么产生图腾这样的习俗呢？为了回答这个问题，人类学家想到了很多解释。有相当长的一段时间他们认为图腾是一种宗教现象。一个氏族的图腾代表着这个氏族的祖先或者保护神，因此才会有禁止食用图腾的习俗。然而，这样的解释并不能令人满意，因为人类学家并没有在大洋洲土著社会找到有关氏族祖先或者保护神的传说。图腾动物或者植物甚至有可能没有任何神圣的或者超验的性质。如果一个土著说自己是一只袋鼠或者别的什么动物，这是一个非常直白的判断。它并不意味着袋鼠这样的动物具有某些宗教性质。

因此，一些文化人类学家开始反思把图腾看作宗教现象的思路。法国结构主义人类学家列维-斯特劳斯提出，所谓的图腾制度仅仅是一种分类方式。它无非是把人类社会的氏族划分和动物或者植物物种的类型划分联系了起来。人类学家给图腾制度赋予一种它本身没有的宗教或者超验的内涵，属于多此一举。[1]人类学家的这种解释仅仅表明图腾在人类学家自己的文化里是无法理解的。而所谓无法理解的现象无非是指那些看来无法自圆其说或者不合理的现象。但在不同的文化中，对于什么合理、什么不合理的规定和标准是截然不同的。如果人类学家只是在区分了合理与不合理之后再开展工作，那么现象就不再具有客观性，而变成了任由人类学家剪裁的人造景观。所以，真正的问题并不在于什么是合理的或者如何把难以理解的现象说得合理。人类学家的问题也不是在文化现象背后找到某种合理性。

回到列维-斯特劳斯对图腾的解释，在他看来，图腾现象所遵循的逻辑相比于现代人的思维并没有什么特别或者原始的地方。比如说，在学校里同一个年级的学生往往会被划分为一系列班级。为了区分这些班级，我们会对这些班级命名，比如一班、

1　列维-斯特劳斯：《图腾制度》，渠敬东译，北京：商务印书馆，2012年。

二班、三班等等，或者甲班、乙班、丙班……有时候我们觉得单纯用序号来命名不够直观。这时人们会用更具象的事物来命名，比如把班级对应于牛、羊、马、狮子、老虎之类的动物。其实具体用什么来命名每一个班级并不那么重要。命名的目的在于区分。只要我们不用同一个名字称呼两个不同班级就行了。换句话说，班级之间的差别对应于名称之间的差别；而每一个班级同其名称之间并不需要什么关联。不难看出这样的情况同上文介绍的索绪尔思想之间的关联。在列维-斯特劳斯看来，图腾制度的性质类似班级的命名。大洋洲社会把不同的氏族对应于不同的动植物，是因为这些动植物之间的差别对应和指称了不同氏族之间的差别。就像一个语音同其含义之间不需要内在联系一样，在结构主义者看来，某一个图腾和图腾氏族之间并不需要内在联系。重要的是全部图腾之间的关系同全部氏族之间关系的对应。

如果我们需要去研究一个社会中人们的想法和行动，就不能用我们自己的文化来解释。也就是说，我们不能预先假定一个词语或者行动具有我们自己文化中的含义，而这个含义在其他社会和文化中维持不变。在不同的文化中，同一个符号、手势、举止或者动作的含义都是不同的；这类似索绪尔所说的语言的任意性。人类学家不能直接从符号或者举动中发掘出某种真相；他们只能分析这些符号和举动之间所建立起的联系，并且尽可能把所有关联视为一个整体结构来加以分析。在这一点上，结构主义人类学同结构主义语言学是一致的。

二、结构主义如何解释社会现象？

否定现象同其背后的某种本质或真相之间的联系，同时强调各种现象之间的关系、把它们看作一个可以分析的整体，这是各个学科中的结构主义理论都具有的一般特征。为了进一步解释结构主义对社会理论的影响，下面我们将简单地回顾一个颇为著名的案例，那就是礼物。这个问题最早是由法国社会学家和人类学家马塞尔·莫斯提出的。莫斯是涂尔干的学生。我们在涂尔干那一章中曾经提到过他。他所写的关于礼物的论文是文化人类学名篇。[1]在文中莫斯提出了一个看似很简单的问题：为什么收

1 莫斯：《社会学与人类学》，佘碧平译，上海：上海译文出版社，2014年，第171—312页。

受礼物的人有义务向送礼的人回礼？

针对这个问题，人类学家讨论了一百年。至今还有很多人类学家在尝试回答这个问题。从常识的角度看，我们可以提出很多解释，比如回礼是表达感恩之情的一种方式，或者回礼是为了避免欠人情。但是在文化人类学家看来，这样的解释没有意义。因为在提出这样的解释之后我们其实并没有对现象有更深的理解。相反，我们又要再进一步去询问诸如感激或者人情之类的观念指的是什么。换句话说，像感激或者人情这样的观念本身也是现象的一部分。这些概念只是人们阐述回礼义务的方式罢了。**问题在于为什么人们会产生回礼的想法**。

关于礼物交换，文化人类学家积累了许多民族志材料。英国人类学家勃洛尼斯拉夫·马林诺夫斯基（Bronislaw Malinowski）很早就记录了西太平洋上的岛屿社会之间进行库拉（kula）交换的传统。[1]这些岛屿社会定期派出队伍到其他岛屿并且同后者交换贝壳手镯和珍珠项链。所谓的交换实际上是反复的赠礼和回礼仪式，其间还伴随着一些有用物品和食物的馈赠。这种交换的目的并不是积累财富。被交换的物品无法被消费。交换的方式是固定的：用贝壳手镯交换珍珠项链或者反过来。所以被用来交换的这两种物品在整个库拉交换的循环中不断地流通，最后并没有被任何人囤积起来，也没有被作为其他物品交换的中介。在经历过一个交换周期后，它们往往又轮转到原来的所有者手中。另一个经典案例是北美西海岸土著居民中间盛行的“夸富宴”（potlatch）。[2]这些土著社会的酋长和贵族有举办大规模宴会的习惯。这样的宴会往往花费举办者巨大的财富。在这些宴会上，举办者会为参与者提供尽可能多的食物，并且会肆意地将自己的财产赠送给参加宴会的人；在赠送不出去的时候他们甚至会公开销毁财物。“夸富宴”带有很强烈的挥霍财富的意图，其目的是炫耀举办者的财富。而且这样的宴会也具有很强的竞争性，参加宴会的人自己也会举办宴会。每一个举办者都希望自己的宴会比别人的宴会显示出更大的排场、消耗更多的财富。

诸如库拉交换和“夸富宴”之类的现象在现代人眼中显得古怪，但是它们的内核或许并没有那么难以理解。即使是在现代社会，也还存在着不同于商品交换的其他交

1 马林诺夫斯基：《西太平洋上的航海者》，于文浩译，上海：上海译文出版社，2021年。

2 Franz Boas, *The Social Organization and the Secret Societies of the Kwakiutl Indians*. New York: Johnson Reprint Corporation, 1970, pp. 341–358.

换形式。假如我花钱去买一件物品，那么我获得的是这件物品本身。但是礼物交换与此不同。我们有时候会说，礼物本身是不重要的，重要的是送礼者的心意。我们也能够体会到购买一件物品和被别人赠送一件物品是不同的。与商品交换不同，在礼物交换中，我们获得的不仅仅是物品本身，同时还获得了物品之外的某种东西。正是这种额外的东西构成了还礼义务的来源。比如在新西兰的毛利人中间流传着“豪”（hau）这个概念。“豪”是一种能够使财富增殖的力量。如果森林具有“豪”，那么就能产生更多的猎物。毛利人在森林里打猎的时候，会将一部分猎物埋起来，回馈森林的“豪”。这样来年森林就会继续产生出猎物。这种做法有点类似于回礼。一个人接受他人的馈赠，他就获得了他人的“豪”。这种“豪”可以使他获得更多的礼物，但“豪”并不归他所有。为了返还最初送礼者的“豪”，他需要把“豪”产生的增殖返还给最初的送礼者。[1]在现代人看来，把“豪”看作一种现实的或者物理的力量或许显得太过迷信了。但其实“豪”的概念跟人情和感激之类的观念并没有那么大的不同。它们都表示：我们回馈他人的礼物实际上是对礼物之外的某种东西的回应。在库拉交换和夸富宴中传递的实际上就是这种东西。

也许有人会问：为什么礼物交换对人类学家如此重要？在我们这些现代人眼中，礼物交换看上去只是一种次要的社会现象。我们更看重商品交换。然而对于文化人类学家而言，这个世界上的大多数社会是非商品经济社会。在这些社会，商品经济并不是占主导的社会交往方式。在一些社会中甚至不存在商品经济。人类社会的最古老和基本的交往方式可谓礼物交换。换句话说，大部分人类社会并不需要商品交换就能够存在。可礼物交换对它们而言却是必不可少的。礼物交换的逻辑包含了社会交往的某种最根本的原则。通过研究礼物交换，我们可以揭示出人与人之间建立社会关系的最基本的机制。结构主义对社会理论的启发也集中于此：结构主义并不假定在社会现象背后有某种预先存在的本质，比如“个人”或者“社会”那样的东西；相反，结构主义关注的是社会关系通过各种交往方式得以确立的过程。

在人类学案例中，礼物的交换并没有在实质上制造出财富。或者说，交换者并没有汲取到任何物质上的收获。库拉交换中贵重礼物最后经常回到原初所有者手中，夸

---

1 萨林斯：《石器时代经济学》，张经纬等译，北京：生活·读书·新知三联书店，2019年，第177—202页。

富宴只会造成财富的浪费而非产出或囤积，所以这样的现象显然不能用物质利益来解释。人类学家们认为，在礼物交换中，物并不重要。重要的是通过物的交换确立起的人际关系。为了说明这一点，列维–斯特劳斯曾经举过一个有趣的例子：两个陌生人不得不在一家餐馆共享同一张桌子和同一瓶葡萄酒；为了打破尴尬的气氛，他们轮流为对方斟酒以示友好。[1]在这个例子中，双方在互相斟酒中并没有获得任何功利的好处，因为酒本身就是他们共有的。重要的是他们通过互相斟酒的行动向对方表示友好。互相斟酒在陌生人之间迅速建立起了一种基本的社会关系。列维–斯特劳斯的这种解释恰恰是其结构主义立场的表现。结构主义并不把人们的话语和行动看作某种带有先天动机的结果，就像人类学家不认为礼物交换这样的现象以追逐物质财富为目标一样。把追逐经济利益假定为所有人类先天具有的特征，在人类学家看来缺乏根据。而如果我们不去做这样的假设，那么人们的言语和行动就只有最直接的含义。这种含义只在这些言语和行动互相之间的关系中表达出来。

从这个立场出发，礼物交换遵循着人类交往的一般原则。假如我在街上遇到人跟我打招呼，那么我也会出于礼貌回应这个招呼。这种礼貌性的回应和回礼起到的作用并没有根本区别。如果一开始馈赠的礼物表达了送礼者的意图和情感，那么通过回礼受赠者就表明了他对送礼者想传达的意图的理解和认同。熟悉商品交换的现代人习惯于把物的交换仅仅理解为物本身的交换，然而他们忽略了一点：物的交换总是以人之间意图的交换为目的和前提。换句话说，通过物的交换，人们也交换了物以外的某种东西，那就是意图。因此不能从物本身或者物与人的关系中找到礼物交换现象的解释。礼物交换是人与人之间关系的表达。回礼也不是一种孤立的观念和行动。它是人们通过一系列物的交换而完成的意图交换中的一个环节。

如果我们采取商品交换的思维方式，那么人们说出的话和做出的事就好像他们购买的商品一样——它们只和说话或者做事的某个人有关。假如我们要进一步解释一个人说的话或者做的事，就要思考这个人这么说或者这么做的主观动机。对于那些难以找到合理动机的言语和行为，我们还会再设想一些客观的原因，比如社会环境、无意识、本能等等。所有这样的解释社会现象的思路从结构主义的角度来看都是有问题

---

1 David Graeber, *Toward an Anthropological Theory of Value: The False Coin of Our Dreams*. New York: Palgrave, 2001, p. 222.

的，因为它们假定在言语和行为背后有某种决定性的本质或真相，不论这种本质或真相是主观动机还是某种客观因素。所有这样假定出来的本质或真相都无法直接在现象中找到证明。它们只是人们为了能够理解具体现象而杜撰出来的思维工具。与此相反，结构主义者们认为一个人的言谈举止并不只和这个人有关，也不能只从这个人身上寻找解释。一个人在某一时刻的言语和行动总是相对于他人的言语和行动或者这个人在别的时刻的言语和行动而产生的。因此，为了解释人们的言语和行动，就需要从他们互相之间的关系着手。

三、结构主义的历史理论

结构主义反对假定社会现象背后存在某种深层根源，然后用这个深层根源来解释现象。相反，结构主义主张用社会现象互相之间的关系来解释。这种思维方式导致了一个后果：既然结构主义者们要求分析现象之间的关系，那么这些现象就必须同时存在。很难想象“一个现象”同“已经消失或者还未产生的现象”之间存在结构性的关系。那么，在一个结构中互相关联的全部现象就同时存在于一个时间点上。它们所具有的这种同时存在的特征被称为“共时性”（synchrony）。相应的，如果一系列现象不是同时存在于一个时间点，而是在时间上具有此起彼伏的相继关系，这种情况被称为“历时性”（diachrony）。既然结构主义分析的是同时存在的现象之间的关系构成的总体，那么这样的分析就是共时分析。而共时性一般被认为是结构主义最突出的特点之一。结构主义者往往也反对用时间上的相继来解释社会现象。这被看作一种反历史主义的立场。

这种反历史主义立场最著名的代表之一是法国马克思主义哲学家阿尔都塞。阿尔都塞受到法国科学史家加斯东·巴什拉尔（Gaston Bachelard）的启发，从后者那里借用了“认识论断裂”的概念。他认为马克思学说和马克思以前的经济学说并不是承接关系。在两者之间存在一种认识论断裂，导致其中不存在历史连续性，因此马克思学说是科学而马克思以前的经济学说则属于意识形态。阿尔都塞进一步提出，人类的知识并不像我们通常以为的那样，是某种现实对象的直接反映。阿尔都塞区分了认识对象和现实对象。知识在他看来首先是关于认识对象的，并且认识对象是在认识的过程中建构起来的，不是在认识之前预先存在的。如果不清理认识活动为自己建构对象的过程，那么我们获得的知识就不能保证揭示出现实对象。这样的知识就只能是意识形态，而非科学。阿尔都塞对知识的这种看法具有结构主义的风格。他不在知识背后假定一个预先具有的对象，而是分析知识内部各种关系如何产生出自己的认识对象。[1]

阿尔都塞对马克思学说的具体解读同样具有强烈的结构主义色彩。他反对用机械决定论来理解马克思的生产方式概念，这种观点简单地认为政治、文化等上层建筑是由经济基础决定的。而在阿尔都塞看来，如果假定一个社会的某个部门具有逻辑上的优先性并决定其他社会部门，这就相当于为一个社会假定一种本质。如果我们认为人类社会的整体历史变化全部是由于这个“本质”部门的历史变化导致的，那么就需要同时假定这个部门的历史变化先于其他部门的变化；阿尔都塞指出，这样的解释是站不住脚的。一个社会中的所有部门总是同时存在并发挥作用。将某个社会部门“切割”出来并赋予优先性，这种做法纯粹是一种臆测。意识形态的认知对象就是通过这种臆测建构起来的。而马克思学说则不同。它并不预先假定某个因素具有逻辑优先性然后用这个要素解释社会历史变迁。按照阿尔都塞的看法，马克思强调社会内部各个部门和要素在社会整体中占据的位置以及这些位置之间的层次关系。阿尔都塞把这些不同层次之间的关系称为“多元决定”或“超决定”（Overdetermination）。[2]

不难理解阿尔都塞为何会自称一位反历史主义者。从结构主义的视角看，如果我们用历史来解释具体现象，那么就是把历史设想为现象背后的某种本质或者真相。按照这种想法，一种当下的现象因为延续了过去某些类似现象所以才得以存在。但这在结构主义者看来是有问题的。过去存在的一种现象可能延续下去，也有可能中断，因此用历史来解释当下并没有根据。一种现象只有在当下的整体结构中具有意义才会存在，不然它只会消失在历史之中。阿尔都塞对马克思的解读采取的就是这样一种思路。与此同时，阿尔都塞还自称“反人道主义者”。他所说的人道主义与历史主义类似，即把所谓普遍“人性”设想为决定社会现象的本质，然后用这个假想出来的本质

1 阿尔都塞、巴里巴尔：《读〈资本论〉》，李其庆、冯文光译，北京：中央编译出版社，2018年，第61—105页。

2 阿尔都塞、巴里巴尔：《读〈资本论〉》，李其庆、冯文光译，北京：中央编译出版社，2018年，第105—177页。

来解释具体现象。阿尔都塞对这种人道主义的批判同他对历史主义的否定是一致的。

总的来说，结构主义者们在解释历史的时候采取的基本视角同阿尔都塞的反历史主义立场具有相似的特征。他们都主张抛弃预先假定的决定因素和线性因果解释。在这方面，福柯在思想史领域的研究和萨林斯的文化人类学都是突出的例证。福柯在方法论上的主要创建是提出了“知识考古学”和“谱系学”概念。他提出这些概念的目的是解释人类知识的历史变化。在福柯看来，人类产生关于世界和自身的知识并不是单纯出于好奇。人们想要说出一种观点总是因为他们具有这样做的动机或者意志。而这种动机或者意志从来不是凭空产生的，它们回应了在此之前已经说出的其他话语和观点。这样说来，人类知识的历史生成就是话语的生产者互相之间不断回应对方的过程。假如我们把某一时刻人类社会中已经说出的所有话语视为一个整体的话，那么一个人接下去要说的话，总是对这个话语整体的回应。福柯就是在话语生产之间的这种相互回应关系中解释具体知识和观点的历史变化的。他并不假定知识是某种普遍的求知欲或者意识形态动机的结果，而是把知识的生产看成人之间持续互动和交流的过程。在这个过程中，一些人会通过话语试图改变其他人的行动，而其他人也会对此意图做出回应。福柯把这种互动理解为权力—抵抗关系。他认为现代社会科学的知识总是在这种权力关系中产生出来的。[1]

人类学家萨林斯在他的一系列研究中提出了一些与福柯类似的思路。萨林斯的案例主要是18世纪的英国探险者库克船长在夏威夷群岛的探险活动。库克船长同当地土著的接触最终导致他被后者所杀。为了理解这一事件中的当事人为何做出特定的行动，萨林斯提出了“局势结构”（structure of the conjuncture）这一概念。大致上说，局势结构是一个历史中的行动者根据他所掌握的其他人的话语和行动而对自身处境做出的一个整体判断。一个人的实际行动总是对这个整体处境的回应。这里不妨用象棋来打个比方，一场棋局的局势自然是由棋盘上各个棋子的位置决定的。但是一个不懂象棋规则的人显然理解不了一盘棋的形势。所以棋子之间的相互位置意味着什么还取决于象棋的规则。如果我们改变规则，那么同一盘棋的局势也会随之改变。象棋规则和棋局之间的关系就类似文化和社会生活之间的关系。文化赋予社会生活以意义，就像

1　福柯:《知识考古学》，董树宝译，北京：生活·读书·新知三联书店，2021年。

规则使一局象棋呈现出特定的局面一样。更进一步，当一位棋手在棋盘上移动一枚棋子时，这一举动是棋手依据规则对当前局面做出判断的结果，也是他试图通过移动棋子来改变当前局面的结果。换句话说，移动一枚棋子意味着什么，不是由这一枚棋子本身的位置变化决定的，而是取决于这枚棋子的移动同当前全部棋子之间的相互关系在一定规则下构成的总体局势。这样的总体局势就类似萨林斯所说的“局势结构”。这个结构并不像象棋规则或者文化那样在一定时期内是相对固定的。它会随着棋手或其他人的行动而不断变化。但是它又总是处于一定的规则或文化语境之中。因而无论具体局势如何变化，这种局势的实际含义还需要取决于规则或文化背景。另一方面，人们的行动就像棋手移动棋子。这些举动并不具有孤立的含义。它们的含义需要在局势结构中理解。反过来讲，一个行动者就像棋手一样，总是在对局势结构做出判断之后行动，并且他的行动总是对局势结构的回应。通过局势结构这一概念，萨林斯避免了结构与行动的二元论。行动并不是由文化这样的固定结构决定的。它们之间不是因果关系。文化是人们解读自身和他人或外部世界之间关系的方式。行动是由人对这些关系的解读决定的。[1]

诸如福柯和萨林斯所做的工作，极大地拓展了结构主义的含义，使结构主义从阿尔都塞那样对历史主义的批评转入到实际的历史研究。在福柯和萨林斯看来，结构主义并不是无法对历时性进行分析，它只不过拒绝把历时性等同于历史因果而已。结构主义对关系的考察通过他们的学说也可以延伸向历时领域，而不仅限于共时性。

第三节 评 析

从结构主义思潮开始流行到现在始终存在着批评的声音。对结构主义的最为重要的批评来自历史主义。历史主义者对结构主义的批评主要有两点。一方面，历史主义者认为结构主义对社会现象的解释忽视了人的主观性。结构主义并不直接解读人们在说话和行动时的主观意图和想法。比如在语言学研究中，结构主义分析的是词语之间

1 萨林斯:《历史之岛》，蓝达居等译，上海：上海人民出版社，2003年。

的关联，而不是词语背后的含义，或者说，含义只能通过研究词语之间的关系才可得知。有些结构主义者甚至认为语义至少暂时是无法科学地加以研究的。这遭到了历史主义者的批评。他们抱怨说这样一来我们就无法真正理解事件发生的原因。比如说，现代语言学认为语言的历史演变遵循着固定的规则。这些规则并不受到人们说话时的主观意图的影响。在一个长时间段内，语言会自发按照这些固定规则发生演变，不论具体讲话的人的想法如何。这样一来，语言的历史演变就是一个依据特定规则的自动过程，而不是人类为了一定的目的而有意选择的结果。这样的解释常常令历史主义者感到不满。因为历史毕竟是由人们的话语和行动构成的。把历史解释为一个自发的机械过程使得人们无法理解自己在历史中的位置和意义。这个自发的机械过程好像是被动地给予我们的，而我们无法掌控或者影响它的运作。概括地讲，结构主义和历史主义在这方面的分歧反映了历史的机械论解释和人本主义解释之间的冲突。

另一方面，历史主义者也批评结构主义过于仰赖对某一历史时刻的分析，而忽视了对历史做动态的解释。对于结构主义而言，符号之间的全部关系构成一个整体。这个整体只能在某一瞬间被给予我们，并且可以被加以分析。但是历史是变动的。如果每一个不同的历史时刻都包含一个整体结构，那么这些整体结构之间是如何转变的呢？对于这个问题，结构主义者始终没有办法提出非常令人满意的解释，因此常常遭到历史主义者的攻击。人们把这里存在的矛盾看作共时性与历时性的矛盾。结构主义与历史主义在这个问题上的争论表明，我们在认识一个对象的时候，常常不得不选择共时和历时两种视角中的一种，很难同时兼顾这两个方面。

对于历史主义的批评，一些结构主义者做出了回应，并且进一步发展了结构主义的历史学说。上文介绍的福柯的谱系学思想和萨林斯的“局势结构”概念都是结构主义和历史主义之争的产物。

今天，结构主义思潮在人文社会科学领域的影响已经远不及当初了，尽管在文化人类学这样的学科内部它仍旧占据着主流。在结构主义之后，一些西方学者又提出了后结构主义和解构主义的概念。他们自认为受到索绪尔的启发，但是其实这些思潮同结构主义的基本立场已经相去很远了。解构主义者认为，如果语言和话语真的像索绪尔所说的那样具有任意性，那么人类生活本身就不是由任何内在的意义所构成的。人们在使用语言的时候所做的其实就像是任意的游戏。在结构主义者看来，意义是现实存在的。当这个世界被给予我们的时候，就已经具有差异和意义了。这是一个事实，也是结构主义者们研究的对象。而解构主义者的工作意在向我们说明，其实这个富有意义的世界本身可能是没有意义的。这就不免走向某种形式的虚无主义。

不论结构主义今天处于什么样的地位，这一思潮在思想史上的影响都是毋庸置疑的，当下时代这一传统仍在不断拓展与深化。

思考题与推荐书目

思考题

1. 在我们使用的词语及其含义之间存在内在联系吗？语言是否如同索绪尔所说具有任意性？
2. 人类社会为什么会存在回礼这一行为？
3. 如何理解结构与功能以及结构与流动的矛盾？

推荐书目

费尔迪南·德·索绪尔:《普通语言学教程》，高名凯译，北京：商务印书馆，2011年。

让·皮亚杰:《结构主义》，倪连生、王琳译，北京：商务印书馆，1984年。

V. 厄利希:《俄国形式主义：历史与学说》，张冰译，北京：商务印书馆，2017年。

安娜·埃诺:《符号学简史》，怀宇译，天津：百花文艺出版社，2005年。

克洛德·列维-斯特劳斯:《野性的思维》，李幼蒸译，北京：中国人民大学出版社，2006年。

米歇尔·福柯:《临床医学的诞生》，刘北成译，南京：译林出版社，2011年。

第五章 功能主义社会理论

功能主义在不同学科领域中有着多重含义与广泛影响及应用。社会学领域中，功能主义社会理论强调社会各组成部分之间的相互依赖和相互作用，关注系统的整体性与稳定性，为理解社会结构及其功能提供了重要的理论框架。从早期受自然科学影响的社会有机体论，到中期结构功能主义流派的兴盛，再到后期新功能主义的勃兴，功能主义社会理论在与其他理论的对话中不断发展和更新，也为其在社会学领域内的持续发展奠定了坚实基础。

第一节　理论传统及概况

作为社会学中的一项重要理论传统，功能主义（functionalism）社会理论曾是20世纪中期社会学的主流理论观点。该理论将社会比作有机体，认为社会是由相互关联的各个部分构成的整体系统，每个部分在系统中都有特定的功能，通过相互作用和协调以维系整个社会的稳定和平衡。

受19世纪自然科学发展影响，社会学呈现自然科学化浪潮，早期的功能主义也将自然科学研究方法运用于对社会的观察和分析中，借助与生物学领域相类比的方法来说明社会现象，用于人类社会的功能概念。以社会生活和生物有机体的类比为基础，自孔德、斯宾塞、涂尔干以来，功能分析成为重要的社会理论路径。例如，孔德将家庭比作细胞，视为社会的基本单位。斯宾塞将社会比作有机体，强调社会的功能和适应性，认为社会制度和组织可以适应环境的变化，共同促进社会的稳定和发展。涂尔干关注社会结构和社会秩序的塑造，强调社会规范与价值观的共享对于社会的稳定和整合至关重要。此后，人类学家马林诺夫斯基和A. R. 拉德克利夫-布朗（A. R. Radcliffe-Brown）在不同意义上运用功能主义分析方法，实现了功能主义人类学的发展。

至20世纪中叶，功能主义在社会学和其他社会科学领域中得到了广泛的发展和应用，除了社会学，它还被用于政治学、组织学、教育学等各个社会科学领域，吸引了许多学者的关注，于20世纪五六十年代兴盛一时。其中，塔尔科特·帕森斯、罗伯特·默顿（Robert Merton）、尼克拉斯·卢曼（Niklas Luhmann）、杰弗里·C.亚历山大（Jeffrey C. Alexander）等学者对功能主义的发展做出重要贡献。帕森斯的结构功能主义以抽象性著称，试图建立可以解释一切现实的功能分析框架，提出了社会系统的AGIL模型（包括适应—A、目标达成—G、整合—I和潜在模式维系—L四个功能维度），认为社会系统需要在这些功能维度上保持平衡，以维持社会的稳定和发展。这一结构功能理论被视为当时社会理论的主导范式。不同于帕森斯，默顿强调经验功能主义的重要性，避免创建宏大的、排斥经验现象的分析框架，主张中层功能论。默顿关注社会系统中的互动和反馈机制，认为社会系统具有自我调整和自我修复的能力，以保持社会的稳定和平衡。卢曼在其系统功能主义中指出社会是一个动态变化的系统，不断适应环境和需求的变化，强调了社会系统的自我扩张和自我维持能力，以及社会系统中不同子系统之间的相互关系。亚历山大首创性提出"新功能主义"概念，在后帕森斯时代重新诠释了功能主义及社会学理论传统，并以其独特的视角推动了理论的现代化与重建。

伴随着功能主义社会理论的发展，其也同样受到一些质疑和批评。批评者认为，功能主义过于强调社会结构和整体性，忽视了社会冲突、权力关系和不平等等问题，过于强调社会的稳定和秩序。此外，功能主义也被指责为维护现状和社会不平等的一种意识形态。另一方面，一些新的社会理论流派（如符号互动论、社会冲突论等）的兴起和发展进一步削弱了功能主义的地位。

总体而言，功能主义社会理论提供了一种关注社会结构和组织的功能和目的的理论框架，强调社会的稳定和秩序对社会发展和个体行为的重要性。它认为社会是一个有机整体，各个组织和机构通过相互作用和协调来实现整体的稳定和适应。功能主义理论帮助我们理解社会的结构和功能，以及社会系统的自我调节和适应能力。然而，它也需要与其他理论和观点进行对话和辩论，以获得更为全面和多元的社会学理解。

第二节　理论要义

一、早期功能主义

（一）古典社会学家的影响

功能主义将社会与生物有机体类比，这种通过与生物学的类比来说明社会现象的方法，其理论渊源可以追溯至古典社会理论，在一定程度上体现了早期功能分析的雏形。

孔德将社会结构与生物有机体进行类比，指出二者在组织形式和功能运作上存在的相似。尽管孔德在分析社会时采用的方法不完全等同于后来涂尔干或其他学者明确定义的功能分析方法，但其社会有机体比喻、对社会秩序与进步的强调，以及对社会科学研究方法的贡献，都为功能分析方法的发展奠定了基础。

斯宾塞将生物的进化理论应用于社会科学中，提出了一种社会发展的进化模型，开创了社会进化论的先河。强调社会各部分为满足社会需求，随之发展和变化以适应新的环境应对内外挑战，以保证其生存和繁荣。斯宾塞对于社会变迁和功能变化的分析，以及社会系统、社会功能、社会控制、社会进化等概念，都直接促成早期功能主义的兴起与发展。

涂尔干着重于探讨社会事实、社会结构以及它们对个体行为的影响，其功能主义原则体现在有关社会有机体与功能分析、社会秩序的维系与整合以及社会团结的论述中，强调“当我们试图解释一种社会现象时，必须分别研究产生该现象的原因和它所具有的功能”[1]，强调因果与功能分析相结合。此外，在有关社会团结与整合讨论中，涂尔干关注社会系统中个体共享的共同文化及其维系社会稳定的作用，这种集体共享价值观得以连接社会系统各独立部分，这一思想也成为现代功能主义的理论渊源。尽管孔德、斯宾塞等人也对社会的功能进行了一定程度的探讨，但真正系统化、理论化的社会学功能方法是由涂尔干所创立的。这一方法不仅深化了对社会结构与功能关系的理解，也为后续社会学理论的发展提供了重要基础。

总体来看，古典社会理论家们强调了社会的部分如何通过各自的功能贡献于社会整体的运行和稳定，尽管他们的理论侧重点和分析框架有所不同。此后，功能主义在人类学家马林诺夫斯基和拉德克利夫-布朗的发展下真正作为独立学派得以展开。他们通过严格的经验观察与研究，确立了功能主义的经验研究传统，对社会人类学产生了深远影响。

（二）英国文化人类学功能学派的影响

美国社会学家乔纳森·H.特纳曾指出：“要不是人类学家把功能主义看作是分析简

1 迪尔凯姆:《社会学方法的准则》，狄玉明译，北京：商务印书馆，1995年，第111页。

单社会的有力工具，功能主义早就随着涂尔干消亡了。”[1]在他看来，功能主义的发展很大程度上归功于人类学家马林诺夫斯基与拉德克利夫-布朗两位人类学家的贡献。这两位学者不仅在一定意义上继承了涂尔干有机体论的精华，更通过他们各自在原始社会实地研究中的深刻洞察，赋予了功能主义新的发展，使之成为20世纪前半叶占据主导地位的社会分析框架。

A. R. 拉德克利夫-布朗（1881—1955）是功能主义在人类学领域的重要推动者，他指出先前有机体论中功能分析的目的论倾向问题，提出用“必要条件”替代“需要”，强调社会现象存在的“必要条件”，而不是“系统组成部分满足系统需要”这种目的论分析方式。这一转变使功能分析更贴近现实，增强其解释力和操作性。同时，他强调社会系统生存条件的差异，倡导功能分析应保持灵活开放，避免将特定文化事项的功能绝对化或普遍化，进一步丰富和发展了功能主义理论。

此外，拉德克利夫-布朗指出社会是高度整合的功能统一体，提出“功能的统一性假设”，即“在一定条件下，社会体系的所有部分以高度的和谐性和内部的连贯性共同运转……不会出现永久的既无法解决又无法控制的冲突”[2]。他主张通过功能分析探究社会现象对整体存续与运行的贡献，重视社会结构作为行为规范与互动模式的基石。这一假设挑战了机械论视角，揭示了社会内部要素的深刻联系与平衡。不过，这一假设后被视为功能主义的三项错误假设[3]之一受到批判，强调需关注功能分析的相对性和情境性。

勃洛尼斯拉夫·马林诺夫斯基（1884—1942）作为人类学的先驱与功能论的奠基者之一，其贡献在于开创了实地研究，并“描绘出了现代社会学功能主义的大致轮廓”[4]。他引入系统层次概念，将人类文化和社会结构分为生物系统、社会结构系统和符号系统三个层次：生物系统满足基本生存需要；社会结构系统通过制度满足高级需求；符号系统则包括语言、艺术、宗教、神话等符号化的文化表现形式，承载文化认

1　特纳：《社会学理论的结构》，邱泽奇等译，北京：华夏出版社，2006年，第28页。

2　拉德克利夫-布朗：《原始社会的结构与功能》，丁国勇译，北京：中国社会科学出版社，2009年，第188页。

3　默顿指出早期功能主义存在三项错误假设，分别为功能的统一性假设、功能的普遍性假设和功能的不可或缺性假设。

4　特纳：《社会学理论的结构》，邱泽奇等译，北京：华夏出版社，2006年，第32页。

同和价值观。这三个层次相互依存，共同构成完整而复杂的文化体系，使得人类能够在不断变化的环境中保持生存和发展。

在《科学的文化理论》中，马林诺夫斯基系统地阐述其功能主义理论，尤为重视功能和制度这两类分析方法，在此基础上将文化定义为由部分自治（autonomous）和部分协调（coordinated）的制度构成的整合体，每个文化的完整与自足都归因于一个基本事实，即满足基本的、实用的及整合化的全部需求。他将文化视为满足人类生物需求和环境适应的复杂系统，强调对文化进行功能分析的重要性，制度是构成文化的基本单元，并通过功能分析揭示文化与人类生物需求之间的紧密联系。他进一步提出“功能的普遍性”和“功能的不可或缺性”两个假设，为后来的人类学研究提供了理论基础和方法论指导。

综上所述，早期功能主义深受生物学影响，在社会学和人类学中得到发展，也为后来的现代社会学功能主义提供了重要的理论基础，特别是在理解社会如何通过其组成部分的相互作用维持稳定和秩序方面。不过，也因其“功能的普遍性”假设与“功能的统一性”假设而招致批评。对于这些问题的反思，一定程度上影响着理论的发展，此后在现代功能主义社会理论发展过程中，也包含着对其早期形式的批评和修正。

二、功能主义的发展

（一）帕森斯的结构功能主义

塔尔科特·帕森斯（Talcott Parsons，1902—1979）是20世纪的美国社会学家，对功能主义理论做出了重大贡献，他关注社会行动与社会系统，以及一系列当代政治问题。他的理论建立在对欧洲诸多社会理论资源的批判与反思基础之上，将功能主义发展为更加综合、普遍、系统化的社会理论，实现对社会生活总体的描绘。主要著作有《社会行动的结构》（1937）、《社会系统》（1951）、《经济与社会》（与斯梅尔瑟合著，1956）、《现代社会的结构与过程》（1960）、《社会：进化与比较的观点》（1966）、《政治与社会结构》（1969）等。

1. 社会行动与社会系统

一般将帕森斯学术思想划分为两个阶段，前期以首部著作《社会行动的结构》为代表，被称为“**唯意志的行动理论**”，尤为关注社会行动及其意向性。帕森斯在分析马歇尔、帕累托、涂尔干、韦伯等人有关行动的观点之后，提出“单元行动”（unit act）这一概念用于构建他的社会行动理论，“单元行动”概念作为他前期理论的核心，用以分析社会行动的结构。单元行动的四个要素概述如下：

> 1. 行动者（Actor）：个体或集体，是进行决策和行动的主体。
>
> 2. 目标（Goals）：行动者试图通过行动实现的预期状态。
>
> 3. 行为环境（Situation）：包括行动者要面对的所有条件和对象，既包括物理环境，也包括其他行动者和社会结构。
>
> 4. 规范性模式（Normative Pattern）：指导和限制行动者行为的规范、价值观和期望。[1]

通过单元行动模型，帕森斯指出社会行为受个体意愿、社会规范和环境条件共同作用的影响，他批判性反思了实证主义与唯心主义方法论，强调在理解社会现象时考虑个体与社会之间相互作用的重要性，这些观点为后来社会系统理论和功能主义理论的发展奠定了基础。

“二战”以后，帕森斯从对于社会行动的关注，转至研究宏大的社会结构对个人行为的影响与形塑，形成具有系统论特征的结构功能主义学说，并发展和完善了功能分析方法。在其1951年的著作《社会系统》中，帕森斯摒弃传统的“单元行动”作为分析起点的做法，转而以“**社会行动系统**”[2]这一概念为基本出发点，将个体行动者的互动过程视为科学意义上的系统。帕森斯认为社会行动系统由有机体、人格、社会和文化四个子系统构成，相互作用构成社会系统的整体框架。他用“角色互动的制度化”分析社会系统，强调规范和价值观对角色行为的塑造，在社会学领域展现了对社

---

1 Talcott Parsons, *The Structure of Social Action: A Study in Theory and Special Reference to a Group of Recent European Writers*. New York: The Free Press, 1968, p. 44.

2 Talcott Parsons, *The Social System*. London: Routledge & Kegan Paul, 1951, p. 3.

会秩序、结构及其功能的独特见解。20世纪五六十年代，帕森斯社会系统理论在美国社会学界一度占据主导，影响深远。

2. 模式变量

模式变量（pattern variables）是帕森斯社会系统理论的一个重要组成部分，提供了一个分析个体行为、角色和社会结构的框架。作为帕森斯使用的一种类型学工具，旨在区分行动者在复杂互动过程中所展现出的主观取向与偏好。以下是帕森斯定义的五对模式变量：

> 自我取向与集体取向（Self-orientation/Collectivity-orientation）：个体在行动时是更关注自己的利益，还是更关注集体或群体的利益。
>
> 普遍主义与特殊主义（Universalism/Particularism）：在判断和行动时，是根据普遍的标准和规则来决定，还是根据特定关系或情境来决定。
>
> 成就与先赋（Achievement/Ascription）：社会地位和角色是基于个人的成就（如技能、成绩）获得，还是基于先天（如出生、族群、性别）获得。
>
> 专一性与扩散性（Specificity/Diffuseness）：个体的角色和社会关系是明确专一的，还是广泛涉及多个领域。
>
> 情感中立与情感性（Affective Neutrality/Affectivity）：在社会互动中，是鼓励抑制情感以保持客观中立，还是鼓励表达情感。[1]

这些模式变量不仅描绘了个体在社会中的行为取向，也反映了社会结构的特征。在帕森斯看来，非现代社会中，集体取向、特殊主义、先赋、扩散性和情感性可能占主导地位，而在现代社会，自我取向、普遍主义、成就、专一性和情感中立更为突出。这些变量提供了分析和比较不同社会结构和文化的有力工具，也帮助解释了社会系统如何维持稳定，以及在面对变化时如何适应和调整。

在帕森斯体系中，社会系统要生存和发展，必须满足四个基本的功能需求，才能维持其稳定和存续，这四个需求构成了**AGIL模型**：

---

1 Talcott Parsons, Robert Bales and Edward Shils, *Working Papers in the Theory of Action*. New York: The Free Press, 1953, pp. 58–60.

适应（Adaptation）：社会系统必须适应环境，并利用环境资源来满足成员的生物和物质需要。

目标达成（Goal Attainment）：社会系统需要设定和实现目标，以动员成员朝特定方向努力。

整合（Integration）：社会系统中的不同部分必须互相协调和整合，以维持系统的一致性和减少冲突。

潜能维系与张力管理（Latency，又称Pattern Maintenance and Tension Management）：社会系统必须维系和传承文化模式，并管理个体之间的张力和冲突。[1]

在他看来，AGIL模型可以用来解释任何类型社会系统的持续存在和运作，无论是整个社会还是社会的某个子系统。社会系统的四个主要相互作用的子系统，每个都与AGIL模型中的功能相对应：

经济系统（对应适应）：负责系统的物质资源管理和适应环境，调节与物理环境的关系，并确保资源的分配和利用以满足社会成员的需求。

政治系统（对应目标达成）：负责设定集体目标并动员资源以实现这些目标。

社会共同体（对应整合）：负责维护社会的凝聚力和共同的价值观。

社会文化系统（对应潜能维系与张力管理）：负责文化的维系、传承和个体角色的创造。

AGIL模型强调了系统的功能性，即各个社会机构和行为模式如何服务于整体社会的需求。这四个功能相互依存，共同维持社会稳定和有序。如果某个功能未能得到满足，那么整个系统就可能遭受压力，从而需要调整以重新获得平衡。帕森斯的AGIL模型不仅用来解释社会如何维持其存在，也能用于分析社会变迁的过程，因为变迁往往

---

1 Talcott Parsons, Robert Bales and Edward Shils, *Working Papers in the Theory of Action*. New York: The Free Press, 1953, pp. 183−184.

涉及系统功能的重新配置或变化。

3. 进化与社会变迁

在帕森斯的理论框架中，**结构分化**（structual differentiation）是一个核心概念，它指的是原本集多种功能于一体的单一结构类型逐渐转化为多个专门承担单一功能的结构类型的过程，这一过程也是衡量社会现代化程度的关键指标之一。社会的进化正是通过其内部结构的不断分化来实现的。同时，结构分化可能引发系统内部的紧张关系、不平衡状态乃至功能紊乱，这些成为推动社会变革的重要动力。社会变革分为两类：一是内部渐进变革，通过自我调节实现微调与优化；二是全面变革，当问题突发且剧烈时，导致社会结构深刻重组和价值观念重大转变。

帕森斯认为社会系统的均衡状态是人类社会的正常状态，强调冲突仅是这一常态中的反常现象。社会由"团结的集体"秉持的"价值取向"演化成全社会共享的"价值系统"。集体和社会目标驱动引导个体融入社会，个体内化这些目标实现社会化，强化个人与社会联系，巩固社会秩序。在后期研究中，帕森斯从角色定位，以及互动关系的制度化模式等宏观视角分析行动系统，而非单纯聚焦于行动者个体的行为动机与决策过程。这一转变体现了他对社会结构、价值体系以及个体社会化过程之间复杂互动的深刻洞察。

帕森斯的功能主义对美国社会学的发展影响深远，标志着社会学理论新时代的开启。然而，这一宏大理论大厦因过于体系化与抽象，也引发了批评，越来越多学者提出要融合理论建构、经验研究与社会批判。在这一背景下，功能主义的捍卫者们也开始正视这一理论的缺陷与不足，提出各种新方案加以改进。

（二）默顿的中层理论

作为帕森斯学生的罗伯特·金·默顿（1910—2003），除受到帕森斯社会结构和结构功能思想的影响，还被P. A.索罗金、乔治·萨顿、P. F.拉扎斯菲尔德的社会研究影响，主要集中在社会学理论、科学社会学和应用社会学领域。他在功能主义理论的发展中扮演了关键角色，试图建构一种把宏观结构功能主义与经验层面的社会学研究相结合的社会理论。基于对以往功能主义的反思与批判，默顿提出中层理论，并提出正负功能、显潜功能概念、角色丛理论、越轨理论，以及列联表分析，研究社会系统的互动和反馈机制，关注其自我调节和自我修复的能力，运用多因素和多层次的分析方法理解社会的复杂与多样。其主要著作有《社会理论和社会结构》（1949）、《论理论社会学》（1967）、《科学社会学：理论与经验研究》（1973）等。

1. 中层理论

默顿对帕森斯社会学理论的抽象化倾向进行了批判，认为其虽有宏大视野但缺乏直接有效的实际指导意义。默顿并不否认建立全面社会学理论作为社会学长远发展的终极目标的价值，但他强调成熟的理论首先需进行大量深入的经验研究工作作为铺垫，基于此提出了中层理论（middle-range theory）。

中层理论旨在弥补宏观理论和微观实证研究之间的鸿沟。在他看来，中层理论可以为特定社会现象提供解释，既不像宏观理论那样过于抽象，也不像某些微观研究那样缺乏理论视角。它巧妙连接了两个极端：一端源自日常研究，进行详尽且必要的微观研究假设，这些假设通过细致观察与分析，为理解复杂社会现象提供了基础；另一端则是致力于构建一种全面系统的统一理论，该理论旨在统一解释所有可观察到的社会行为、组织及变迁的普遍规律。

中层理论的核心价值在于其针对性和适用性，能够专注于解释社会现象中的特定、有限部分，并在一个相对狭窄但明确的概念框架内发挥效用。它既有解释力，能揭示经验材料背后的逻辑，又具备可验证性，能经受经验检验。典型实例如角色冲突、参照群体、越轨行为与社会控制等，展现了中层理论的强大解释力。作为连接微观研究假设与统一理论尝试的桥梁，中层理论既具有解释具体社会现象的深度，又蕴含着向更具普遍性的理论体系过渡的潜力。

2. 功能分析范式

在默顿看来，功能分析“既非日常研究中广泛涉及的微观但必要的工作假设，也不是尽一切系统化努力而发展出来的用以解释所能观察到的社会行为、社会组织和社会变迁的一致性的统一理论，而是指介于这两者之间的理论”[1]。因此，在建构自身的功能分析范式之前，默顿首先对早期功能主义进行了审视与澄清，明确批判了在早期功能主义人类学家马林诺夫斯基和拉德克利夫－布朗那里的三项错误的假设：

第一是**功能的统一性**（functional unity）假设，即认为社会系统高度整合，各部分

1 默顿：《社会理论和社会结构》，唐少杰等译，南京：译林出版社，2015年，第59页。

功能协调一致。默顿质疑这一假设，强调应通过具体情境和经验研究验证功能统一性，以避免夸大某些元素的功能而忽视潜在的冲突与矛盾。

第二是**功能的普遍性**（universal functionalism）假设，即认为所有标准化社会或文化事项都履行积极功能。默顿指出，功能性质需经实证调查确定，同一事项在不同系统中功能可能不同，甚至可能产生削弱系统调适能力的负功能。这拓宽了功能分析的研究领域，研究者们不再仅仅关注制度的整合与均衡等积极面向，而是开始深入探究其可能引发的社会紊乱、问题乃至冲突等消极后果。

第三是功能的**不可或缺性**（indispensability）假设，即认为某些社会或文化事项的功能不可缺少。默顿提出功能选择、功能对等和功能替代的概念，不仅挑战了传统功能主义中将某些文化事项视为系统运作基石的静态观念，还提供了一种更加开放、动态和实证的方法来理解和分析社会文化的变迁与发展。

默顿的功能分析范式是对功能分析方法的完善，他提出了一组功能分析的新概念和研究方案，以更系统地理解和分析社会现象。

· 正功能与负功能（positive functions and dysfunctions）

正功能：指有助于系统适应或调整的功能，即积极的功能。

负功能（反功能）：指削弱系统适应或调整的功能，即消极的功能。

· 显功能与潜功能（manifest functions and latent functions）

显功能：指被人们设想到和认识到的客观结果，即明显可见的功能。

潜功能：指未被人们想到和认识到的客观结果，这些功能往往是隐蔽的、不易察觉的。

· 功能接受者：指功能所针对的单位或群体，可以是个人、群体或整个社会系统。

· 功能替代/功能选择（functions substitutes/functional alternatives）：指在不同类型社会中，可能存在的功能替代现象，即当某一功能无法由原有系统满足时，可能由其他系统或方式替代。

默顿功能分析的步骤是一个系统而全面的过程，旨在深入剖析社会现象或文化事项的功能性质及其影响。首先，明确功能分析对象，即确定要研究的社会或文化事项，并进行详细描述，包括其表现形式、存在环境以及与其他社会因素的关联等。然后，分析客观后果，不仅关注显见的后果，还要揭示潜在的、未被意识到的后果。在明确了事项的客观后果后，默顿进一步提出要结合时间因素对这些后果进行功能评价，考察后果与系统的关系变化，确定正功能或负功能。通过这一步骤，研究者可以更加准确地把握事项的功能动态，为后续的社会政策制定提供科学依据。此外，默顿还强调要清楚地界定某一后果所涉及的系统范围和群体范围。这是因为不同的系统或群体可能对同一后果有不同的感受和评价。最后，默顿指出要认清在不同类型社会中功能替代的可能性。这一步骤要求研究者关注社会结构的多样性和变迁性，以及不同社会背景下功能需求的差异性。通过考察“结构制约因素”的影响，研究者可以揭示功能替代的过程和机制，为社会的适应性和变革性提供理论支持。

总体而言，现代功能主义理论将社会构想为一个高度整合的系统，其中各部分（制度或其他子系统）均处于相互关联与协调的状态，共同维系着系统的整体平衡与存续。帕森斯构建了宏大的功能主义框架，然而受到忽视社会变迁与冲突、社会过程分析不足等批评。正是在帕森斯理论遭遇质疑与挑战的背景下，默顿提出中层理论以及功能分析的一系列新概念和新方法，他提出的显功能与潜功能、功能替代等概念对于用功能主义理论从事经验研究有重要意义，使得社会理论更贴近现实，减少了理论的空洞与无效性。因此，默顿的贡献不仅在于对现代功能主义理论的完善与拓展，更是对整个现代社会理论体系的重要推进。

三、新功能主义的扩展与修正

20世纪80年代，西方社会学理论经历了一场深刻的代际交替与理论革新，标志着新发展阶段的开启。随着老一辈社会学家逐渐淡出，新一代学者以蓬勃的创造力和新颖的视角崭露头角，为理论界注入新的活力。这一时期，尤为显著的是新功能主义的兴起。

新功能主义（Neofunctionalism）作为这一时期的重要理论成果，汇聚了多国社会学家的智慧，形成了多元化的理论阵营，德国社会学家卢曼、明希，以色列社会学家艾森斯塔德，以及美国社会学家亚历山大、斯梅尔瑟、贝拉、柯罗米等都提出了对于功能主义的新洞见。其中，卢曼的系统功能主义是一种深入剖析社会系统运作机制内在逻辑的理论框架，融合了系统论、功能主义以及社会学的多重视角，不仅深化了对社会复杂性和动态性的理解，还为当代社会研究提供了强有力的分析工具。亚历山大因其对新功能主义术语的首创使用及在该领域的开创性理论贡献，成为了最为有力的倡导者。不仅重新诠释了功能主义及社会学理论传统，还以其独特的视角推动了理论的现代化与重建。

值得注意的是，尽管新功能主义深受帕森斯理论影响，但并未盲目承袭，而是在此基础上进行了批判性的发展与延伸，这一理论潮流不仅成功挑战并重塑了帕森斯等传统理论的框架，更为社会学研究开辟了新的方向与可能，引发了学界的广泛讨论与深刻反思。

（一）卢曼的功能结构理论

德国社会学家尼克拉斯·卢曼（1927—1998），师从帕森斯，但提出了另一种帕森斯主义思想的应用方法，即功能结构理论（functional-structural theory）。他广泛汲取了包括一般系统理论、帕森斯的结构功能主义、阿诺德·格伦的哲学人类学、现象学等在内的多元理论资源，构建了自己的理论体系。其理论核心在于关注社会系统及其沟通的内部形式，揭示了不同社会领域如何通过特定的逻辑和规则自我维系并与其他系统相互作用，从而共同构成了现代社会的复杂图景。他摒弃了传统社会理论对“结构”与“能动性”的过分关注，从而避开了个体与社会结构间相互形塑的议题，这一理论创新使卢曼的系统功能理论在学术界，特别是欧洲社会学界，乃至全球范围内获得广泛且显著的引用与认可。卢曼的学术贡献丰富，主要著作有《社会分化》（1970）、《社会体系》（1984）、《生态沟通》（1986）、《风险社会学：对工业社会中环境风险的理论研究》（1991）等。

卢曼认为，结构分化是现代性得以产生的主要进程，造成了社会生活的各个分立的领域（教育体系、媒体体系、经济体系等）。他早期著作强调以系统为核心出发点，认为要全面理解一个系统的运作，必须将其置于与环境的相互关系中考察，各系统通过“降低复杂性”策略，即专注于有限的现象集合而忽略其余，来应对环境挑战。这一复杂性由环境中实际或潜在事件的数量决定。系统通过筛选相关事件并减少应对环境的方式数量来实现复杂性的简化和降低，这一过程依赖于系统内部的分化机制。

此后，卢曼深入展开对分化社会系统的**"自创生"（自生成）**（autopoietic）本质及系统内外的沟通机制的探讨，这是其理论的核心创新。自创生理论融合了进化论、帕森斯观点与维特根斯坦的"语言游戏"理论，指出社会系统能自我创造并维持其运作，每个系统均具备自组织性，划定内外边界，并以独特的沟通方式处理内部事务及与外部系统的关系。各系统都以其独特逻辑运行，形成了封闭的运作体系，仅关注并定义自身能识别的实在。这种自我封闭性导致系统间难以完美整合，因为它们理解和解释世界的方式不同。

卢曼的社会系统理论核心在于将社会理解为一个包含其他所有社会系统的社会系统——它是系统的系统。这一视角打破了传统中心化的社会观念，指出当代社会由一系列自洽、遵循各自内在逻辑运作的子系统构成，展现了高级现代性的复杂性。这些子系统之间虽无直接重叠，即每个系统拥有独特的沟通模式和理解世界的方式运行，但它们并非孤立存在，而是通过将彼此沟通中的特定元素转化为自身语言体系内的内容，实现相互间的"环境性"联系。卢曼将这种相互作用的机制称为系统间的"刺激"，此外，还有一些制度可以把不同的系统"结构上结合"在一起。

然而，卢曼理论因其保守的政治立场和对现有社会状况的接受态度而受到批评，被认为未能充分批判性地分析系统间的权力关系及某些场域（如资本主义经济和政府）何以对其他场域进行主导和控制的现象。具体而言，批评者指出卢曼过分强调了每个系统的封闭性，忽视了分析这些系统如何被其他系统以及掌控它们的强势群体所影响和制约。

尽管如此，卢曼的系统功能主义理论为理解人类社会系统的复杂性和多样性提供了新颖的视角和方法，致力于构建一个能够全面覆盖整合与冲突、秩序与变迁、结构与过程之间复杂关系的整体性理论框架，这一框架旨在普适于所有社会形态。他不仅重新界定了社会系统，还成功地将这一理论应用于剖析社会各功能领域及重大社会问题，展现出其理论的广泛适用性和深刻洞察力。

（二）亚历山大的文化功能主义

美国社会学理论家和文化社会学家杰弗里·C. 亚历山大（1947—　）以其一系列

具有深远影响的理论著作为标志，鲜明地倡导了新功能主义的学术观点。作为"新功能主义者"的代表，他通过剥离帕森斯理论中的保守意识形态成分，转而强调其促进对权力、冲突与变革深刻理解的能力，实现了对帕森斯理论的创造性转化。在其理论框架中，个体行动被赋予了更高的创造性和意图性地位，超越了帕森斯对角色固化的分析；同时，社会整合被视为一种系统实现的潜在结果，而非既定或自动的过程，强调了社会系统的开放性和多元性关系，这与早期功能主义的机械预设形成了鲜明对比。其主要著作有《社会学的理论逻辑》(1982)、《新功能主义及其后》(1985)、《1945年以来的社会学理论二十讲》(1987)等，系统阐述并发展了新功能主义的理论体系。

亚历山大在《新功能主义及其后》中系统阐述了新功能主义的理论框架，阐明其与帕森斯功能主义之间的传承与差异。他界定"功能主义"为一种传统[1]，而非固定概念、方法、模式或意识形态，进而从多个维度解析了这一理论传统的核心要素。在他看来，功能主义以描述性的方式，描绘社会各部分相互关系的全景。此外，功能主义传统不仅仅将焦点集中于社会结构之上，它同样关注行动分析，行动在既定限制下达成目标的能力，体现了实践与手段、目的与意义的深度融合。更进一步，功能主义注重在均衡与变异之间寻求一种微妙的平衡，视社会整合为潜在的可能。同时，功能主义还假设人格、文化与社会之间的区分对于理解社会结构具有重要作用，这些领域间的互动所产生的紧张状态，是推动社会变迁与控制机制的持续动力，从而拓宽了分析范畴，涵盖了个体化、制度强制及文化自主性的议题。而对于社会变迁，功能主义将分化视作推动社会变迁的主要驱动力，也是个人化趋势日益增强与制度性强制不断加深的根源，揭示了社会结构演变的内在规律与逻辑。

新功能主义致力于吸纳并整合多元观点，旨在克服传统功能主义遭受的批评，提升其理论综合性与解释力。因此，这一思潮不仅是对传统功能主义的继承与发展，更是基于综合视角对帕森斯功能主义传统的一次创新性重建，打破了帕森斯曾为社会学划定的只研究社会系统问题的界限，对20世纪80年代以来盛行的"文化社会学"给予

1 Jeffrey Alexander, *Neofunctionalism*. Beverly Hills: Sage, 1985, p. 9.

高度重视。新功能主义的研究领域与议题涵盖了社会学、政治学以及文化研究的多个方面，为相关领域的研究开辟了新的思路与路径。

亚历山大对文化的兴趣，自新功能主义研究初期作为例证提出后，迅速在范式构建过程中占据核心地位。首先，他对帕森斯有关文化、社会与人格分析的区分进行了深刻批判，强调必须引入能动作用的分析维度。其次，亚历山大重构了文化系统的研究视角，突出文化自主性（cultural autonomy）。文化不是社会结构的简单反映或附属品，而是具有其内在的自主性和能动性，他强调文化在社会变迁和个体行为中发挥着至关重要的作用，是社会秩序和个体认同的重要构成部分。这一理念打破了传统上将文化作为因变量的研究范式，确立了文化在社会分析中的自变量地位，为文化社会学的研究奠定了新的基石。

然而，亚历山大的文化社会学也面临一些挑战和批评，比如质疑过度赋予了文化自主性，导致对复杂社会现象的解释趋于单一化。此外，亚历山大关于结构解释学，即结构主义与解释学理论相结合的观点也引发争议，认为其理论过于关注文化现象中的符号、象征和隐喻等元素，因而忽视文化结构的客观性和普遍性，以及对结构解释学实践应用的可靠性和有效性提出质疑。

尽管如此，这一文化社会学研究仍取得了显著发展，特别是在政治研究领域。首先，通过分析市民社会的历史演变、结构特征及动力机制，亚历山大以经验为依据揭示了现代制度框架如何为公民行动提供基础。其次，指出文化社会学正经历“向文化实用主义理论的表演转向”的演变，强调文化以表演形式成为社会行动的关键部分，这种表演是个体或群体在社会情境中创造性运用和重新诠释文化元素的过程，展现了文化在调节和塑造社会行为方面的新维度。亚历山大的功能主义理论强调文化的多重作用与功能，它不仅通过符号、意义和价值观促进社会整合与行为指导，还包含规范以预测行为、维护社会稳定，同时具有批判性，能够揭露社会中的不公与不平等，激发变革的动力与勇气。其包容性则体现在对不同意义与价值观的接纳上，促进了社会多样性与和谐共存。可以说，亚历山大的功能主义理论通过将文化置于社会理论的核心，为社会科学研究提供了一种更为全面和综合的分析框架，以更好地把握文化在塑造社会、指导行为以及推动变革方面的重要作用。

第三节 评 析

回顾功能主义和新功能主义的发展历程，从社会有机体这一与生物有机体相类比的生物学隐喻，再到早期功能主义有关功能的三个经典假设的提出，进而现代功能主义表现为以帕森斯和默顿为代表的结构功能主义，在20世纪中期一度成为西方社会学的主流理论，功能分析框架与范式不断被加以建构与补充。不过，20世纪60年代后，帕森斯式的功能主义受到强烈批评，直至20世纪80年代才借“新功能主义”思潮的出现而再度复兴。

在针对功能主义的批判中，其中较为典型的是美国社会学家查尔斯·赖特·米尔斯（Charles Wright Mills）对帕森斯理论的批评。在米尔斯看来，帕森斯的宏观理论（如《社会系统》）是一个不切实际的概念王国。帕森斯试图通过构建一个宏大的理论框架来解释社会的各种现象，但在米尔斯看来，这种理论“从来没有从更高的一般性回落到在他们所处的历史的、结构性的情境中存在的问题”[1]，过于抽象和笼统，忽视了社会现象的具体细节和复杂性，并且难以应用于具体的社会现象和问题。他认为，真正的社会学研究应该关注具体的社会问题，提出具有可操作性的解决方案，而不是停留在抽象的理论探讨上。

总体而言，米尔斯对功能主义的批判主要集中在静态分析方法、忽视个体能动性、缺乏批判精神以及理论框架过于宏大等方面。他强调社会学应该关注社会的动态性和变革性、个体的能动性和主观性，以及社会现象背后的深层原因和动力机制，这些批判为后来的社会学研究提供了新的视角和方法论支持。

此外，作为后帕森斯时代的社会理论家，英国社会理论家安东尼·吉登斯（Anthony Giddens）称其结构化理论为“非功能主义宣言”，也将功能主义视为社会科学中的“正统共识”之一加以反思与批判。在他看来，功能主义的本质缺陷在于对“结构”概念的使用，以及这一缺陷所导致的关于行动主体能动性的模糊不清，即功能主义“在概念上的影响是极其有害的，它强调行动的意外后果的重要性，特别是相信这些后果将会经常性发生，进而影响社会系统制度化特征的再生”[2]。也就是说，尽管

1 米尔斯:《社会学的想象力》，陈强、张永强译，北京：生活·读书·新知三联书店，2016年，第37页。

2 吉登斯:《社会的构成》，李康、李猛译，北京：中国人民大学出版社，2016年，第18页。

区别于结构社会学，功能主义关注行动及其意外后果，但问题在于，功能主义将行动的意外后果再次归结于社会本身，即社会系统本身的动机与目的。

对此，作为非功能主义宣言，结构化理论否认赋予社会系统目的与意图。在吉登斯看来，社会再生产过程不能据此逻辑加以解释。谈及社会变迁与发展，既要涉及社会结构对于人类的约束性，同时也应关注行动主体与能动性实践。这种赋予社会系统本身以目的的前提性谬误，与进化逻辑纠缠在一起，影响着部分现代社会理论流派及其社会科学研究。“许多在原则上声称反功能主义的人，倾向于在实践中采用它。从逻辑或意识形态角度拒斥功能主义是一回事，而认识到社会系统再生产的意外后果的根本重要性则是另一回事：它实际上所展现出的是非功能主义社会科学的实际内容。”[1]也就是说，许多理论即便意识到功能主义的问题，但在社会变迁问题上，同功能主义一样，赋予社会系统目的性而忽视行动者自身的主体性意图。针对这一问题，吉登斯主张从一开始就否认那些功能主义假设，而是将重点放置于对行动主体能动性的解释之中。不同于作为“正统共识”的功能主义，吉登斯的结构化理论是对社会系统目的论解释的破除，以及对行动主体反身性觉知的强调。其结构化理论建立在对社会科学中根深蒂固的“正统共识”的批判性分析的基础之上，是结合对当下社会理论前景的总体性考察所提出的一种不同于结构主义与功能主义的新型理论视角与方法。

面对这些质疑与批判，功能主义曾一度沉寂，但自20世纪80年代中期以来，随着“新功能主义”的出现，为功能主义理论注入了新的活力，实现了理论上的复苏与革新。新功能主义与以帕森斯为代表的传统功能主义之间的关系，实质上是一种扬弃与超越的“重构”过程。亚历山大曾指出，新功能主义通过对帕森斯传统核心思想的批判性审视与再塑造，实现了对其的区分与超越，从而确立了自身“后帕森斯的”学术定位。这一过程中，新功能主义既不愿简单重蹈覆辙，但也未彻底割裂与早期功能主义的联系，而是对功能主义的某些观点进行了显著的修正和扩展，其主要特点包括以下几点：

其一，关注社会冲突和不平等。帕森斯认为系统总是趋于均衡，而新功能主义则批评了这一观点，指出系统不必然是均衡的，并强调在帕森斯的著作中，尤其是关

1　吉登斯：《社会理论的核心问题》，郭忠华、徐法寅译，北京：译文出版社，2015年，第7页。

于分化过程中产生不均衡的思想中，本就包含大量社会冲突的命题。在新功能主义看来，社会冲突和不平等是社会系统中不可忽视的因素，它承认社会不平等的存在，并将其视为社会变革和发展的动力。

其二，强调社会变迁和适应性。新功能主义认为社会是动态变化的，不断适应环境和需求的变化。它关注社会变迁对社会组织和制度的影响，以及社会系统如何调整和适应变化。

其三，对行动理论的扩展。早期功能主义在行动理论方面存在不足，而新功能主义则通过综合米德、戈夫曼、舒茨以及加芬克尔等人的思想，引入社会行动者的观点。新功能主义强调社会行动者在社会系统中的作用和影响力，关注个人和群体的行动决策，以及他们对社会结构和组织的互动作用，丰富了行动理论的内涵。

其四，多级分析的视角。新功能主义倡导多级分析的视角，认为社会系统是由多个层次和互动的子系统组成的。它关注不同层次的互动和影响，以及它们对整个社会系统的贡献。并且，新功能主义不再将文化、人格与社会之间的区别视为社会结构所必需，而是强调它们之间的相互渗透和张力是变迁与控制的持续根源。这一修正使得新功能主义更加关注社会系统的复杂性和动态性。

其五，跨学科的方法。新功能主义倡导跨学科的方法，将社会学与其他学科，如心理学、经济学和政治学等结合起来，以获得更全面和深入的社会分析。

综上所述，新功能主义在直面帕森斯式功能主义所遭受的批评与质疑时，通过修正和扩展传统功能主义的某些观点，实现了对功能主义理论的重新建构和发展。这些修正和扩展不仅使得新功能主义更加符合当代社会的现实需求，也为其在社会学领域内的持续发展奠定了坚实基础。尽管新功能主义尚未具备统一的理论形态，被归在新功能主义名下的社会学家在许多问题上持有不同甚至对立的观点，但也正是因此，这种开放性使得新功能主义能够不断吸收新的理论成果和研究方法，保持其理论的生命力和活力。可以说，新功能主义的发展为社会学提供了更多维度和多样性的观点。它强调了社会冲突和不平等的重要性，以及社会变迁和适应性的必要性。总体而言，新功能主义为社会学研究提供了一个更加全面和多元的理论框架，使我们能够更好地理解社会系统的复杂性和变化。

思考题与推荐书目

思考题

1. 思考帕森斯有关社会行动与社会系统观点的理论意义及其局限。

2. 默顿如何理解社会结构？如何看待默顿对帕森斯理论的批判与继承？

3. 如何评价新功能主义对传统的扩展与修正？

推荐书目

Georg Kneer、Armin Nassehi:《卢曼社会系统理论导引》，鲁贵显译，台北：巨流图书公司，1998年。

J. C. 亚历山大:《新功能主义及其后》，彭牧等译，南京：译林出版社，2003年。

罗伯特·K. 默顿:《社会理论和社会结构》，唐少杰等译，南京：译林出版社，2015年。

安东尼·吉登斯:《社会学方法的新准则：阐释社会学的建设性批判》，徐法寅译，郭忠华校，北京：商务印书馆，2021年。

Talcott Parsons, *Politics and Social Structure*, New York: Macmillan-Free Press, 1969.

第六章 社会冲突理论

社会冲突理论作为剖析社会结构及其变迁的关键视角，在20世纪中叶随着社会运动的兴起而获得了全面发展。该理论继承并扩展了马克思、齐美尔和韦伯的古典理论，从多维度探讨了社会冲突的物质和精神根源、可能的持续条件、爆发的诸种模式及其对社会变迁的长期后果。冲突理论核心观点认为，社会结构内的矛盾与变迁是常态，冲突可能表现为激烈和明显的，也可能以隐性的或潜在的方式存在，冲突虽然可以被抑制和引导，但无法完全消除。本章深入分析了科塞、达伦多夫和柯林斯三位学者的理论贡献，他们分别从冲突的社会功能、权力分配与阶级冲突以及微观层面的冲突起源和动态变迁等角度丰富了冲突理论的内涵。社会冲突理论不仅拓展了古典社会理论的问题域，还特别关注权力不平等在社会冲突中的核心地位，并揭示了群体矛盾中的非理性层面。社会冲突理论已成为分析社会不平等和暴力等问题的重要工具，尤其在解释社会变迁、阶级斗争和身份政治冲突等领域具有显著的理论价值。

第一节　理论传统及概况

冲突（conflict）这一概念源自拉丁语“conflictus”，其字面意思指“相抵触，矛盾”。该术语在15世纪初被拓展应用于描述“武装冲突”或“战争”等政治情境。进入19世纪，随着社会科学的发展，冲突一词被用于形容社会内部不同群体之间的对立关系，包括马克思在内的社会理论家开始将冲突视为分析社会结构和群体动态关系的一个重要概念。

现代社会冲突理论源自古典社会理论，全面兴起于20世纪中叶。在古典社会理论中，马克思代表了冲突理论中的激进派别，他认为激烈的社会冲突最终会导致社会的变迁和重组，这些社会冲突一开始源于不同社会群体在资源的不平等分配中产生的潜在矛盾，矛盾的动因通常是以经济利益为表现形式的阶级对抗，而对抗会随着生产的进步而愈演愈烈，最终升级为使整个社会分裂成两个对立阶级的政治革命。齐美尔（1858—1918）的理论在三个方面与马克思形成鲜明对比：首先，在冲突的根源上，齐美尔认为社会冲突源于人类的“敌对本能”，这是人类生物性的一部分。在齐美尔看来，冲突是社会系统生命力的体现，缺乏冲突的系统将失去其动态性。[1]其次，齐美尔认为冲突会在“联结”和“分离”之间来回波动，而不会不断升级并突破社会可以容纳的阈值。最后，与马克思认为冲突必然导致社会重组的观点不同，齐美尔认为冲突是社会群体互动的常态，且能够促进社会整合。

在马克思的激进立场和齐美尔的温和态度之间，韦伯为社会冲突理论的核心观点

1　齐美尔：《社会学：关于社会化形式的研究》，林荣远译，北京：华夏出版社，2002年，第179页。

做出了重要补充。首先，从冲突的动因上看，韦伯丰富了马克思对经济原因的强调，认为财富、权力、声望等都能够成为社会群体相互冲突的原因。但这些原因归根到底涉及一个重要的指标，即对政治合法性的认同。韦伯认为，当来自经济、政治和文化等不同方面的冲突从根源上动摇了统治的合法权威时，冲突就一触即发了。其次，韦伯认为冲突是否能够推动彻底的社会变迁，取决于一系列历史因素的影响。这些历史因素左右了取代旧社会的新政权的统治形式。总的来说，法理型统治诉诸平等的法律与规则，使不同社会阶层在社会地位的提升、经济利益的赚取和文化身份的表达方面有同等的机会。在这种情况下合法性的基础更加牢固，社会冲突的风险将极大减小。但如果革命后建立的新政权是魅力型统治（卡里斯玛），那么社会冲突的结果则很可能回到了起点，重新进入传统的周期性历史循环。

虽然马克思、韦伯和齐美尔分别在各自理论中讨论了社会冲突的原因、持续性和理论后果，但是进入20世纪初期，社会冲突理论仍然未形成一个有足够区分度的派别。到了20世纪50年代，社会理论学界兴起一波反思结构功能主义的浪潮，从而兴起象征互动理论、符号交换理论与冲突理论等学派，其中，冲突理论直接站在结构功能主义的对立面，凸显出自身的学派性质。

社会冲突理论对结构功能主义的批评主要集中在两个方面：共时性和历时性。在共时性方面，帕森斯把秩序良好的社会假定为一种“正常状态”，将偏离正常状态的个体视为异常，并将其排除在理论分析之外，因此这种观点未能充分解释社会失范现象。帕森斯借鉴生物学上的有机体模型来理解社会系统，认为国家或社会组织的发展壮大类似于生物体中细胞的分化和生长过程，将社会系统的稳定和均衡看成自然状态，经济竞争、政治上的反对派和文化中的少数群体，均被帕森斯视为“功能失调”的部分，但这一观点无法解释这些组织或个体在社会中的位置，更掩盖和粉饰了冲突发生的根本原因。另外，结构功能主义过于依赖社会共识及其公意。在分析个体行动者如何进入社会时，帕森斯强调已经成为社会共识的价值观通过内在的方式来调节行动者的行为，使之逐渐向标准化的社会行动靠拢。但对于冲突理论来说，共识的表象可能掩盖了社会中权力不平等的现实。在历时性方面，帕森斯关注静态的社会结构，未能重视冲突在推动社会变迁中的作用。结构功能主义倾向于将某些行为模式或社会组织视为在不同历史时期具有固定功能的实体，尤其是家庭在社会系统中发挥了不可或缺的核心功能。然而，这种观点忽略了历史和文化背景的变迁，导致对社会变迁的理解陷入循环论。此外，结构功能主义在方法论上缺乏把握和分析社会矛盾和历史变迁的有效理论工具。在20世纪社会运动的背景下，结构功能主义将变革视作最终回到系统均衡状态的一个过渡过程，无法有效地解释社会革命的意义及其作用。

第二节 理论要义

一、冲突理论的基本要点

（1）**把社会结构的冲突与变迁视为“正常状态”**。“正常”指的是冲突被认为是社会中内生性的、普遍的和无法避免的一个方面。因此，变迁和矛盾是社会的常态，而静止与和谐可能是过于表面的或理想化的图景。冲突理论的学者批评结构功能主义将冲突视为偶然和例外的，强调冲突和由冲突带来的创新结果是社会变迁的重要组成部分。但是随着20世纪后期的批判理论对冲突的普遍化和世俗化，将冲突视为“正常状态”的弊端凸显出来，冲突作为社会现象的理论特殊性逐渐遭到瓦解。

（2）**综合的、普遍的、总体性的冲突内在于每一个社会结构中**。虽然冲突理论的学者们并未在“何种冲突是最核心的或最普遍的”这个问题上达成共识，但是大家普遍认为，在众多种类和形式的冲突背后存在一种或几种根本性的动因导致冲突的持续发生。这种核心动因可能来自以下几个方面：有争议的资源、不相容的社会角色或不相容的群体价值观。

（3）**冲突是人类历史中固有的，但并不总是激烈和明显的**。冲突理论的学者们普遍认为，冲突不仅体现在公开表露的敌意或对抗行为中，而且还隐藏在每一次互动中，是社会关系形成的基本方式。当冲突以潜在的方式存在，可能囿于以下原因：首先，冲突中核心的矛盾点尚未发展到必须让冲突双方付诸行动的程度；其次，冲突可能分散为各种微小的地方性行动，并未汇集为重大的、显明的冲突事件；最后，冲突中的弱势一方可能无力或过于恐惧以至于不敢公开表达冲突。

（4）**冲突可以被引导和抑制，但不能被消除**。总的来说，对冲突起到进行引导和抑制作用的要素主要有两个方面：第一个方面来自社会结构对冲突的引导，这包括将冲突的一方纳入制度化的官僚程序，或通过政策性补偿来满足冲突中的利益诉求；第二个方面可以通过冲突来缓解冲突，即通过范围较小的、分散的和程度较轻的冲突来定期释放社会内部各方之间的矛盾及其不满情绪，从而避免大范围的、集中的和猛烈的冲突的爆发。但冲突理论的学者们普遍认为，无论是情感性冲突还是利益冲突，在不改变既有的资源分配、权力和地位占有的社会结构的基础上，冲突中的诉求不可能被彻底满足。而新一轮的社会变迁又会造成新的矛盾的积累。因此，想要彻底消除冲突并不现实。

二、主要人物

以下将介绍三位主要代表人物的社会冲突理论：对功能主义进行修正的科塞、对结构功能主义进行批评的达伦多夫和拓展了冲突理论微观视角的柯林斯。

（一）科塞的功能主义冲突理论

德国社会学家刘易斯·科塞（Lewis Coser）出生于一个犹太人家庭，其在巴黎完成大学学业，并在此期间接受了巴黎左翼思潮的影响。随后他移居美国并在哥伦比亚大学获得博士学位。在其读博士期间，结构功能主义在美国风头正盛，科塞自身的流亡背景使他希望在结构功能主义中找到理解社会冲突的方法。于是他着手借助韦伯和齐美尔的思想来改造过于强调社会整合的结构功能主义。在其代表作《社会冲突的功能》中，科塞认为冲突通过施加压力来促进社会改革，从而创造新的制度和规范，同时冲突还在经济、技术等方面刺激我们的生活，推动社会各个方面的进步和革新。科塞在得出这个结论的时候或许扩大了一般意义上对冲突的理解，但是不难看出科塞仍然要以整合为目的，来发掘冲突对社会有益的一面。

科塞借鉴了制度经济学家索尔斯坦·凡勃伦（Thorstein Veblen）的**“既得利益”**概念来探讨冲突爆发的原因。[1]在社会制度分配权力、财富和地位的过程中，个体行动者与群体的实际所得与他们所期望应得的份额之间往往存在差异。当个体或群体获利

1 Lewis Coser, "Social Conflict and the Theory of Social Change," *The British Journal of Sociology*, 1957, vol. 8, no. 3, p. 203.

的期望受挫，他们与既有的既得利益者们之间的紧张关系加剧，从而导致对制度合法性及分配机制有效性的质疑。

然而，单纯的**“受挫感”**以及对制度合法性的质疑并不直接引发冲突。科塞指出，冲突发起者的**主观诉求**很大程度上决定了冲突是否爆发及其爆发的强度。这些诉求被科塞分为现实性和非现实性两种。**现实性冲突**指的是“那些由于在关系中的某种要求得不到满足以及由于对其他参与者所得所做的估价而发生的冲突”[1]。齐美尔认为，当冲突的诉求明确且集中时，冲突爆发的可能性和激烈程度就会远远降低，行动者更倾向于采取妥协的策略来避免冲突。科塞进一步提出，当冲突的诉求中包含利益时，冲突会成为达成目标的工具性手段，那么现实性的冲突就可能通过平衡利益等方式得到解决。相反，**非现实性冲突**则很难被化解，它指的是“至少［冲突中的］其中一方为释放紧张状态的需要”[2]而发起的冲突。在这类冲突中，参与者的情感被激发，而非被特定的利益所驱动。同时，目标对象并不是诉求的核心，它可以被随意替换，冲突本身则成为目标，人们需要在冲突中确立共同目标感，以此来缓解紧张情绪，释放社会中长期的矛盾所积蓄的压力。

在探讨了冲突发起者的主观诉求对冲突爆发及其激烈程度的影响之后，我们进一步审视科塞对社会制度**客观影响**的理解。科塞认为，社会系统中冲突行为的根源和爆发频率受各种因素影响，包括既有社会结构的性质、社会流动模式、权力与财富分配方式，以及社会子系统对特定权力安排的接受程度，等等。科塞特别关注社会结构如何引导和吸收冲突及其造成的破坏性影响，并将冲突本身作为社会活力和创造力的来源。借鉴弗洛伊德的压抑理论，科塞提倡建立社会冲突的**“安全阀”**机制。他认为社会应当提供相应的制度保障，使个体能够表达不满，从而避免敌对情绪转化为实际的冲突。在传统社会中，巫术信仰、极权国家中的政治笑话、群体冲突中的“替罪羊”机制，以及现代社会的戏剧和文娱活动，均提供了释放敌意的途径。“对安全阀制度的需要随社会结构的僵化程度而提高”[3]，这意味着，具有较高弹性的社会结构能够自动吸纳敌意和不满，而僵化的系统则需要额外的制度安排来减轻冲突对集体和社会的潜

1 科塞:《社会冲突的功能》，孙立平等译，北京：华夏出版社，1989年，第35页。
2 科塞:《社会冲突的功能》，孙立平等译，北京：华夏出版社，1989年，第35页。
3 科塞:《社会冲突的功能》，孙立平等译，北京：华夏出版社，1989年，第30页。

在伤害。

科塞是社会冲突理论中第一个将不同的冲突进行分类的学者。他发现，在各次级单位间爆发的冲突与改变了系统整体状况的冲突有本质的差别。

首先，就**内部冲突**的特点和强度而言，科塞认为成员关系的亲密程度影响了群体内部的冲突和关系结构。一般来说，亲密关系中爆发的冲突会更加剧烈和频繁。这其中有两个原因，首先因为亲密关系联结的是情感性的群体，其目标通常是非现实性。与为了专门目的进行联合的、非情感性的群体相比，情感性群体冲突的爆发会涉及更多情感投入，而这种投入又进一步强化了冲突。其次，亲密关系能够动员起更高的人格参与度。当每个成员都将自己的人格全部投入到内部群体中，成员间关系的强度就远高于片面地吸引成员人格的群体。例如，宗教群体通常试图获得成员的全部忠诚，这样的团体内部就容易爆发更加彻底和破坏性更强的冲突；而在职业环境中，单纯的工作群体则很难将员工的全部的认同感吸纳其中，因此很难爆发剧烈、持久的整体性冲突。虽然情感性群体能够利用其较高的团结程度引发群体间的强烈冲突，但就其内部关系而言，紧密的关系同样会产生对敌对情感的压抑。由于其成员全部人格的投入，冲突更容易被内部消化或妥协，这种抑制也可能来源于成员对关系破裂的恐惧。这就造成了两种群体内部冲突的可能性，当群体成员对关系的坚固程度比较自信时，亲密关系通常会造成频率较高到激烈程度较低的冲突；但是当群体成员担心冲突行为会对关系造成破坏性影响时，成员之间更倾向于压抑冲突，而这种压抑在降低冲突频率的同时也潜在地积蓄了更多不满，最终容易导致爆发瓦解性的全面冲突。

科塞认为，当不同的群体在更大的社会框架中相遇时，**外部群体之间的冲突**和碰撞有积极的意义，因为它可以帮助重建团结和恢复群体间的平衡。但是究竟为什么在有些情况下群体间冲突会导致分裂，而在另一些情况下会加强团结呢？科塞从现代政治理论中找到了灵感。他发现，当人们在基本原则上已经达成共识的情况下发生冲突时，这种冲突通常会比人们在不同观点和背景下发生的冲突更具破坏性。在这个基础上，科塞发展了齐美尔关于冲突的积极功能的观点。当大型社会内部存在各种错综复杂的群体，而各个群体之间有相互交叉的矛盾时，这些基于不同立场、不同角度和不同文化背景所产生的矛盾会产生一种相互抵消的效应，更容易达到彼此制约的动态平衡。而当这个社会的基本共识已经将小型群体紧密地绑定在一起，社会成员的忠诚和人格投入在相对集中的问题上时，这类一元的群体中爆发的冲突则容易危害群体的核心价值观，使社会沿着一条主要的分裂线崩溃。换句话说，多元社会中的不同群体之间的非共识性冲突可以加深大家对彼此不同观点的了解，促进社会联结，最终有益于社会整合；但是单一社会中群体之间的共识性冲突则是破坏性的，会产生彻底分裂社会的裂痕。[1]

当科塞讨论冲突的社会功能时，他指的是冲突可能对社会整合产生的影响。上述讨论已经涉及了其中的三个影响，即提供社会进步所需的活力和创造力、通过定期排遣不满的方式抑制激烈的冲突，以及在冲突中建立新的社会联系，从而有助于社会整合。接下来我们需要在科塞对内部群体和外部群体的划分中更系统地探讨冲突对社会整合起到的作用。

首先，冲突对群体内部的关系有什么影响呢？科塞的基本结论是，无论是发生在群体内部的冲突还是群体之间的对抗性矛盾，都有助于巩固群体内部的团结。就前者而言，群体内部的变节者或异端分子以不同的方式激起了群体内部仇恨[2]，在清除异己的过程中，其他社会成员对主体价值观的认识得到了澄清和巩固，意识形态的团结程度大大提高；而将反对派彻底排除到群体之外的活动也使得群体内部的权力结构得到进一步的集中。就群体之间的对抗而言，外部敌人的产生使得内部的矛盾得到缓解，群体的内聚力得到增强。同时，群体的自我理解和认同通常是与他者相比较而得出的。所以，外部的冲突有助于群体内部形成更清晰的边界。但是，受到内外部矛盾的刺激所被动产生的团结也有消极的影响。每个团体内部都包含着各种冲突的因素，而为了缓解危机或抵抗共同的敌人，某种被人为修饰过的一致性会强加到群体之上。[3]例如，为了抵抗侵略战争，一国内部的城市会牺牲农村的利益来集中资源，造成战后不可调和的矛盾。因此，冲突所造成的团结中含有强制认同的成分，“大冲突”或主体冲突对边缘问题的压制可能会在更长的时间段里显现出其危害。

冲突对社会整体的作用主要由两个方面构成。在对**非共识性冲突**的讨论中，科塞发现复杂社会中不同的群体之间会产生纵横交错的矛盾，但是这些经常性矛盾却不

1 科塞：《社会冲突的功能》，孙立平等译，北京：华夏出版社，1989年，第67页。
2 科塞：《社会冲突的功能》，孙立平等译，北京：华夏出版社，1989年，第57页。
3 科塞：《社会冲突的功能》，孙立平等译，北京：华夏出版社，1989年，第77页。

会导致更剧烈的冲突，因为在各种矛盾中不存在一条把大家分成两派的主体矛盾，而频繁发生的矛盾也释放了敌视情绪，从而有助于社会整合。但这里还有一个隐含的前提，就是在这些不同的群体之外有一个大家相互依赖的社会作为其背景。也就是说，在价值观不同但是彼此依赖的不同群体之间，冲突的特点是频繁但不激烈，而这种冲突有助于释放压力、增强互动，由此避免了破坏社会结构的矛盾的爆发。在这基础上，这些具有合作关系的不同群体之间发生的矛盾才能促进各个群体创造力的发挥，比如竞争和监督能够提高效率，从而促进社会有机体的良好运转。

科塞在结构功能主义内部第一次凸显了冲突对理解社会结构和变迁的重要意义，同时他也在继承齐美尔立场的基础上系统性地梳理了冲突的类型学。相较于后续的社会冲突论学者而言，他没有彻底突破功能主义的框架，而辩证冲突论及其代表人物达伦多夫则做到了这一点。

（二）达伦多夫的辩证冲突论

拉尔夫·古斯塔夫·达伦多夫（Ralf Gustav Dahrendorf）是德裔英国社会学家。他的父亲是德国议会社民党的成员。达伦多夫年轻时曾积极地参与反纳粹活动，并在政治领域担任要职。他分别在德国和英国学习社会学，博士期间受卡尔·波普尔的指导，因而对马克思的理论产生很大兴趣，并以马克思的正义论为题目获得社会学博士学位。达伦多夫著述颇丰，其中最有名的是《工业社会的阶级冲突》。在这本书中，达伦多夫批评了马克思对资本主义社会的观点，认为后者的理论不再适用于解释后资本主义社会或发达的现代工业社会。尽管如此，达伦多夫对社会冲突的很多思想仍然大量受惠于马克思。达伦多夫并不是第一个系统地提出社会冲突理论的人，但是他对结构功能主义进行了彻底的批评，并在古典社会理论中重新激发了马克思和韦伯的理论资源。

达伦多夫认为冲突理论和功能主义的分析应该各自占据社会理论的一个方面，因为“人类社会同时拥有两张面孔：一张是稳定、和谐和共识的面孔，另一张则是变迁、冲突和强制的面孔。二者是同样真实的”[1]。达伦多夫将结构功能主义和冲突理论的论证分别抽象为四个基本要素。在结构功能主义中，**社会模型的基本要求**如下：

---

1 Ralf Gustav Dahrendorf, *Class and Class Conflict in Industrial Society.* California: Stanford University Press, 1959, p. 157.

1. 每个社会都是由相对持久的要素组合而成；
2. 每个社会都是整合良好的要素的组合；
3. 社会中的每个要素都有助于社会的运转；
4. 每个社会都依赖于其成员的共识。[1]

这四个要素显然无法描述和理解社会冲突与变革的现象。为了理解后者，我们将结构功能主义的论点完全倒转过来，形成了社会冲突理论的**主要立场**：

1. 每个社会中的每个要素都在时时刻刻发生变化；
2. 每个正在发生变化的社会都在经历持续的冲突；
3. 社会中的每个要素都能促进社会变革；
4. 每个社会都依赖于部分成员对其他成员的制约。

达伦多夫认为，这两组论点在社会现实层面并不是矛盾的。相反，二者只有同时存在才能解释全部的社会现象。因此，对结构功能主义的抨击并不代表质疑它在解释整合问题的能力上的有效性，而冲突理论也不可能独当一面。

在廓清结构功能主义与冲突理论的基本关系后，达伦多夫进一步限定了冲突理论应该讨论的内容。他认为社会冲突理论的意图是要通过从社会的结构性安排中推导出事件发生的内在逻辑，来克服冲突中无法理解的任意性对理论的破坏。因此，达伦多夫将冲突大致分为两类：第一类是在特殊历史条件下，或在特定的社会文化背景中出现的冲突，例如种族主义、族群矛盾和宗教中的暴力事件。第二类冲突是社会的一般结构处于某一发展阶段的结构性表征，例如工人和雇主、保守党和工党之间的矛盾。[2]达伦多夫认为冲突理论应主要关注后一类矛盾，因为这种摩擦是社会发展到某一阶段的必然结果，跟特殊的文化背景和偶然事件没有关系。在这个意义上，社会冲突理论

---

1 Ralf Gustav Dahrendorf, "Toward a Theory of Social Conflict," *The Journal of Conflict Resolution*, 1958, vol. 2, no. 2, pp. 174–176.

2 Ralf Gustav Dahrendorf, "Toward a Theory of Social Conflict," *The Journal of Conflict Resolution*, 1958, vol. 2, no. 2, p. 172.

甚至可以具有某种预言性质，只要它能够发现矛盾内在于结构的必然性，就可以为后来的社会提前预警。出于同样的原因，在社会内生冲突和社会外生冲突之间，达伦多夫认为应将外生冲突暂时排除在冲突理论之外。因为内生冲突有结构性的根源，而外生冲突总带有历史偶然性。

最后，虽然达伦多夫和科塞一样视冲突为社会结构和变迁的必要组成部分，但达伦多夫没有把它视作一种积极的创造力和活力。相反，他在讨论如何以制度化的方式来调节冲突的问题上比科塞走得更远。总的来说，达伦多夫采取了定量研究的方式，从大量经验现象中抽取了影响冲突强度的**四个变量**，即相对剥夺感、社会角色分化程度、社会流动性和社会组织化程度，并针对性地**制定了三个对策来调节冲突的强度**，即达成共识、建立机构和约定规则。[1]需要注意的是，调节冲突并不等于抑制或消除冲突。在达伦多夫对现代工业企业和极权国家的个案分析中，他很清楚地意识到上述调节政策可能引发新一轮的权力分化，并导致冲突产生了更加多元的形式，致使进一步的调节难度增加。

达伦多夫认为，马克思的一大功绩在于他把阶级冲突视为资本主义社会变迁的主要动因，使学界开始重视冲突对社会结构的决定性影响。在马克思对阶级的定位中，经济条件的占有决定了社会群体的划分，而建立在不平等的经济占有基础上的矛盾构成了冲突的主要来源。而达伦多夫认为，资本主义社会在马克思去世以后已经发生了重大变化，新的资本主义体系被他称为**“后工业社会”**，其特点是社会的阶级结构和权力关系更加复杂多样。因此这一社会中所涉及的不平等体系要比马克思所描绘的以经济为核心的阶级冲突更为复杂。另外，受到工人运动的冲击和影响，后工业社会已经发展出一套将阶级冲突制度化的方法，即通过工会、法院和议会辩论等方式改造阶级冲突的激进表现。这导致以经济为核心的不平等关系大大缓和，已经不再能成为分析社会冲突的主要原因。

在马克思的基础上，达伦多夫继承了阶级冲突的基本模型，但是他没有用财产来描述阶级的根本差异。相反，他将经济差别描述为**“权力的特例”**，并将“拥有或

---

1 参见Ralf Gustav Dahrendorf, “Toward a Theory of Social Conflict,” *The Journal of Conflict Resolution*, 1958, vol. 2, no. 2。

不拥有有效的私有财产替换为行使权力或被排除在权力之外，以此作为阶级形成的标准”[1]。因此，达伦多夫认为社会结构的变迁和社会内部冲突归根结底是权力分配差异的结果。受到韦伯的影响，达伦多夫将权力定义为“某一命令的内容被特定人群服从的可能性”[2]。权力的运用取决于一个人的实际能力，而权威则建立在对权力的合法使用的基础上。权威具备以下几个关键特征：首先，权威造成的从属关系并不是个体心理的问题，它来源于社会结构对特定角色的安排和期待。因此权威一定依附于社会角色，而不取决于个体魅力。其次，社会内部不同群体之间的权力分配是交错的，这会导致一个人在不同单位中的权威有所差别，即同时处于支配和被支配的双重地位。这进一步影响了冲突的复杂性——它不再是马克思理解的两极化冲突，而是韦伯所说的多个群体和价值观之间的“诸神之战”。最后，权威一定伴随着现实的作用，在合法化和制度化的保障中，权威中处于上位的人拥有对挑战者进行制裁的权力。这导致冲突的诉求既包含对平等分配的期望，也包含对合法化及其手段的争夺。

以权威概念为核心，达伦多夫建立了自己的冲突群体形成的模型。冲突的基本单位被他称作**“强制性协作联合”**（imperatively coordinated associations，ICAs）。只要在这个单位内部存在相互冲突的利益和权力关系，或者暂时表现为不同社会角色在期待和目标上的潜在差异，那么这个单位就是强制性协作联合。在强制性协作联合的内部，人们被区分成两个部分：一部分人拥有支配他人的权威，而剩下的人则处于被支配的地位。两群人之间的利益矛盾是冲突的基本原因。从这个二分法出发，达伦多夫的社会冲突模型分为以下几个步骤。[3]

最初，冲突群体形态是两个利益相反**“准群体”**。准群体实际上是社会类别（如商人、学生、消费者等等）而不是群体。他们具有相同的角色和特定的期待，但是这部分人目前对自己的共性还缺乏集体意识。达伦多夫认为，准群体的利益是潜在的，但仍然是相互冲突的，因为一个群体的期待是维持现状，而另一个群体则是力图改变

---

1 Ralf Gustav Dahrendorf, *Class and Class Conflict in Industrial Society.* California: Stanford University Press, 1959, p. 136.

2 Ralf Gustav Dahrendorf, “Toward a Theory of Social Conflict,” *The Journal of Conflict Resolution*, 1958, vol. 2, no. 2, p. 176.

3 参见Ralf Gustav Dahrendorf, *Class and Class Conflict in Industrial Society.* California: Stanford University Press, 1959, p. V。

现状。

其次，当准群体具备了更加完备的组织、清晰的利益目标以及达成目标的计划，那么准群体就会演变为**“利益群体”**。利益群体包括党派、工会等，它相当于马克思所说的“自为的阶级”（class for themselves），它是“严格意义上的社会学群体；它们是群体冲突的真正媒介”[1]。当准群体向利益群体发生转变时，潜在利益也逐渐变成了显性利益，这里的关键在于阶级利益对群体来说从无意识转变为有意识的。显性利益包含“制定方案和与此相关的意识形态”[2]，它是行动者围绕自觉的利益而展开的有组织的行动。达伦多夫认为，当具备显性利益的利益群体诞生以后，冲突的形式和强度仍然受两个因素影响，即个人或家庭等次级单位的社会流动性和社会内部对冲突进行调节的制度机制。当社会流动性较小，而社会内部并不包含完善的冲突调解机制时，利益群体之间爆发的冲突会更加激烈。

最后，利益群体之间的直接对抗会使它们进一步演变为**“冲突群体”**。达伦多夫认为，这种对抗一定会导致社会结构发生或快或慢的变化，这一变化不一定会导致社会解体，也有可能导致制度的革新或改良。例如，马克思在19世纪观察到的无产阶级和资本家之间的剧烈冲突就已经带来了法律和经济领域的制度变迁。保护工人的劳动法和福利政策以及降低贫富差距的税收政策都是冲突所带来的积极改变，而中产阶级的诞生也意味着原有的阶级冲突给社会结构的变迁带来了重要影响。

综上所述，虽然达伦多夫认为冲突理论可以与结构功能主义一同解释社会现象，但是他的理论仍然比较彻底地抛弃了后者对社会的乌托邦设想。然而，达伦多夫的缺陷在于，他并没有对所有的冲突现象给予相同的重视，正如他自己所说，宗教、族群和文化冲突被他视为偶然性的个例，而社会外部原因导致的冲突也被他排除到理论视野之外了。另外，达伦多夫针对后工业社会的现象所做的分析被许多学者认为解释力有限，这种解释无法被应用于对在其他历史条件下的社会冲突的分析。当达伦多夫放弃分析个别冲突事件时，另一位学者则把它视为理论的重心，他就是柯林斯。

---

1 Ralf Gustav Dahrendorf, *Class and Class Conflict in Industrial Society*. California: Stanford University Press, 1959, p. 180.

2 Ralf Gustav Dahrendorf, “Toward a Theory of Social Conflict,” *The Journal of Conflict Resolution*, 1958, vol. 2, no. 2, p. 178.

（三）柯林斯的微观冲突理论

兰德尔·柯林斯（Randall Collins）是美国社会学家。他的研究领域遍及文学、哲学、精神分析和社会学等众多领域，并在相关话题上发表了大量著作和论文。柯林斯擅长从微观层面解释社会生活的基本动力和机制，他的代表作《互动仪式链》很明确地将个人微观层面的行为和互动模式视作所有类型和所有层面的社会结构的基础。在这个方面，他将涂尔干的社会团结理论与戈夫曼的拟剧理论联系起来。涂尔干强调宗教仪式在加强群体的情感团结和形成共同道德标准方面的作用，而戈夫曼则在面对面接触的微观层面中看到了个体寻求社会支持以及试图融入特定集体时所采取的表演策略。柯林斯则把个体、情境和结构视作连续的而不是相互冲突的领域，试图建立一个从微观到宏观的解释模型。而在冲突和暴力问题上，柯林斯强调情境对个体行为选择的影响，并着重分析情感要素作为冲突的资源和手段是如何发挥作用的。下面我们先探讨柯林斯的微观基础，然后分析冲突是如何在微观情境中得到理解的。

在经典社会理论中，微观个体与宏观结构之间的冲突一直是各种理论试图解决的重点问题。柯林斯提出了由互动仪式构成的情境，以此来缓解主体能动性和结构的先在性之间的矛盾。柯林斯认为离开情境无法理解个体。[1]在进入不同情境与他人发生不同程度的际遇的过程中，构成个体之为其自身的内容是在时空中流动的。因而个体的能动性是被互动所塑造的，而这种能动性又反过来形成了多样的互动。这是个体与情境的关系，那么情境与结构的关系又如何理解呢？柯林斯认为，宏观的社会现象是以一连串面对面发生的互动为基础的。无论是微观的友谊团体，还是宏观的官僚组织，抑或是在长时段的历史中形成的王朝国家，各种社会结构本质上是互动仪式的重复和创新。随着时间的推移，人们在对过去互动的回忆中产生了理解和预测未来互动的能力。因此，社会理论如果要真正理解社会现实，就必须从微观的情境出发，探讨它们如何巩固或改变了人们对既有社会结构的主观定义，从而理解社会中的冲突和建构是如何发生的。因此，可以分别从**微观的互动仪式、社会分层和国家与地缘政治**三个方面来探讨柯林斯的冲突理论。

柯林斯对互动仪式的理解杂糅了涂尔干和戈夫曼的观点。正如上文已经提到的，

---

1 柯林斯：《互动仪式链》，林聚任等译，北京：商务印书馆，2009年，第32页。

涂尔干偏重仪式的机制对社会整合的意义，这些有固定模式并定期重复的正式仪式具有维护社会秩序和塑造共同价值观的功能。而戈夫曼考察的是人们在日常生活中的仪式，它相较于社会仪式而言更加具有个体性和策略性，例如，个体会针对不同情境选择不同的举止和穿衣方式等等。在此基础上，柯林斯认为微观互动的仪式中最重要的是一种**相互关注的情感机制**，当人们在心理上有共同关注的对象和共同的情感表现时，就会激发一种情感冲动，促使人们采取相同的符号来表达这些共性，这些表达就构成了互动仪式。**影响互动仪式发生的条件主要有两个**：首先是双方能够在互动中使用的文化资源，其次是双方带入互动的“情感能量”（emotional energy）。柯林斯借用了经济市场理论中的理性选择模型。他认为在互动仪式的市场中，个体追求的不是个人利益最大化，而是情感能量的最大化。情感能量并不是一般意义上的感性情绪，它指的是成员在社会互动中获得身份认同的渴求，因此它能够一方面使个体得到心理上的自我满足，另一方面也促进了以互动为基础的更大范围社会群体的团结。[1]

柯林斯的分层模型将宏观和微观的层面明确联系在一起。在宏观的层面上，柯林斯受到更多来自韦伯的影响。他借用了韦伯对经济、地位和权力的三重划分，认为个人会努力提高这三个方面的等级，例如增加收入、寻求社会认可等。其中，权力是社会分层和组织化的基础。这一点将在宏观的政治领域得到进一步说明。而在微观层面，互动中存在着处于支配地位和被支配地位的权威关系。与达伦多夫不同，柯林斯并没有坚持两极的权威关系。相反，他认为在越复杂的组织中，权力的层级越呈现一种连续性，因而权威及其影响也是递进的。例如在大型官僚组织中，相邻的两个层级之间才能产生命令与从属关系，最上层的人员不能直接将命令任意施加给下层的任何人。而在施加命令和服从命令的关系之间，柯林斯大量分析了人们为避免诉诸武力而采取的策略。这些策略涉及仪式的表演行为，在分层系统中处于不同地位的人会象征性地表达他们对彼此、群体或社会的情感依恋。在这个问题上，柯林斯看到了顺从背后隐含的策略性表达，它并不意味着帕森斯意义上共同价值观的形成。这也为冲突留下了隐患。

上述讨论目前还停留在社会关系内部，而柯林斯进一步把互动的关系带入不同民

---

1 柯林斯:《互动仪式链》，林聚任等译，北京：商务印书馆，2009年，第161页。

族国家在宏观上的竞争与冲突。在对民族国家的分析中，柯林斯也借鉴了韦伯关于权力的合法化使用的定义。但韦伯更关注合法化在法律层面的有效性，而柯林斯则强调合法化背后是人们对国家行动之意愿性的遵从。因此，合法化是一种特殊情感，它是“个体与他人一起面对死亡威胁时所感受到的情感”[1]。合法化是主动的而非法律强制带来的，它可以通过对民族情感的培养等方式得到加强，但战争等外部因素会对它造成更强烈的影响。另外，柯林斯对地缘政治有特别的研究。他认为地理空间不仅仅是互动仪式发生的场所，也是人们争夺控制权的基本对象之一，因为地理轮廓的界定及其扩大对互动仪式的发生具有重要影响。此外，地缘政治还包含对财产的争夺，因为财产是产生互动仪式的基本背景，它维护了作为社会结构的宏观世界。

柯林斯的冲突理论集中表现在他早年撰写的《冲突社会学》中，而在1993年，柯林斯将其在1975年著作中的数百条理论缩减为“冲突理论的四个要点”[2]。这四个要点被认为是柯林斯对自己的冲突理论的更成熟表达。

柯林斯认为社会中每种资源的分配不均会造成资源占有者和非占有者之间产生潜在冲突。这里柯林斯借用了韦伯划分阶层的三个要素：作为第一个要素的**经济资源**可广义地理解为冲突中涉及的所有物质条件。柯林斯认为职业是决定一个人对经济资源占有的决定性因素，他将个人在职业环境的权力结构中所处的位置视为其阶级地位的主要表现。第二个要素是**权力资源**，它决定了人们在社会组织中所处的位置。最后是**地位或文化资源**，柯林斯认为这种资源能用来控制和影响产生社会团结和集体象征的仪式。

在冲突爆发的过程中，潜在冲突转化为实际冲突的可能性取决于对立群体的动员程度。而**成员受到动员的程度受两方面影响**：第一个方面是情感、道德等象征性的动员。这种动员主要会采取集体仪式的形式。这说明在冲突形成的过程中，情感和象征性财富至少和物质财富一样都是必需的条件。集体仪式能够帮助群体确立更清晰的边界，扩大成员之间共享的关注焦点和共同的情绪表达，进而成员会在更大程度上确

---

1 Randall Collins, *Weberian Sociological Theory*. New York: Cambridge University Press, 1986, p. 156.

2 Randall Collins, “What does Conflict Theory Predict about American’s Future? 1993 Presidential Address,” *Sociological Perspectives*, 1993, vol. 36, pp. 289–297.

立强烈的集体认同，并把自己对群体的信仰建立在其道德和价值观的正确性上。第二个方面影响来自物质资源，比如维系成员紧密程度的技术手段，冲突中能够使用的货币、武器和人。这一点在地缘政治的冲突尤为重要。上述两方面因素在动员过程中可以发挥相互替代和补充的作用。

冲突会引发一系列后续的冲突。柯林斯认为，高度动员起来的冲突往往会让卷入的各方发生“暴行的仪式性交换”。简单来说，就是由冲突引发一系列复仇行为。这是社会团结的一种负面表现。在上一点中，我们谈到激活冲突需要进行道德动员，那么当冲突的双方都具备某种从自己角度出发的道德正义感时，冲突往往成为陷入恶性循环。柯林斯不承认单独由经济动因引发冲突是可能的，因此实际上任何冲突都容易陷入这种暴行的仪式性交换。

随着动员资源的耗尽，冲突也会减少或减弱。柯林斯指出，对于激烈的冲突来说，情感动员在短期内很重要，但是长远来看，物质资源才是关键因素。这里又进一步分为两种情况：首先，较为温和的冲突相比激烈的冲突而言能够在时间上维持得更久，因为它在单位时间里消耗的资源较少，更容易得到资源的补充。其次，温和的冲突容易被官僚机构“收编”，即将冲突的一方纳入制度性的补偿机制。这两种情况会导致较为温和的冲突更容易在强度上被削弱。除此之外，焦点过多的冲突也容易因无法聚集起高水平的情感能量而陷入解体。这一点与科塞关于多元主义的社会更不容易聚集起激烈冲突的论点有相似之处。

综上所述，柯林斯的理论不仅局限于微观领域，他试图在从微观到宏观的各个层级上建构一套系统的冲突理论。柯林斯批评宏观领域的冲突理论犯了与结构功能主义类似的错误，他们大谈冲突，但是却在冲突中区分了正常的冲突与例外的冲突。后者发生在特定的文化背景和极端情境中，被定量社会学视为应当被排除的数据。在柯林斯晚年所著的《暴力：一种微观社会学理论》一书中，他再次重申了“没有暴力的个体，只有暴力的情境”[1]这个观点。他用另一种方式表达了对宏观冲突理论的质疑：没有例外的暴力，只有具体的暴力。最后，柯林斯的理论也存在一些难以回避的批评，例如他在对冲突的个案分析中如何解释这些个案的普适性，以及对具体情境中暴力的

1　柯林斯：《暴力：一种微观社会学理论》，刘冉译，北京：北京大学出版社，2016年，第2页。

分析如何避免过于偏重社会心理学等问题。总的来说，冲突理论在柯林斯这里得到了最为系统的表达。

第三节 评 析

在20世纪中叶，社会冲突理论的兴起在很大程度上激活并拓展了古典社会理论的资源和视角。对于马克思的理论，新兴的冲突理论补充了从经济视角理解冲突的单一面相。很多学者采用韦伯的阶层理论对马克思的阶级分析进行修正，并把经济不平等导致的冲突视为权力分配不平等的特例。正如达伦多夫指出的，19世纪资本家和工人之间的冲突及其广泛的社会影响已经受到重视，而资本主义国家针对性地采取福利制度、工会等方式来缓解劳资矛盾。与此同时，来自身份政治领域的诸多矛盾频发，例如女性主义、少数族裔和种族主义等等，这些冲突必须在特定的文化、历史和现实政治等背景下得到理解。此外，马克思对于冲突的理解基于一种理性的模型，即社会群体在利益受损时会倾向于通过巩固内部团结和推动政治革命来争取利益的重新分配。但新兴的冲突理论揭示了群体矛盾中非理性的层面，科塞对非现实性冲突的讨论和柯林斯对情绪能量的重视都表明，冲突模型中的理性人假设存在局限性。这一点反映了冲突理论对齐美尔思想的吸纳。齐美尔观察到了人类固有的敌对本能在更广泛的领域中引发了冲突，冲突不仅由主观情感驱动，而且冲突的过程本身也成为了主体释放紧张和敌对情绪的出口。这类“为斗争而斗争”的情况已经被新兴的冲突理论纳入考量。

对于韦伯传统而言，他对权力及其合法化应用的观点被新兴的冲突理论大量采纳，但韦伯本人并未讨论过从合法性失效到矛盾的爆发之间是否需要更多的条件。而科塞等学者对潜在矛盾过渡到现实矛盾的条件进行了丰富的分析，他们发现现实矛盾在一些情况下会导致社会结构转型，而在另一些情况下则陷入不断冲突的恶性循环。这一定程度上也补充了韦伯关于法理型和传统型统治的理论，即社会在哪些条件下容易转型成相对稳定的法理型统治，而在另一些条件下则是旧有统治类型的重演。此外，韦伯的社会分层理论被新兴的冲突理论学者运用到了更广阔的领域。例如柯林斯将分层模型运用到了性别研究中，他把两性在体力、对物质资源和符号资源的占有方面的差别视为分层的标准，由此确立两性的支配和从属地位的划分。他指出自然上的体力差异会被性别之外的其他力量所缓和。这样一来韦伯所提出的经济、地位和权力就被编织进了更复杂的网络中。

对涂尔干的传统而言，通常认为他为结构功能主义提供了重要的理论支撑，但是新兴的冲突理论也从涂尔干的理论中汲取了灵感。首先，涂尔干认为社会团结依赖集体信念的建立，共同的道德感和价值观能够帮助处于不同分工领域的人们建立相互之间的需要和信任。但科塞发现，过于团结的群体内部容易造成个性的压抑，在表面一致性的背后可能隐藏了不满和反抗情绪，而这种情绪会导致破坏社会结构的矛盾的集中爆发。因此，科塞补充了涂尔干关于社会团结的理论，认为多元价值观的表达更有助于从长远上维护集体的稳定。其次，涂尔干对仪式增进社会团结的论述，看重的是重复发生的程序性仪式。这些正式的仪式能够唤醒沉寂的集体良知，在宏观上重建现代个人主义影响下的社会关系。但柯林斯从韦伯对官僚组织的批评中发现，程序性的仪式往往是空洞而无内容的，重复的行为本身也很难激发个体的情感共鸣。因此，人们在日常生活的互动中的仪式性行为成为冲突理论的关注点，这些行为旨在塑造一种遵从规范的外在形式。柯林斯继承了涂尔干在仪式中对个体情绪的体察，但他在此基础上补充了不平等的情境中个体的顺从行为，以及这背后体现了个体对避免冲突的策略性选择。

在社会冲突领域中，除了上文提及的科塞、达伦多夫和柯林斯等学者以外，其他理论家的贡献亦不容忽视。例如，美国左翼社会学家米尔斯，他继承并发展了马克思的理论，对美国中产阶级和权力精英进行深刻的批判。法国社会学家雷蒙·阿隆则对马克思的阶级理论提出了批评，并呼吁对左右翼意识形态进行彻底的反思，以在20世纪社会冲突频发的背景下重新探索自由的可能性。不难看出，冲突理论是一个涵盖了多元旨趣和分析视角的理论体系。正如约阿斯指出的那样，冲突理论中不存在一个领导性的学者，也没有一本代表性著作或权威范式。[1]然而，冲突理论确实促进了人们对现实中不平等问题的关注，并成为分析城乡差距、代际矛盾、阶层固化等社会问题的重要理论工具。

1　约阿斯、克诺伯：《社会理论二十讲》，郑作彧译，上海：上海人民出版社，2021年，第171页。

思考题与推荐书目

思考题

1. 如何看待情感要素和物质条件在引发冲突的可能性和冲突爆发的激烈程度上的影响?
2. 请利用齐美尔和马克思的理论尝试性地分析“冲突是永远存在的”这个命题。
3. 如何看待达伦多夫对“特殊的冲突”和“一般性冲突”的区分?
4. 如何理解微观层面的冲突与宏观层面的冲突之间的差别? 二者是程度上连续的还是性质上完全不同的呢?

推荐书目

叶克林、蒋影明:《现代社会冲突论：从米尔斯到达伦多夫和科瑟尔》,《江苏社会科学》1998年第2期。

雷蒙·阿隆:《阶级斗争：工业社会新讲》，周以光译，上海：译林出版社，2003年。

查尔斯·蒂利:《政权与斗争剧目》，胡位钧译，上海：上海人民出版社，2012年。

詹姆斯·斯科特:《支配与抵抗艺术：潜隐剧本》，王佳鹏译，南京：南京大学出版社，2021年。

小约瑟夫·奈、戴维·韦尔奇:《理解全球冲突与合作》，张小明译，上海：上海人民出版社，2012年。

Jonathan H. Turner, “Marx and Simmel Revisited: Reassessing the Foundations of Conflict Theory,” *Social Forces*, vol. 53, no. 4, 1975, pp. 618−627.

第七章
法兰克福学派的社会批判理论

在20世纪欧洲思想传统中，马克思批判的社会理论传统与韦伯有关西方现代性及其现代资本主义合理化的解释的社会理论相遇。在这两种理论传统之上，催生出以法兰克福学派为代表的社会批判理论传统。社会批判理论反对实证主义的立场，主张跨学科研究，既包含对社会病理状态的敏锐批判，也将人类解放的规范性承诺赋予了社会理论。从以阿多诺、马尔库塞为代表的早期法兰克福学派成员，再到哈贝马斯及其后的新进理论进展，尽管方法论范式时常经受着自我反思，但是社会批判理论仍然在崭新的历史挑战中保持着鲜活的生命力。

第一节　理论传统及概况

自1923年法兰克福社会研究所初创，法兰克福学派的历史至今已逾百年。这股思潮深刻地影响着今日社会理论、政治理论、文学批评、精神分析等诸多领域。批判理论自其诞生伊始就注重打通理论与实践的关系，没有一种思想不扎根于独特的社会经验之中。但批判理论并非一个义理及立场全然连贯的传统，根据当代资本主义社会条件及其问题意识的新变化，以哈贝马斯为界，批判理论可划分出早期与当代发展两个阶段：

早期代表人物包括马克斯·霍克海默（Max Horkheimer，1895—1973）、西奥多·阿多诺（Theodor W. Adorno，1903—1969）、弗里德里希·波洛克（Friedrich Pollock，1894—1970）、赫伯特·马尔库塞（Herbert Marcuse，1898—1979）、艾瑞克·弗洛姆（Erich Fromm，1900—1980），而外围成员如瓦尔特·本雅明（Walter Benjamin，1892—1940）也在批判理论史中占据越来越重要的位置。他们直面的社会条件是法西斯主义的威胁和民主政治的倒退。早期法兰克福学派的绝大多数成员都带有犹太背景，他们拒斥肯定的乌托邦形象，并获得了一种强烈的历史意识。这种历史哲学框架意在捕捉人类的历史原型——怎样在对自然（外在自然和内在本能）的双重统治过程中，揭示主体的理性根基之被败坏以及文明倒退为野蛮的理路。

第二次世界大战结束后，批判理论家重返德国，在废墟之上重建社会研究所。尤尔根·哈贝马斯（Jürgen Habermas）便主张对批判理论进行重构。他弱化了自然在批判理论中的相关性，从社会行动理论内部来为规范性奠基，并深入到人类语言的“主体间性”基础，借助“交往行动”来解释现代化进程的弊病和解放潜能。

哈贝马斯丰富了批判理论的理论空间。即使许多学者不完全认同其方案，但“规范性”“政治伦理”“解放的潜能”“激进民主”等诸多议题已经内嵌于今日批判理论话语当中。哈贝马斯之后，批判理论呈多元发展，既有取法康德进一步为理性的内在原则辩护，也有取法尼采—福柯来形塑权力的谱系学。其中，以阿克塞尔·霍耐特（Axel Honneth）代表的黑格尔主义转向最为突出。他用黑格尔版本的“社会自由”概念挑战了哈贝马斯康德式的“理性奠基”工作。他意识到批判理论无法驻足于一派祥和的商谈过程，并重视那些受蔑视的否定性经验，关注这些差异性群体如何提出为“承认而斗争”的目标。

总体来说，批判理论如今已呈多元发展，但有四条主线特征贯穿始终：

（1）从方法上，批判理论区别于其他理论之处即**“内在批判”**（immanent critique）的立场。它不同于外部批判（批判的原则在给定社会之外，这常导向乌托邦主义）和内部批判（以既有的社会规范加以评判，这常导向建制主义或守成主义）。内在批判从批判者身处的社会条件出发，揭露出社会理想与现实之间的矛盾，进而推动转变的发生。

（2）宽泛意义上的**唯物主义**。此唯物主义意味着要打碎物化关系和意识形态的外壳，将真实发生的社会关系及相应的“斗争”维度呈现出来。

（3）**解放特征**。**每一种**批判理论，无论其规范性基础是否明晰，它都秉持着社会解放的宏大视野，试图把握社会的否定性根源，将人类从苦难和权力关系中解放出来。上述种种决定了批判理论是对马克思主义传统的实质推进，而今日理论之发展也不外乎是对这些问题的重新解答——对批判者而言如何理解“内在性”？哪些新的学科有助于诊断资本主义的转变？怎样在建制和反抗之间把握住斗争的锚点？解放的兴趣究竟来源于何处？

（4）**跨学科特征**。批判理论反对哲学纯粹性的迷梦，哲学分析必须与各种经验社会研究相通。批判理论从一开始就和精神分析、文化研究、国家学说、政治经济学乃至音乐社会学等保持同盟关系。

第二节 理论要义

一、批判理论与传统理论之别

1923年，当魏玛共和国内忧外患，工人运动严重受挫时，几位西方马克思主义者在图林根举行了“第一次马克思主义工作周”（Erste Marxistische Arbeitswoche）[1]。与会者包括卢卡奇、柯尔施还有法兰克福学派的早期塑造者波洛克。与会期间，众人讨论了柯尔施尚未出版的手稿《马克思主义与哲学》，一个重要议题便是如何突破教条主义的马克思主义解读，重解理论与实践的关系。同年，受到工作周的启发，商人弗利克斯·韦尔（Felix Weil）决心资助建立一座社会研究所，并挂靠在法兰克福大学之下——这即日后鼎鼎大名的法兰克福社会研究所。研究所建立之目的是促成独立的马克思主义研究，而工人运动史、反犹主义的起源等研究也是其最初的理论旨趣。1937年，早已接任社会研究所主任的霍克海默，在其创办的刊物《社会研究期刊》（*Zeitschrift für Sozialforschung*）上发表了经典的《传统理论和批判理论》一文。这篇文章率先确立了“批判理论”的名称，反映了20世纪30年代社会研究所对自身使命与发展的自我理解。

从思想理路上看，此文开启了法兰克福学派与实证主义之间漫长的斗争（乃至战后德国社会学界，阿多诺与波普尔之间的“实证主义论争”亦可看作此问题的延续）。传统理论的概念内涵很广，几乎指涉笛卡尔以降所有统一的、无矛盾的、为资产阶级意识形态辩护的科学。传统理论具备如下特点：

（1）如同笛卡尔试图将普遍的数学方法运用于所有领域，传统理论建构了一个内在融贯、无矛盾的封闭体系。由普遍概念和基本命题出发，体系的每一个环节都可以严格推演。理论不仅仅要先行于对象，而且只要知识材料能够被这套体系有效解释，就会被宣称为“事实”（Tatsachen）。

（2）传统理论内蕴了一种主体与客体、知识与行动、事实与价值的二元对立。科

1 2023年在社会研究所成立百年之际，法兰克福大学又举办了“第二次马克思主义工作周”。感兴趣的读者可以加以浏览、比较，以观乎马克思主义在不同时代中的意义。https://maw2023.ifs.uni-frankfurt.de/programm.html.

学家是对材料冷漠的旁观者，知识中立于社会进程，“事实”以其绝对的客观性拒绝被改变。于是，当我们宣称这套理论是实证主义时，也意味着它总是对社会秩序（及知识体系）的再生产持“肯定”（positive）态度。

（3）传统理论因此消极地接受了劳动分工所带来的专业壁垒，满足于各个孤立的范畴，从而无力在“总体”的高度看待整个社会发展进程。

霍克海默的这篇文章延续了马克思的许多洞见，他强调传统理论有其“起源”却不自知——“科学之真正的社会功能并未得以阐明；它不谈论理论在人类生活中意味着什么，而只谈论在由于历史的原因它在其中产生的孤立领域里意味着什么?”[1]事实上，传统理论源于**人类支配自然**而积累起来的知识形式。每一种特定的生产力和生产方式背后，必须有一套使其更加高效、有力的科学理论。资产阶级借助这种知识打破了封建统治，将外在自然置于人类掌控之下，同时也造就了社会生产诸环节的分化，如行政管理和劳动、脑力劳动和体力劳动等等。传统理论越是实证化，就越强调人类行动的稳定性和可预测性，从而为资本主义经济秩序提供理论支持。

但是，在归根结底的意义上，人类的知觉形式、外部自然和社会条件都是历史塑造的。这又决定了资本主义统治只是一种短暂、有限的历史结构，而非人性之“自然”的结果。“我们知觉到的周遭对象——城市、村庄、田野、森林——无不带有人工雕琢的痕迹。人不仅仅在衣着和外貌、外在形式和情感方式方面是历史的产物，甚至人的视听方式也是与经过上万年进化的社会生活过程分不开的。”[2]现代经济学将“理性的个人”作为理论的出发点，但批判理论会洞见到这些个体实则是特定实践活动构建的结果。如果不懂这背后复杂的历史性关系，就会像传统理论般“一叶障目”。

与传统理论不同，批判理论是“一种以**社会本身**为其对象的人类活动”（menschliches Verhalten, das die Gesellschaft selbst zu seinem Gegenstand hat）[3]。每个社会都有自己的功能结构，每个人都像“螺丝钉”一样镶嵌在里面，让系统得以运行。传统理论无非是把每个位置上的主体说成是“有用的”“有生产力的”“有价值的”（即融入

1 霍克海默:《传统理论和批判理论》,《霍克海默集》，上海：上海远东出版社，1997年，第174页。德文版见Max Horkheimer, Traditionelle und kritische Theorie, *Gesammelte Schriften* (Band 4), herausgegeben von Alfred Schmidt, Frankfurt am Main: Fischer Taschenbuch Verlag, 1988, pp. 163−216。

2 霍克海默:《传统理论和批判理论》,《霍克海默集》，上海：上海远东出版社，1997年，第177页。

3 霍克海默:《传统理论和批判理论》,《霍克海默集》，上海：上海远东出版社，1997年，第182页。

自己的"角色"），但批判理论看得更高更远，它对"社会总体"提出质疑——社会生活是否满足了关于自由和幸福的承诺？是否为个体提供了展开共同生活的条件？超越这些结构的可能性又在哪里？为了获得这种总体的视角，早期批判理论特别注重政治经济学、社会心理学和文化理论三个学科的交叉研究。在经济学的领域，霍克海默本人、波洛克、弗朗茨·诺依曼（Franz Neumann）、奥托·基希海默（Otto Kirchheimer）等人研究了从自由放任资本主义到垄断资本主义的结构转型；弗洛姆承担起了社会心理学的重任，他修正了弗洛伊德的力比多学说，从潜意识转向意识，从生物学转向文化决定，重在研究个体心理如何服从于社会的外部强制，进而不再能够树立独立的自我；文化领域则以阿多诺、列奥·洛文塔尔（Leo Löwenthal）为代表，他们从意识形态批判的角度考察了艺术作品的社会内涵，也探索了文化的抵抗性缘何丧失（诸如音乐的拜物教性格）。

批判理论与社会之间是一种高度紧张的关系。它并不是上层建筑领域内的纯理论，毋宁说，它是针对物质性的权力结构而生长出来的"反权力"（Gegenkraft）。这是西方马克思主义内部"理论与实践"问题的延续。在有组织的资本主义条件下，无产阶级并不总是反叛力量的代言人，他们可能会被错误的社会所"驯服"，整合进秩序的再生产。此时，霍克海默构想了一种批判理论家与受压迫阶级之间的团结。"如果人们认为理论家及其特殊对象与压迫阶级形成一种动态的统一，如果他对社会矛盾的表现不仅是具体历史状况的表现，而且是一种促进变革的力量，那么他的真正作用就会显现出来。"[1]批判理论需要唤起"社会斗争"，在实践领域推动社会变革。

由此看来，批判理论总是带有难以消解的悖论性。它希望看到社会的总体，但批判者又无往不在社会之中，连批判者的工具（他们的理论和文化传统）也时刻受到意识形态的侵蚀。因此，批判理论家不会宣称自己已经占据了全部的真理，主体必须持续地推动激进自我转变。这种主体向度让霍克海默和同在法兰克福生长起来的"知识社会学"传统（即曼海姆的《意识形态与乌托邦》）区分开来。尽管两方看上去都处理"观念"在历史中的形态演变，但批判理论家永远不可能"超然物外"或秉持中立的态度面对观念。他们力求打破主客体的分离：大胆建构理论，时刻追问自身知识的

1 霍克海默:《传统理论和批判理论》,《霍克海默集》，上海：上海远东出版社，1997年，第189页。

前提，在全新的历史语境下更新理论的形态。

在霍克海默的最初构想中，批判理论并非仅以“瓦解”为目标，它具备方向性及其规范性。只不过这种规范性并非空穴来风或理论的臆想，它已经世世代代积累在社会制度当中，扎根在否定性的源泉当中。这一维度并未在随后的批判理论重构中得到足够重视。纵使人们不知道什么是“善”或“道德”，但“社会的苦难必须被阻止”却已了然于胸。“批判思想所追求的目标即社会的理性状态，是由现实的苦难强加给它的。”[1]

二、主体性历史的诊断：启蒙辩证法

从霍克海默、阿多诺在20世纪30年代的工作中，人们已然洞见到一种宏大的历史视角。文明进程并不必然导向自由的实现，相反，矛盾、暴力和冲突也一并被培养了起来。如何理解这种启蒙的承诺和背叛，霍克海默和阿多诺自述需要一种“辩证人类学”（dialektische Anthropologie）[2]。在人类与自然交往的某些历史“原型”中寻找线索。而这一工作的系统展开，即两人合著的《启蒙辩证法》。

《启蒙辩证法》的核心任务是回应法西斯主义在资本主义社会内部的兴起。该著主要内容写作于霍克海默和阿多诺的北美流亡时期。1944年它先于批判理论圈子内部流通，并于1947年在阿姆斯特丹出版。据考证，序言及第二附录主要由霍克海默主笔；第一附录及“文化工业”（Kulturindustrie）章主要由阿多诺主笔。但这种分工丝毫不妨碍两人思想的紧密合作。断片式的写作，有助于规避一套无矛盾的哲学体系。尽管如此，《启蒙辩证法》仍然“形散而神不散”：作品第一章统摄全文，讲述启蒙为何会最终走向野蛮。第一附录立足启蒙的开端处，“神话已经是启蒙”，揭示奥德修斯为何能够成为资产阶级个体的原型。在其漫漫归家路上，他借助对自我本能的“阉割”来实现对他人和自然的双重控制。第二附录立足启蒙的完成处，“启蒙又倒退回了神话”，讲述了康德实践理性无法自我维系，最终只会走向抽象的、支配性的先验法则。正是这一点让康德与推崇暴力的法国色情小说家萨德相通。第二章和第三章接续了社会研

1 霍克海默：《传统理论和批判理论》，《霍克海默集》，上海：上海远东出版社，1997年，第190页。

2 Max Horkheimer, Theodor W. Adorno, *Dialektik der Aufklärung*. Amsterdam: Querido Verlag, 1947, p. 12.

究所的经验研究，分别讲述了极权主义要素在北美和欧洲的盛行。其中，第二章“文化工业”体现了批判理论家身处北美时的巨大失落感，文化被动地从属于物质生产进程，“好莱坞模式”和宣传机制创造了同质化的大众。第三章则从精神分析的角度论证了反犹主义绝非偶然的政治决策，而深深地扎根在现代文明当中。文明的压抑中偷偷渗入了一种怨恨与暴力的因素。文本最后以各类“札记”作结，广泛涉猎了时代思想中最核心的议题，诸如犯罪理论、动物问题、身体、世界历史等等。

（一）理性与权力的纠缠

霍克海默和阿多诺认为，启蒙的历史不是单向度的进步史，不如说，进步的同时也包含着倒退。正如培根所谓“知识即力量（权力）”（knowledge is power），启蒙表面上要求发扬理性，树立自主，但启蒙背后有一种“同一性”或等同的逻辑。主体试图将自身投射给外部自然，以获得“人类知性与自然事物之间的完美一致”[1]。这个过程往往高度暴力。“完美一致”要求对高度差异的对象进行简化，将其降归为可资交换、无质性之别的等价物。内涵丰富的启蒙理性（例如康德口中的实践理性）本应当能够处理高度复杂的社会生活——遵照法则知善行善、尊重他人、反思自己的行为等等——如今只能坍缩为“自我保存的理性”。这是某种简单到只是纯粹活着的生命，总是把他人视作威胁的竞争对手，把自然万物当作社会生产的“资源”。

（二）主体性的成就与代价

那么人类文明究竟在哪里走错了呢?《启蒙辩证法》将这种主体性的原初历史追溯到遥远的神话当中（神话代表着人类第一次从莽荒的自然力量中挣扎而出，理性力量开始觉醒）。神话已经是启蒙，它克服了万物有灵论，代之以等级严苛的奥林匹斯诸神秩序。“神话变成了启蒙，自然则变成了纯粹的客观性。人类通过与自己施加权力的对象相异化，来换取权力（Macht）的增长。”[2]阿多诺等人进一步巧妙化用了《荷马史诗》中奥德修斯的神话。这则故事浓缩了启蒙辩证法的要义。

奥德修斯为了存活下来，必须充分运用狡计，欺骗那些更古老的自然神灵。但自我保存的同时也伴随着自我伤害，成就一个主体往往需要遏制自身的本能和“自然性”。为了应对海妖塞壬的诱惑，奥德修斯让水手用蜡封上了自己的耳朵，并将自

---

1 Max Horkheimer, Theodor W. Adorno, *Dialektik der Aufklärung*. Amsterdam: Querido Verlag, 1947, p. 15.

2 Max Horkheimer, Theodor W. Adorno, *Dialektik der Aufklärung*. Amsterdam: Querido Verlag, 1947, p. 21.

己绑在船桅上，命令水手无论如何不许为自己解绑。我们看到自我保存理性帮助奥德修斯征服了可怖的自然，守护住主体性，但同时人对自然的支配关系也直接影响着人与人的关系。奥德修斯与水手之间既是脑力劳动与体力劳动的分工关系，也是主奴关系。水手就像是资本主义社会下的劳动者，他们根本不与对象发生任何有内容的关系，只是受制于奥德修斯的权力，推动着“社会”这艘大船盲目前进。受缚的奥德修斯尽管听到了歌声，却根本不与自然往来，因而奥德修斯奠定了现代资产阶级个人的原型，他是一个剔除了自然冲动的“先验或逻辑主体”。

有趣的是，塞壬的歌声——作为艺术的象征——在当今社会中也成为纯粹静观的对象，在博物馆、剧院和唱片之中供资产阶级闲暇时间欣赏之物。这种艺术无法透露任何超越既定社会的真理，也不再具有唤起革命行动的功能。

自我保存理性既无法指向自然的真理，也无法安置人和人的道德关系。它完全依照体系给予的形式逻辑运作，也正是因此这种理性可以成为任何利益、权力乃至极端暴力的工具。在犹太屠杀时，每一个小职员只是机械地遵守命令，科学家只是中立地进行着实验，但恰恰是这种理性为极权主义大开方便之门。

（三）拯救启蒙

纵使如此，批判理论的立场并非如许多浪漫主义者那样，倒退回诗意的、审美的自然之中。回归自然的口号，就和在面对海妖的诱惑无所作为一样，是对于人类理性能力的简单放弃。霍克海默和阿多诺要求将启蒙的真精神落到实处——这一点为哈贝马斯和霍耐特所承继。重要的是能够正确摆放“理性”与“自然”之间的关系，让理性回忆起那些“他者”性要素（自然、本能、冲动、情感）对成就自身而言必不可缺。阿多诺借用了一个黑格尔的术语，**“有规定的否定”**（bestimmte Negation），来暗示早期批判理论的出路：“有规定的否定并不像严格主义（Rigorismus）那样，通过举出它们无法满足的理念来拒绝绝对者或偶像的不完美表象。相反，辩证法将每一个图像（Bild）都揭示为经文（Schrift）。”[1]有规定的否定并不是先高举一套道德规范或幸福生活指南，来大肆批判当下社会中的不义，而是在对既定社会的“否定”和反思当中，已然孕育着“什么是好生活”的图景。批判理论家面对社会，就像犹太人面对自己的经

1 Max Horkheimer, Theodor W. Adorno, *Dialektik der Aufklärung*. Amsterdam: Querido Verlag, 1947, p. 39.

典一样，不是将经文看作永恒权威，而是不断地在历史境遇中重新阅读，揭露社会承诺与其现状之间的自我矛盾。

《启蒙辩证法》的“文化工业”章与第一部分理性的辩证法可谓遥相呼应，互为表里。理性之毁灭的命题在晚期资本主义社会淋漓尽现。“文化工业”是两位作者精心挑选的用语，须严谨地与“大众文化”区分开来。例如，本雅明在《机械复制时代的艺术作品》中便对电影在内的大众文化持积极态度。随着复制技术的发展，艺术的普及化和民主化，大众有可能获得一种美学化的政治参与形式。但阿多诺本人在和本雅明的几次争论中仍然坚定捍卫“自律艺术”的解放内涵。大众**不可能“自发地”形成抵抗性文化**，相反，艺术的商品化只会发展成一种欺骗性的意识形态。更危险的是，文化工业还带有欺骗性，它总是在最不自由的地方给予人们自由选择的幻觉。

从生产的角度看，文化工业背后是强大的技术理性。文化工业就像一个过滤器，依照自己的知性形式来支配消费者的体验。相信今天的读者会有更直接的体验，我们经验到的世界、品尝的食物、旅行的景点变得愈发趋同。原因在于，消费社会有一整套的“算法”来筛选、激励自己的目标群体。文化也有自己的流水线——好莱坞电影总是按照千篇一律的方式来拍摄，在家具商场中贩卖凡·高的复制品，而在许多肥皂剧中会设置“罐头笑声”来诱导观众发笑。此时，个体在预先设定好的程序面前，就只剩下消极的、如动物般的“刺激—反应”。这一点被阿多诺命名为“程序化的野蛮主义”（stilisierten Barbarei）。

从消费的角度看，消费实际上是生命生产及再生产最核心的环节。一个人选择何种方式来满足衣食住行，实则已经表现着这个人的生活样态。换言之，消费指向个体生命的最内在领域（写作于20世纪50年代的《最低限度的道德》便是从此出发），它创造着私己性和个体性。

文化工业的众多消费品中又以“娱乐”（Amusement）最为特殊。20世纪中叶，娱乐开始大张旗鼓地与文化领域融合。大众不再观看戏剧或聆听严肃音乐，转而消费快节奏的、轻松愉悦的影视作品（阿多诺同时也批评爵士乐）。娱乐构成了机械化劳作之后的自由时间，可它不关心所谓文化的“伟大意义”，只是追求欲望和需要的重复。就像特效电影和恐怖电影并不促成反思经验，仅仅是在一次次的“震惊”体验中满足短暂的快感。娱乐转移了全面管制社会中的压抑和不满，用制造欲望的方式来压抑大众的欲望。它于是成为了“劳动的延伸”，保障劳动者在闲暇、消费之后能够再次投入工作岗位：

> 文化工业的暴力在于**它与所产生的需要相统一**，而非简单地建立在对立基础上（纵使这种对立发生在强权与无权之间）。**晚期资本主义的娱乐是劳动的延伸**。人们追求它是为了从机械劳动过程中解脱出来，养精蓄锐以便再次投入劳动。然而，与此同时，机械化在人的休闲和幸福方面产生的作用如此巨大，以至于除了劳动过程本身的残影，人们不再经验到任何东西。[1]

文化工业本质上不是“匮乏社会”，而是欲望过剩的社会，或行将到来的“消费社会”（参见“消费社会理论”章）。尽管霍克海默和阿多诺是韦伯“合理化”理论的继承人，但文化工业实则走得更远——它推动了现代社会的“赋魅”，将启蒙所压抑的东西重新唤回，即“启蒙又成为了神话”。人类并未摆脱笼罩在神话之上的蒙昧。阿多诺直言，文化工业具备一种“自然的理想”。“技术越完善，结构与日常生活之间的紧张关系就越少，自然的理想（Ideal des Natürlichen）也就越强烈。”[2]

不难看出，自然问题始终是理解早期法兰克福学派思想的核心，阿多诺的学生阿尔弗雷德·施密特（Alfred Schmidt）便很好地继承了这种问题意识。阿多诺在此试图刻画一种“自然的复仇”。主体的野蛮成长把自然下降为可随意改造的材料，但人类的生命又始终要和自己的欲望、冲动、环境打交道。于是，文化工业为所有的群体提供了补偿性的满足：一种人造的“自然”。它既指毫无矫饰痕迹的“自然表达”，如一个爵士乐手会对音乐进行切分和改编，以达到“即兴”和随机效果，但这种即兴背后却是高度程式化的技巧操练。自然的偶然性、瞬时性都被收编在强大的技术理性之下；它亦指从奥德修斯起先行牺牲掉的外部与内部自然，在城市的中间，人们兴建起“公园”和绿地，仿如自然与社会和谐共存。而这个时代里人们对“身体的兴趣”也达到了顶点。健身、减肥、医美大肆创造着欲望和需要，它们无非在说“自然是可以被改造的”。但这些欲望永远不可能得到满足，始终受到新产品的诱惑和刺激，从而

---

1 Max Horkheimer, Theodor W. Adorno, *Dialektik der Aufklärung*. Amsterdam: Querido Verlag, 1947, p. 166.

2 Max Horkheimer, Theodor W. Adorno, *Dialektik der Aufklärung*. Amsterdam: Querido Verlag, 1947, p. 156.

让个体牢牢地绑定在市场当中。这种被压抑物的复归使得批判工作变得愈发困难，文化内部的抵抗性不见了。

不少学者批评《启蒙辩证法》陷入了悲观主义，仿佛整个文明的历史都伴随着灾难和统治。但这并不是霍克海默和阿多诺的问题意识，他们并不想写就一部编年史或科学的历史。他们化用某种尼采主义，意在呈现主体与权力之间的关系。他们反对一种放之四海而皆准的"元理性"，更加注重理性得以生长的社会语境。就理性与权力的构成性关系而言，读者将本章与福柯的理论（参见结构主义章节）相比较或许会有所收获。

三、审美现代性：马尔库塞与"感性的解放"

正如霍克海默对"批判理论"的原始构想，它首先须打通理论和实践。在法兰克福学派漫长的历史中，社会理论家们也必须时时刻刻面对风起云涌的政治行动（尽管在很多时候是被迫卷入其中）。基于《启蒙辩证法》对现代社会的基本诊断，全面管制的社会破坏了反思的基本可能性。因而许多表面上的反抗思想（如生命哲学、存在主义、"本真性的行话"）无非是为思想的匮乏提供了虚假的"补偿"，又一次落入了统治的窠臼。霍克海默和阿多诺遂对"行动主义"持基本的怀疑态度。但他们留在美国的同事——马尔库塞却饱含着革命精神，直接推动着20世纪60年代的"新左派"运动。他反对种族主义、越南战争，激发了早期的生态运动和女性主义。马尔库塞的哲学筹划可以概括为"感性的解放"（Emanzipation der Sinnlichkeit），树立起了社会批判理论的另一面旗帜。

纵观整个法兰克福圈子，马尔库塞接受过最完整、系统的现象学训练。他曾在弗莱堡担任马丁·海德格尔（Martin Heidegger）的助手。透过海德格尔的现象学，我们可以看到本真性的生存和"生活世界"概念在马尔库斯的思想发展中始终占据重要地位。但这却是一段富有张力的师生关系，特别是在海德格尔显露出与纳粹政权的亲和后，犹太家庭出身的马尔库塞愈发难以忍受海氏。1932年，随着纳粹势力愈发强大，马尔库塞的犹太身份已使得他不可能在弗莱堡通过教授资格答辩；同年，青年马克思撰写的《1844年经济学哲学手稿》首次出版，这部著作为彼时的欧洲知识分子带来了狂喜，马尔库塞便在希法亭编辑的《社会》杂志上发表《历史唯物主义基础的新来源》一文，他意识到恰恰是青年马克思的生存论，可以有效弥补海德格尔的盲区。1933年，海德格尔公开了他的纳粹信念，而马尔库塞则在洛文塔尔的举荐下加入了流亡瑞士的社会研究所。这一时期，马尔库塞正式与海德格尔决裂。

马尔库塞尤为珍重对青年马克思做“存在论”解读——人之本质乃一种历史性存在。这弥补了海德尔格现象学中缺失的“历史的具体根基”，亦即“此在”生存所必需的社会历史条件。所谓“具体”指向人类的感性。人不是寓居于自我意识当中，而是拥有一具身体，用这具能感受痛苦和欲望的身体将整个“对象世界”开创出来。这个过程也是对人类自身“需要”（自然性）历史化的过程。“现在我们可以懂得为什么马克思强调‘人的感觉、情欲等……是对本质（自然界）的真正本体论的肯定’……在这里痛苦和需要根本不是描述人的个体的行为方式，它们是人的整个**存在的特征**。它们是存在论范畴。”[1]感性不是单纯的被动性，而是在人类实践活动中塑形，并在实践活动中变化。马尔库塞获得了一种新哲学，将以恢廓的气势来扫除非人的资本主义生存样式。他要求通过总体的革命实践，使得人类能够再次与自己的“类本质”相合。“当实际情形已经发展到歪曲破坏人的本质时，根本抛弃这一现存状态就成了责无旁贷的任务。正是这种对人的本质的透彻洞察，成了发动彻底革命的不可抗拒的原动力。”[2]革命实践因此必然伴随着对新生活形态的“想象”和崭新的“感性”形式。

《1844年经济学哲学手稿》奠定了马尔库塞思想的底色，其中劳动异化及对经验的损毁又占据核心地位。在法西斯主义统治期间，他与社会研究所的其他成员一同流亡美国。20世纪50年代他出版了自己的“启蒙辩证法”——《爱欲与文明》。当霍克海默、阿多诺对积极的启蒙概念语焉不详时，马尔库塞则大胆提出了一种由“爱欲”所引导的、没有压抑的文明。但是，“二战”的结束显然没有终结人类的异化现状。相反，核战争阴云之后，人们仍须接受被抛入一个高度发达的技术社会的处境。为此，

1　马尔库塞:《历史唯物主义基础的新来源》,《西方学者论〈1844年经济学哲学手稿〉》，复旦大学哲学系现代西方哲学研究室编译，上海：复旦大学出版社，1983年，第113页。

2　马尔库塞:《历史唯物主义基础的新来源》,《西方学者论〈1844年经济学哲学手稿〉》，复旦大学哲学系现代西方哲学研究室编译，上海：复旦大学出版社，1983年，第122页。

马尔库塞的《单向度的人》(1964)[1] 实质性推进了阿多诺等人早年的“文化工业”分析，将科学技术和意识形态相关联。

(一)单向度社会

马尔库塞强调现实有两个维度，一个是被给予的、未经反思的经验维度，一个是不断朝向理性的潜能维度。这种张力界定了一切存在的基本特征。简单来说，“单向度”意味着潜能的丧失，一切事物还原到经验给定的形式(单一向度)。人们丧失了提出“替代性选择”(Alternativen)的能力。

单向度社会是一个扁平的、高度整合的社会。在资本主义早期社会中，私人领域和公共领域、个人需要和社会需要保持分立。“社会”最初作为国家的对立面出现，对政治行监督、反思之功能。家庭的港湾在一定程度上则可以守护“私人生命”的独立性。但发达工业社会取消了这些界限，经济、政治、文化三大领域融合为一个封闭、光滑的统治机器。生产机构决定着“社会需要的职业、技能和态度，而且还决定着个人的需要和愿望”[2](这无疑延续了《启蒙辩证法》“文化工业”章的讨论)。

在政治的领域，社会统治以民主的形式运行——它高度肯定每个个体的“自由”，但这种自由又以实质的不自由为代价。“这些自由是垄断价格中的自由竞争，审查制度下的自由出版，以及商标和圈套之间的自由选择。在抑制性总体的统治下，自由可以成为一个强有力的统治工具。”[3] 垄断性的大企业以“管理”取代了旧有的“统治”模式，鼓励工人自主参与、技术创新。在消费的领域中，阶级差别平等化，每个人都是富饶社会中的购买者。大众传媒深入到家庭内部，对舆论和个人需要实施操纵。

(二)科学技术的中立性幻觉

上述一切要成为可能，必须有强大的技术理性支撑。技术理性和政治理性相辅相成。马尔库塞认为科学技术的“中立性”实则是一种“欺骗”:(1)技术不是个体手中的工具，而是一种深刻影响着人类对待自然的态度的、组织和管理生产力的架构。换

---

1 这部著作1964年首先由英文写作，极大地影响了美国的社会运动。随后在1967年，法兰克福学派的第二代代表人物A.施密特将其译作德文，即Marcuse, *Der eindimensionale Mensch*, übersetzt von Alfred Schmidt, München: Luchterhand Literaturverlag GmbH, 1967, 1988。

2 马尔库塞:《单向度的人》，刘继译，上海：上海译文出版社，2016年，第6页。

3 马尔库塞:《单向度的人》，刘继译，上海：上海译文出版社，2016年，第8页。

言之，“它筹划出一种历史总体——一个‘世界’”[1]。世界在失去终极目的后，就下降为完全可由工具量化、掌控的数字。（2）科技的中立性反过来败坏了思想。科学为了“真理”之故而对美和善漠不关心（这种“道德冷漠”在当下的人工智能技术和大语言模型中表现得淋漓尽致，它首先要避免价值判断和社会问题），以致价值的领域就被驱逐到了主观感受的内心世界，绝无可能再作用到客观世界。更勿论，价值的规范性对技术实践的引导。（3）现代科技夷平了本质领域和现象领域之分，它不承认任何潜能，只能对经验给定事实进行确证。它本质上是通过自己的结构（解释自然、改造自然），来完成资本主义社会的再生产。谁掌握了科学话语权，谁就掌握了统治的真实权力，并利用这种权力抹除社会变革的声音。

（三）重新定义需要

在《单向度的人》最后一部分“替代性选择的机会”中，马尔库塞设想了超越既定社会的可能性。他要求系统性地转化人与自然的关系，打通科学与审美经验间的关系，形塑一种更尊重自然及其界限的互动模式。技术仍然能够满足人类需要，但将较少地具有破坏性，转变为一种肯定人类生命的“生活艺术”。

政治斗争的焦点在“需要”之上。马尔库塞提倡在“存在的平息”（Befriedung des Daseins）的标志下，“减少过度发展”，“从富裕社会中解放出来”，反对对“健康、强权和秩序的崇拜”。人类必须去辨识社会需要和真正属于自己的需要：“需要和满足愈是变成个人自己的需要和满足，对它们的压抑就愈显得是致命的剥夺。但正是借助这种致命的特点，它才能够为质变创造第一个主观前提，即重新定义需要（Neubestimmung der Bedürfnisse）。”[2]因而，自由的社会将建立在感性的全面解放之上。

（四）动员新政治主体

阿多诺对生命的直接性、具体的经验感到深深不安，因为它们往往只是为了缓解社会压抑而带来的本能补偿。唯有经历了真正的启蒙教化我们才获得主体性。马尔库塞与此不同，他解除了阿多诺等人强加在自身的对政治问题的沉默，试图在发达工业社会内部寻找政治主体。马尔库塞成为了20世纪60年代社会运动的旗手，革命的力量被定位于体制边缘：

1　马尔库塞：《单向度的人》，刘继译，上海：上海译文出版社，2016年，第133页。

2　马尔库塞：《单向度的人》，刘继译，上海：上海译文出版社，2016年，第208页。译文有改动。

> 在保守的公众基础下面是生活在底层的流浪汉和局外人，不同种族、不同肤色的被剥削者和被迫害者，失业者和不能就业者。他们存在于民主进程之外，其生活就是对结束无法容忍的生活条件和体制的最直接、最现实的要求。[1]

可以说，与阿多诺坚定的否定主义不同，马尔库塞对“新感性”的吁求开启了批判理论的另一条道路，即通过美学化的生存来反抗资产阶级的现代性。这种审美现代性具有鲜明的政治动员功能，它直接启迪着随后发生的反殖民主义、女性主义、身份政治、生态运动等形形色色的左翼思想。或许也正是因为他大胆的行动主义、对革命主体的直接指认、对生命和自然的赞扬，使其与以阿多诺为首的社会研究所渐行渐远。

四、批判理论的“主体间性”转向

“二战”后，德国大学开始对法西斯主义系统性清算。20世纪60年代，法兰克福社会研究所在废墟之上重新建立。崭新的社会问题也在德国社会浮现，例如，战争之后如何重新言说“民主政治”？背负着“战争罪责”的德国人究竟是该放下历史包袱重塑民族认同，还是继续对罪责进行反省？福利国家能否回应政治的合法性和分裂的问题？在时代的变迁中，第一代法兰克福学派的筹划也受到许多挑战，其中又以“文化工业”所受争论最多：

（1）文化工业研究直接由“理性的辩证法”推导而出，缺少一种具体的社会学及观念史的研究。在一定程度上，这并没有达到霍克海默在《批判理论》一文中设定的目标。

（2）霍克海默和阿多诺过分强调了大众的被动性，进而几乎没有社会行动者来联结理论与实践，解放潜能究竟寓居于社会何处也变得模糊不清了。

（3）文化工业理论预设了一种整体的“文化”概念，缺少对亚文化及草根组织的

1　马尔库塞：《单向度的人》，刘继译，上海：上海译文出版社，2016年，第217页。

足够重视（这正是随后伯明翰学派介入之处）。如果没有一个复杂分层的文化概念，那么就看不到社会空间中丰富的抵抗形式。

战争结束迎来的是一个重建的年代，而非断然宣称理性毁灭的年代。经历了“实证主义论争”和学生运动，一位年轻的批判理论家开始崭露头角，深受阿多诺赏识并推动了批判理论的整体转向——他就是尤尔根·哈贝马斯。

出版于1962年的《公共领域的结构转型》是哈贝马斯的成名作，同时在90年代英语学界得到广泛讨论。这部作品最初是哈贝马斯提交给马堡大学的“教授资格论文”（Habilitationschrift）[1]，它可视作对早期法兰克福学派文化批评的回应——我们可以看到意识形态框架下的文化概念转变为一套细致的历史社会学研究。哈贝马斯不再讲述一个空洞的理性概念（它仿佛注定倒退回野蛮主义），而是具体探究了理性如何融汇在社会机制（Institution）当中，这种解放潜能有可能对权力进行反向限定。

通过对资产阶级公共领域兴衰的阐发，哈贝马斯提供了一种内在批判的方式，帮助人们识别为何**“理性–批判”话语**具有拯救启蒙的力量。这套理性话语支撑起了“公共性”的原则，它发生于多个说话者之间，对更好论证的需求远比说话者的群体认同更为重要。

现代“公共性”范畴发端于资产阶级“市民社会”（bürgerliche Gesellschaft），且与古代模式迥异。17至18世纪，无论在机制上或在法律上，国家与市民社会开始鲜明地区分开来。市民社会，既包含商品生产与交换的场所，也包含私人性的家庭领域。在政治权威和市民社会的交界地带，诞生了早期的资产阶级公共领域。它取代了由贵族和国王所代表的旧公共领域（这也被称作“代表型公共领域”，其首要任务不是为了代表人民，而是为了彰显封建君主之特权及其对土地的所有权），敞开了一个人民大众为了共同利益进行辩论、协商的空间（甚至有可能批评政治权威）。

早期英国商人聚集在咖啡屋内进行商业磋商，同时也把各类“消息”互通有无。18世纪早期，伦敦就有了超过3000家咖啡屋。在此，理性不仅仅是现实的，它有报纸、

---

1 《公共领域的结构转型》原本打算提交给霍克海默和阿多诺，但霍克海默认为这部作品对“民主政治”这一启蒙概念批评不足，同时又因为在风起云涌的学生运动中，呼吁超越自由主义宪政保护而被认为“过于激进”。因而，哈贝马斯只能将其提交给马堡大学专治工人德国运动史的沃尔夫冈·阿本德罗特（Wolfgang Abendroth）。

杂志作为信息传播的媒介，也有俱乐部、咖啡馆、剧院、社团等制度安排；理性也是有力的，它蕴含着批判统治的力量，借助不断提出“更好的论证”的要求，来反对社会与国家的权力任性。

但是，资产阶级公共领域的悲剧在于它走向自我瓦解。随着19世纪末垄断资本主义时代的到来，公共领域开始进入到一种“再封建化的过程”。再封建化，意味着原先已经分化出来的社会各领域又重新相互渗透，特别是国家与市民社会之间相互嵌套。当私有财产不断集中，那些强有力的大企业将同时操纵媒体与国家。公共舆论掌控在政治、经济和传媒精英手中，服务于社会管制和意识形态再生产。国家则消融了和市民社会之间的界限，入侵到私人领域和日常生活当中。这标志着福利国家的开端，市民社会中的利益集团借公共领域来提出“社会权利”。而那些曾经聚集在一起谋公共利益的公民转变为被动的消费者，家庭也不再被视作促成内在反思力量形成的港湾。它的核心功能是为这个社会培养工薪阶层，个体的内心领域如今被大众传媒的消费文化所占据（后者可谓建构了一个次亲密领域[1]）。此时，整个社会失去了它的共同性之根，公共领域就此衰落。

但哈贝马斯的研究还是展现了语言的神奇魅力，人们可以通过言说、论据交流达成某种理想性的生活形式。同时，借由理性协商敞开的空间，他大大扩展了批判理论的既有论域，民主政治问题再次在批判理论中变成了可以言说的东西。人们不需要在“启蒙辩证法”的阴影下重复着极权主义批判，而是能够大胆地设想“激进民主”（radical democracy）的不同形式。

哈贝马斯日后的工作包含了两个部分：一方面是更加彻底地反思早期法兰克福学派。他认为阿多诺等人仍囿于意识哲学的窠臼，哲学根基仍然处理的是意识主体“我”与外部对象（自然）之间的关系（这种关系常以劳动为中介），遂看不到人类理性内蕴的道德反思维度。另一方面，与康德类似，他试图在理性/语言形式当中探寻规范性源泉。此时，公共领域问题开始明确转向自我与他人同时共在的“主体间性”

1 哈贝马斯:《公共领域的结构转型》，王晓珏等译，上海：学林出版社，1999年，第178页。在《公共领域的结构转型》出版60年后，93岁高龄的哈贝马斯又出版了《公共领域及商谈民主的新转型》一书，在本书中哈贝马斯直面了网络社会的问题。参见Jürgen Habermas, *Ein neuer Strukturwandel der Öffentlichkeit und die deliberative Politik*. Frankfurt am Main: Suhrkamp, 2022。

（intersubjectivity）维度。主体间性由许多语言使用者为了促成相互理解，开诚布公地进行辩论来实现。这个过程中除了主体间相互协商外，没有任何事先给定的目标或规范。可以说，整个人类社会的进步都扎根于这种“交往理性”的发展（而非生产力进步），这个更健全的理性概念有能力对现代文明展开反思与批判。这一工作系统性地体现在20世纪80年代的《交往行动理论》当中。

《交往行动理论》两卷本洋洋大观，德文版1100余页。在本书中哈贝马斯野心勃勃地糅合了马克思主义、行动理论、象征互动论和系统论等不同的社会理论传统。哈贝马斯区分了四种社会行动，即带有工具色彩、面向自然对象和他人的“目的行动”，遵循社会规范、扮演社会角色的“规范调节行动”，表达自我、传达美感和意义的“戏剧行动”，最后则是寓居于上述三者之中，提供了规范性之源的“交往行动”。交往行动不是想着把他人当作“手段”，或者要求对方生硬地服从某条道德律令，或者只是想把自己的生活美学化。它只能发生在诸多主体之间，彼此通过语言相互协商，谋求共识。

哈贝马斯借助交往行动超越了他的老师们，能够明确地告诉读者启蒙的真精神何在。他阐发交往行动的核心理路是回到我们的日常语言当中，这样就不需要求助于旧形而上学的框架。理性的全部力量就在说话当中。但凡我们说话，都会内在地牵连着某种“有效性宣称”。或者说，有效性宣称是一种原初性的、三面的世界关系——某人就**世界中的某物**，达成与**自身**、**他人**的理解。遂有三种有效性宣称，且在形式上与前三种社会行动一一对应：

（1）**事实真理的有效性宣称**：这种有效性宣称适用于客观世界。它关涉我们宣称世界“是”或“不是”某种样子，在理性或科学辩论中最为常见。经验世界中的“真理”往往需要由科学家共同体反复辩论、证伪、达成共识（例如“光的本质究竟是波还是粒子”之争持续了数个世纪）。哪怕是工具性行动，也依赖于多个主体对客观事态达成一致性理解。其中最重要的是，关于真理的结论允许被反复讨论和修正。

（2）**规范正确的有效性宣称**：这种有效性宣称适用于社会世界。说话者必须根据规范来调节人际关系，而且我们可以就“某种行为是否正当”反复地提出辩论。这一有效性宣称实则将个体与道德习俗带入到张力状态——人类生活方式是可以变迁的。

（3）**表达真诚性的有效性宣称**：这种有效性宣称适用于主观世界，并且在“戏剧行动”上最为集中。它关涉自我表达和艺术的诞生——我们是否说真话？是否矫揉造作？是否能够诚恳地与他人交流？文学鉴赏和艺术批评实则也要求这种真诚性，将各自丰富的内心世界和主观感受向他人传递。我们可以设想，如果人们在说话时遵循了这三条标准，是不是就进入了一种理想的语言情景呢？

无论是工具行动、规范调节行动和戏剧行动都只是单一地与世界相关联。但是在有效性宣称背后有一种共同的目标：**促成相互理解**。有效性宣称将诸多说话者固定在一个由批判和辩护组成的程序当中。而让三个有效性宣称不断实现，彼此相互融合，调用其全部能量，反思怎样谋求共识，正是寓居于生活世界之中的（4）“**交往行动**”的工作：“交往行动概念预设了，语言乃一种理解过程的媒介。参与者通过与世界发生关联，彼此提出有效性要求。这些要求可能被接受，也可能被争辩。这种行动模式中，互动参与者为了共同追求理解的目标，而调动蕴含在三种世界关系中的理性潜能。”[1]

这里“生活世界”（Lebenswelt）化用了现象学的术语，它指涉一种前反思的、共同的文化背景，其间汇聚了人们共享的价值、规范、情感等等。有了这个视域，行动者双方既获得了可以理解的共同语境，也拥有了解决问题的源泉，从而相互沟通成为可能（行动理论框架可概述为下图）。

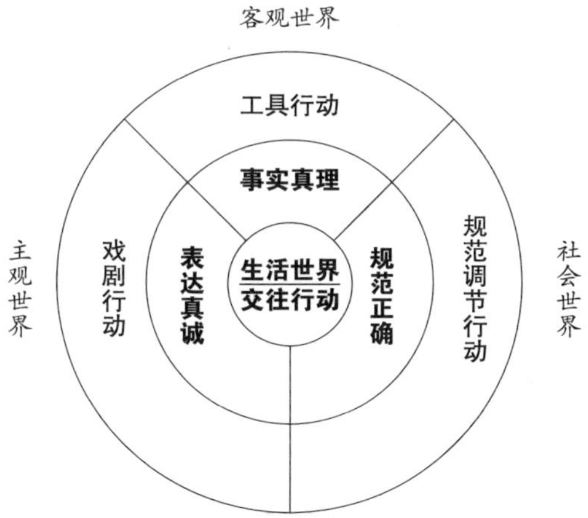

1 Jürgen Habermas, *Theorie des kommunikativen Handeln* (Band 1). Frankfurt am Main: Suhrkamp, 1988, pp. 148－149.

借由引入生活世界概念，哈贝马斯一扫早期法兰克福学派的阴郁色彩，开始大胆谈论“社会进步”的问题，这也算是留给今日批判理论的重要遗产。合理化过程不只是笼罩整个社会的“铁笼”，它也包含着人们对于有效性宣称的正确理解。我们作为现代人其实不难理解现代的积极成就——科学世界观靠着“事实/价值”之分取代了巫术世界观，法律和道德两个领域区分开来，每个人都应该被尊重为享有平等权利的“人格”，等等。[1]与此同时，生活世界的另一面——“系统”（System）——也变得越来越复杂。这里扎下了社会病理现象的根源。

生活世界和系统的关系仍然是今日研究中的一个难题。如果说，生活世界的展开是基于第一人称的参与者视角，那么与之对应还有一个第三人称的科学观察者视角，即系统。系统由大量（不完全由行动者意向支配的）行动的结果构成，因而只能通过功能分析来把握。科学观察者采取知性化的态度面对这个世界。有心的读者会发现，这里表面上是某种二元论，实际上两者关系紧密。一方面，系统须立足于生活世界，以机制的形式将生活世界表达出来（诸如通过角色、社会地位、等级等等）；另一方面，生活世界的分化创造出了系统，这是遵循着交往理性的内在逻辑。但系统一旦被建立，它就仿佛拥有了自己独立的生命，不再与规范性根基相关联，只能被第三人称视角加以研究，成为一种“第二自然”。

“生活世界的合理化使系统复杂性的提高成为可能。这种复杂性变得如此过度增长，以至于它释放出的系统律令，打破了它们所工具化的生活世界自身的能力。”[2]特别是在晚期资本主义社会中，市场（经济系统）和国家（行政系统）两大系统开始独立于生活世界，以其强大的功能性律令对交往理性进行压制。此即著名的“**生活世界的殖民化**”。为了力挽狂澜，哈贝马斯提出必须通过宪法来重新规定国家和市场的边界，而这又进一步需要构建一个鲜活的公共领域，来释放交往理性的全部潜能。

不难看出，哈贝马斯借助“交往行动”概念同时完成了批判理论的规范性奠基和社会病理学诊断。时至今日，理性辩护仍然是批判理论中一条生机勃勃的路径（如莱纳·弗斯特［Rainer Forst］）。但是，交往行动理论绝非毫无缺陷。一方面，哈贝马斯

1 Jürgen Habermas, *Theorie des kommunikativen Handeln* (Band 2). Frankfurt am Main: Suhrkamp, 1988, p. 209.

2 Jürgen Habermas, *Theorie des kommunikativen Handeln* (Band 2). Frankfurt am Main: Suhrkamp, 1988, p. 232.

旗帜鲜明地阻断了在阿多诺处人类与自然对话的可能。这就使得人类的身体维度在社会交往中的意义被大大低估了。另一方面，哈贝马斯对语言的偏爱似乎也限定了他对社会演化的理解。社会结构的转变可不只是“文明的”商谈过程，有时离不开赤裸裸的暴力和社会冲突（并不总是谋求共识，也可能是在火与血中消灭另一方）。对于怎样将身体经验和否定性斗争重新带回批判理论，阿克塞尔·霍耐特做出了卓越的贡献。

霍耐特于2001年接管了法兰克福社会研究所，并于2018年退休。对霍耐特来说，他高度认可批判理论的“主体间性”转向，但同时交往行动理论可能“规范性”太强了。它把规范性追溯到某种准先验的语言形式当中，从而和浸透了权力关系的现行社会割裂开来。毕竟，说话者不能等同于整全意义上的人。从生活世界和系统的关系出发也许能思考普遍的人类解放，但怎样才能思考具体的社会群体对另一些社会群体的抵抗呢（假如大家都具有同等的理性潜能）？这就需要将**康德式的“理性奠基”**（Grundlegung）工作转变为一种**黑格尔式的“社会自由”**工作。行动者不再是“纯粹的”交往行动者，而是遭受了不公正经验而谋求承认的人。

承认（Anerkennung）之要义就是人能视彼此为平等的、值得尊重的“人格”，霍耐特进而将其归结为三个命题：

（1）在人类学的意义上，实践自我的形成靠的是主体间相互承认。青年黑格尔和社会学家米德都看到了与他者的互动、社会规范的期待总是优先于个体自我意识的形成。

（2）霍耐特讲述了承认关系在不同社会机制中的形成。这特别包括家庭之爱（亦拓展至友谊）、市民社会之法权和国家（伦理生活）中的团结关系。这三个领域将分别带来个体的自信、自尊和自豪——在这种社会结构中人格的完整性得以塑造。

（3）最后，承认理论同时具备社会动力学的视角。它取代了近代哲学以自我保存和经济生产作为历史动力，而以道德发展为中轴。

遂有三种蔑视形式与承认对应，即身体虐待、法权剥夺和诽谤。这些受蔑视的经验提供了社会斗争的道德动机，推动着新规范的形成。因而可以说，承认本质上是一种自由的经验。这种承认关系的结构可概述为下表[1]：

1 霍耐特：《为承认而斗争》，胡继华译，上海：上海人民出版社，2005年，第135页。

承认方式	情感上支持	认识上尊重	社会交往中重视
人格向度	需要与情感	道德义务	特性与能力
承认形式	源初关系（爱与友谊）	法律关系（权利）	价值共同体（团结）
发展潜能		普遍化、实质化	个人化、平等化
实践的自我关系	自信	自尊	自豪
蔑视形式	虐待、强暴	剥夺权利、排斥	诽谤、侮辱

霍耐特在完成对“承认”的人类学、社会哲学建构之后，亟待解决的问题是提供一套衡量社会良善与否的“正义论”，从蔑视的经验中唤起对“自由”理念的向往。因而，他继续化用黑格尔开始讲述“社会自由”的问题。就像哈贝马斯用“生活世界的合理化”来重解社会进步，霍耐特认为“自由”或个体自律正是整个现代性创立的核心价值，已经世世代代积累在人类机制之中。只不过，批判理论的工作不是确证现存机制，而是将扭曲的价值规范进行“重构”，以释放其理性内涵。

有两类惯常的自由理解。第一种“消极自由”盛行于自由主义者中，将自由理解为不受侵犯的权利；另一种“反思自由”则由卢梭、康德所代表，自由被追溯到行动者反思性的自我决定上，亦即能够遵从理性的裁决，确立道德的内在原则。假若某些群体偏执地依据某些道德原则行动，甚至可能导向“道德恐怖主义”。上述两种自由要成为现实，皆必须有其社会条件和机制安排。理解自由的内涵，没有办法从个体的角色与社会义务中抽身而出——此即社会自由。“归根结底，只有当主体在机制性实践的框架内，遇到一个与之有相互承认关系的对立面时，它才是‘自由’的，因为它能从后者的目标中看到实现自身目标的条件。”[1]就像在最初的女性解放运动中，自由的获得无法仅靠不受侵害或个体的反思，它必然关涉着性别角色、教育机会、劳动力市场等大量的机制性转变。社会自由可不是让个体消极地顺从于社会的洪流——它要求参与者在共同感的引导下，有意识地促进承认关系。霍耐特借此将黑格尔法哲学的基本结构与当代社会经验研究相结合，细致分析了社会自由如何现实地融入私人亲密关系、经济市场以及政治公共空间等制度。同时，社会自由又是如何“内在地”将变革的要求施加在病理现象上。

时至今日，康德版本和黑格尔版本的“规范性重构”似成分庭抗礼之势，但无

---

1 Axel Honneth, *Das Recht der Freiheit: Grundriß einer demokratischen Sittlichkeit*. Frankfurt am Main: Suhrkamp, 2011, p. 87.

论哪种重构总是理论创新与困境并存。霍耐特是否太过美化现存的制度了？在现实的社会问题面前，由规范性驱动的社会斗争究竟该如何辨识？就像他本人在评价现行劳资关系和大众传媒的错误发展（Fehlentwicklung）时感到了犹豫，民主的伦理生活（demokratische Sittlichkeit）仍然缺乏最核心的要素："这些错误发展为规范性重构施加了一个难题。我们正面临着某种困境，无法依赖于规范性的反向运动。"[1]或许，这种苦恼意识将持久地存在于一切批判思想中，为他们提供着尝试把握现实的动力。

第三节 评 析

从整个社会理论史的角度看，以法兰克福学派为代表的批判理论，以兼容并包的气魄充分融汇了古典社会理论资源。这里既有马克思的权力批判，也有韦伯的合理化理论，还贯穿着涂尔干对"社会病理学"和社会团结的探究。批判理论不仅仅能够和福柯的谱系学对话，而且它极大滋养了今日的文化理论、媒介研究、女性主义、政治公共领域研究乃至生态思想。

我们可以划分一条过分简化的线索。沿袭韦伯对西方文明合理化进程的分析，早期法兰克福学派着重论述了"理性的毁灭"，哈贝马斯之后的批判理论家则力图重讲文明进程中内蕴的"规范性"之维。但两种方案实则相互融会，否定性与肯定性须被置于辩证运动之中。

但是，今日的社会批判理论发展也面临着很大的挑战。在现实维度上，霍耐特退休之后，作为拥有统一纲领的"法兰克福学派"似乎已经不复存在了。它分裂为复数性的批判理论（Kritische Theorien），方法愈发多元化：法兰克福的遗产一分为二，社会研究所（IfS）目前由社会学家斯特凡·莱森尼希（Stefan Lessenich）执掌，他尝试以政治性的"参与的社会学"取代霍耐特针对规范性悖论的哲学批判；弗斯特则依托"规范性秩序卓越集群"和新成立的"冲突中的信任"（Contrust）项目推动着批判理论对政治伦理问题的追问。与此同时，柏林方面冉冉兴起，以拉埃尔·耶吉（Rahel

1 Axel Honneth, *Das Recht der Freiheit: Grundriß einer demokratischen Sittlichkeit*. Frankfurt am Main: Suhrkamp, 2011, p. 469.

Jaeggi）和罗宾·策立卡特斯（Robin Celikates）为首，以“生活形式批判”为肯綮打造了一个新的批判理论平台。批判理论至此已非独属于德国，美国的马丁·杰伊（Martin Jay）、南希·弗雷泽（Nancy Fraser）、朱迪斯·巴特勒（Judith Butler）（这种繁荣也源于社会研究所成员流亡美国的历史，特别聚焦于哥伦比亚大学、纽约社会研究新学院和伯克利大学），英国的雷蒙德·盖伊斯（Raymond Geuss），法国的埃马纽埃尔·雷诺（Emmanuel Renault）等都广泛地参与进国际讨论当中。

更深的问题可能发生在理论层面。批判理论在其发展过程中错失了马克思历史唯物主义所留下的某些宝贵遗产。对规范性维度的重构——无论是在语言还是社会制度中去寻找——都似乎低估了“生产力与生产关系”的制约作用。换言之，哈贝马斯和霍耐特所秉承的某种元理性的立场，有没有可能同时也是社会权力建构的结果呢？这或许也解释了数字公共领域不断繁荣、民粹主义却大加肆虐的当下，在全球语境内民族国家相互竞争加剧的情势下，哈贝马斯所期盼的“交往理性”迟迟没有展现出匡正历史趋势的力量。相反，人们开始质疑批判理论带有欧洲中心主义的色彩……无论如何，要想理解资本主义社会的崭新规定性，就需要深入理解其权力运行的机制。

与此同时，“主体间性”转向或许片面放大了“交往”的维度，而有意缩小了涉及人与自然关系的“生产”维度——这导致物、自然、技术客体的消隐了。德国当代社会学家安德烈亚斯·雷克维茨（Andreas Reckwitz）尝试将情感和空间维度带回到社会理论中时，便有意批判了“主体间性”理论总是已经预设了一个“社会人”（homo sociologicus）的形象：“为了避免将社会性还原为‘主体间性’，这项框架并不只是解释人类实践中的参与，而是强调人造物（artefacts）的中心性。这些要素以其特定的方式对于实践的产生不可或缺，例如工具之于烹饪，键盘之于现代交往，文件及办公室之于有组织的工作。”[1]人类在面对物质客体时所采用的游戏态度、艺术实践，都包含着丰富的创造性和社会性（例如哈贝马斯的行动类型学便拒绝承认，人在面对自然时除了工具理性的态度还有别的选择）。社会实践是一个复杂的总体，离不开语言的沟通、身体对于人造物的使用、背景性知识、情感状态等。

纵使如此，批判理论恐怕将始终是社会理论的重要一环。它将“解放的旨趣”和

1 参见Andreas Reckwitz, “Affective Spaces: A Praxeological Outlook,” *Rethinking History*, 2012, vol. 16, no. 2, pp. 241–258。

对人类命运的关切赋予了社会理论，并将自身与实证主义区别开来。批判理论独到地将自身理解为一种“实践”活动，它必须时刻反思其“起源”和运用的语境。批判理论在社会层面上挑战着那些霸权符码，提出重新解释的要求。如霍耐特在2017年马克·萨克斯讲座（Marc Sarcks Lecture）中所言：

> 批判理论无非是一种可掌控的科学方法论的延续。它是一种受压迫群体在日常斗争中付出的**认知性劳动**。他们致力于对霸权性解释模式去自然化，并揭露驱动它们的兴趣。由此生发出来的洞见，**无须参照任何已有的科学研究的标准**。批判理论应当在既定科学领域之内，孕育出这种不受规训的种子。[1]

如果我们严肃对待批判理论关于“跨学科”的承诺，就会理解批判理论绝非一成不变。它需要开放性地接纳新的经验研究、社会转型和时代议题。今日许多新的视角已经涌现出来，例如精神分析、情感社会学、女性主义、后殖民主义、新生机论等等。或许就像哈贝马斯视现代性为一项“未完成的计划”，批判理论作为现代性内部的反抗之力，也将伴随着现代社会的发展不断被挑战、不断创造新的理论形态。

思考题与推荐书目

思考题

1. 法兰克福学派的几代发展之间的承继关系是怎样的？每一种理论变迁又试图解决哪些具体问题？
2. 怎么理解“内在批判”的方法？这一方法在阿多诺、哈贝马斯和霍耐特的理论中又是如何展现的？
3. 怎样理解哈贝马斯笔下“生活世界”与“系统”之间的关系？
4. 从批判理论的发展历史，结合本书其他章节的理论知识，批判理论可能进行哪些改造？

---

1 Axel Honneth, “Is There an Emancipatory Interest? An Attempt to Answer Critical Theory’s Most Fundamental Question,” *European Journal of Philosophy*, 2017, vol. 25, no. 4, p. 919.

推荐书目

马丁·杰伊:《辩证的想象：法兰克福学派与社会研究所的历史1923—1950》，孙一洲译，上海：上海文艺出版社，2025年。

罗尔夫·魏格豪斯:《法兰克福学派：历史、理论及政治影响》，孟登迎等译，上海：上海人民出版社，2010年。

斯蒂芬·穆勒-多姆:《于尔根·哈贝马斯：知识分子与公共生活》，刘风译，北京：社会科学文献出版社，2019年。

拉埃尔·耶吉:《什么是批判》，孙铁根等译，北京：北京师范大学出版社，2023年。

张双利:《理性何以沦为权力的纯粹工具？——论〈启蒙辩证法〉对自我保存理性的批判》,《学术月刊》2014年第3期。

王凤才、周爱民等:《如何阅读〈为承认而斗争〉》，上海：上海人民出版社，2023年。

汪行福:《走出时代的困境：哈贝马斯对现代性的反思》，上海：上海社会科学院出版社，2000年。

Peter Gordon, Espen Hammer and Axel Honneth eds. *The Routledge Companion to the Frankfurt School*. New York: Routledge, 2018.

法兰克福社会研究所的官方网址https://www.ifs.uni-frankfurt.de/start. html，可追踪最新研究动态。

第八章 社会交换理论

社会交换理论诞生于20世纪中叶的美国。"二战"后，结构功能主义一度是美国最主流的社会理论思潮，但随着战后社会矛盾的激化，美国社会理论家试图寻找结构功能主义以外的解释框架。在此背景下，美国社会学家乔治·霍曼斯于1958年发表论文《作为交换的社会行为》。在文中霍曼斯提出了一种建立在基础经济理论与行为主义之上的社会理解框架。1961年，他出版了《社会行为的基本形式》，奠定了社会交往理论的学术框架。此后不少社会学家扩展了霍曼斯的基本概念与理论模型：彼得·布劳等人倡导结构化的社会交换理论和与之匹配的"辩证法"，理查德·埃默森及其后学则发展出网络交换论，等等。在社会交换理论看来，现实生活中小到夫妻、情侣之间的亲密关系，大到团体、企业乃至国家之间的纠纷、冲突甚至战争，都可在不同程度上还原为"交换"这一最基础的行为。由此，社会交换理论从微观走向宏观，并在美国社会理论舞台上占据一席之地，成为与结构功能理论、社会冲突理论、符号互动论并列的当代美国社会学四大流派。该理论被广泛运用于人际互动、权力分析、社会困境、伦理规范等主题，至今仍是当代社会实证议题研究使用频率极高的工具。

第一节　理论传统及概况

一、社会理论传统中的交换概念

交换已成为社会理论的重要概念，其关键是从单纯作为经济学概念的“交换”向作为社会学概念的“交换”转变。

（一）亚当·斯密：古典政治经济学的交换思想及其功利主义

在成为社会学概念以前，交换（exchange）是一个古典政治经济学的重要概念。亚当·斯密认为，人性的自利倾向，会在历史中发展出互通有无、物物交换的行为模式，也正是人类乐于交换的天性，促进了人类经济发展的重要动力——分工的诞生。一个擅长制作弓箭的人发现，自己可以用弓箭交换家畜或兽肉，这远比用弓箭打猎收获多，这使他可以专心成为制作弓箭的匠人。同理，类似的物物交换会不断产生职业渔夫、猎人和铜匠等等，由此带来发达的、精细的分工及其市场经济形式（即“看不见的手”）。可以想见，交换与分工的普及势必带来社会整体生活福祉的提升。斯密在此并未谈及为何人类具有这般天性，而是通过分工的叙事为交换现象做出解释，其交换概念吸纳了当时英国的功利主义思想，并给出一种基于交换与分工的动态社会体系。百年后，美国社会学界的交换理论也与斯密一样，秉持功利主义传统，试图将个体利己性的理性选择与社会福祉的整体提升同时纳入理论的思考图景。

（二）马克思：商品交换及其历史意义

马克思在“政治经济学批判”之初就抓住交换问题。沿着亚当·斯密的线索，马克思不仅将交换关系和生产关系并列为政治经济学批判的主题，还赋予其历史哲学的意义。在他看来，交换是由生产决定的媒介要素。在人类早期生活经验中，发生在部落之间的物物交换并非如斯密所言，是一种基于“分工”的自发需要，而只是一种偶然行为；但随着西欧资本主义商品经济的发展，以交换价值为目的的商品生产成为主导生产形式，继而在工业生产和自由市场中演化为真正意义上的现代交换，并产生资本对劳动的统治与劳动自身的异化。可见，马克思未将交换视为单纯的经济范畴；相反，他在对资本与劳动的分析中洞察了交换行为必将导致的权力关系、社会冲突与阶级矛盾。由于单个工人可供交换的只有他身体机能的劳动力，其在与资本家的交换中并不具有“议价权”。与之相对，资本家不仅可在个体工人的相互竞争中廉价地获取劳动力，还可在生产过程中通过技术改进、延长工作时间等不断获取超额的剩余价值，由此获得交换关系中的优势地位。此外，作为资本家的资产阶级还可借助法权等意识形态，有效控制可能推翻这种不平等交换关系的潜在反抗力量，继而维持与产业工人之间的不平等关系。概言之，社会学的交换论将会触及这种资源分配不平等导致的社会矛盾与权力现象，而后者正是马克思在交换论题上的卓越贡献。

（三）齐美尔：工业—都市生活中的货币与交换

较之亚当·斯密与马克思，齐美尔真正赋予了交换概念以社会学内涵。生活在20世纪柏林都市圈中的齐美尔认为，随着工业社会的发展，货币逐渐摆脱了传统意义上的“交换价值”，而转为一种单纯的价值符号。货币使工业社会中的个体拥有了极大的自由度。这是因为货币不仅在商品流通意义上让个体得以获得大量自主选购的商品，其本身也刺激了社会交换行为的发展，极大扩展了人们的社会活动范围。这种社会交往的扩大，使得人们可以摆脱自身的先天环境，不再受限于出生地、亲友关系的社交圈层，逐步走向了一种“陌生人”构建的契约社会。因此，以货币为媒介的交换，不仅促进了不同社会阶层的合作与交流，也催生了更多心理需求，使人们逐渐产生了超乎物品本身使用需要的自我表达的需要。换言之，人们试图通过货币的交换获得更高社会阶层的身份的认可，诸如情感、信任等心理满足。以货币为媒介的经济交换进一步促成了一种文化认同交换与情感价值交换，并且由此衍生出赞同、权威或冲突等各类社会关系。在交换理论家彼得·布劳（Peter Blau）看来，齐美尔对交换概念最经典的总结，即“人们之间的所有接触依赖于给予和回报等值这一模式”[1]，因此“交

1 布劳：《社会生活中的交换与权力》，李国武译，北京：商务印书馆，2012年，第35页。

换作为生活形式，作为经济价值的条件，作为主要的经济事实，应可以认识到人与人之间绝大部分关系都能够作为交换的方式去解释。交换是最纯粹与最充分发展了的交互作用，当它寻求获得物质与内容时它规范了人们的生活”[1]。可见，以货币为中介的交换行为不仅影响了个体的决策，也进一步改变了社会结构，继而构建其文化与价值的维度。当代社会理论家乔纳森·特纳甚至为此总结整理了齐美尔社会学中的交换原则：

> **吸引原则**：行动者越是感到对方的资源具有价值，他们之间就越有可能建立交换关系。
>
> **价值原则**：行动者对某种特定类型资源的需求越迫切，同时得到的可能性越小，则这种资源对他越有价值。
>
> **权力原则**：A. 行动者越是认为另一人资源的价值越大，后者对其拥有的权力越大。B. 行动者的资源越是易于改变，则在交换中的选择和变更能力越强，从而在交换中的权力越大。
>
> **张力原则**：在社会交换中，行动者越是力图控制局面来掩盖对某种资源的需求或隐藏这种资源的可用性，交换的紧张程度就越大，也就越有可能引发冲突。[2]

在进入正式的理论学习之后，我们会发现现代社会交换理论（social exchange theory）的不少公理与原则，都与齐美尔上述的抽象交换原则有着家族相似性。可以说，齐美尔的交换思想对现代社会交换理论有着不可估量的影响。

（四）心理学传统：行为主义对早期社会交换理论的启发

早期社会交换理论深受行为主义心理学的影响，其理论构想很大程度上借鉴了彼时流行的以伯尔赫斯·弗雷德里克·斯金纳（Burrhus Frederic Skinner）等为代表的“强化理论”。在行为主义看来，人的心理活动与动物的条件反射并无太多差异，都符合一种“刺激—反应”机制。在日常经验中，我们对于家养宠物（例如狗）的规训，就依赖这种最早由巴甫洛夫提出的条件反射理论。当训练师要求宠物狗完成口头指令

1 西美尔：《货币哲学》，陈戎女等译，北京：华夏出版社，2018年，第33页。齐美尔也译为西美尔。

2 特纳：《社会学理论的结构》，邱泽奇等译，北京：华夏出版社，2006年，第267页。

时，会同时给予称赞（口头表扬、抚摸）或物质奖赏（食物），以此来强化狗的行为，诱导它将收益与人类指令相绑定。行为主义则认为，人的行为本身与动物相似，也是一种不完全受意识所支配的强化刺激反应。由此推论，人们热衷某些社会交换行动是由于交换所得的报酬和价值对个体行为的强化效应；反言之，一件事情如果得到了强化，那么它也可以被人预期为有益的，或可以得到报酬的。因此，早期交换理论（霍曼斯等人）相信，促进和保持交换的动力，也源于人的动物性的心理特质。

二、当代社会交换理论的代表人物

当代社会交换理论呈现为前后接续的三个阶段，分别为：乔治・霍曼斯（George Homans）的微观交换理论；彼得・布劳的结构交换理论与辩证法；理查德・埃默森（Richard Emerson）及其后学创立并发展的交换网络论。

（一）乔治・霍曼斯：行为主义的交换理论

霍曼斯是社会交换理论的奠基人，他发表的《作为交换的社会行为》与《社会行为的基本形式》，开创了现代社会学意义上的社会交换理论。霍曼斯将社会行为视为一种"至少在两人之间发生的、或多或少要获得报酬或付出成本的、有形或无形的交换活动"[1]。因此，霍曼斯将交换问题的视角更多放在微观的、理性的个体上，并将分析个体决策的因素视为交换理论的起点。为此，他借用了心理学与经济学的资源，以一种"松散"的风格建立其社会交换理论的基础命题。

霍曼斯极力推崇心理学，尤其是行为主义心理学的理论效应。他甚至认为，社会学家对社会行为所有现象的阐释，归根到底都是心理学阐释。在当时众多的心理学理论中，霍曼斯将斯金纳的行为心理学看作解释个体行为决策的有力武器，并从中借用如"预期""剥夺""满足"等诸多概念。此外，霍曼斯还借用大量经济学的基本概念来阐述他的理论命题，如"成本""利润""亚制度行为模式"和"边际效用递减原理"等。可见，霍曼斯试图将古典经济学的"理性人假设"和现代经济学的计量工具运用到社会交往的社会学议题上。

1 George Homans, *Social Behavior: Its Elementary Forms*. New York: Harcourt, Brace & World, 1961, p. 13.

不过，霍曼斯理论也具有两个明显的局限性，一是基于微观个体视角与行为主义之上的交换理论存在明显的还原论倾向；二是其以演绎法构筑的体系难称严谨完备。但霍曼斯基于个体双边交换的理论构想及其极富创见的跨学科视野，已然为之后的社会交换理论家打开了思路。

（二）彼得·布劳：结构的交换理论

布劳的交换理论思想是对霍曼斯理论的直接继承与改造。他力图克服霍曼斯理论在宏观领域解释力不足的现象，继而填补理论社会学中微观研究和宏观研究之间的鸿沟。[1]布劳的代表作《社会生活中的交换与权力》以及《互动：社会交换》都继承了霍曼斯的收益/报酬（benefit/reward）和成本（cost）概念。虽然霍曼斯以来的行为主义是探讨交换理论的基础，但布劳认为，必须跳出对人类行为在动机上的简化取向。为此，他从更为宏观的视角审视交换行为如何影响社会结构的形成与变迁。布劳强调，微观层面的社会交换是由个体之间的“吸引”与“互惠”促成的，并非完全出于某个个体的心理活动和理性计算。因此，向宏观领域的视野转换，便是将理论出发点从单个的个体行动移到作为人与人之间的社会整体，由微观层面的“两方交换”，转向更宏观的社会群体及其衍生的权力问题。

除霍曼斯与经济学的计量工具以外，布劳还受到齐美尔与马克思的影响。这体现在布劳运用集体主义方法论与整体结构论，将交换理论用于对社会宏观结构的研究上。与霍曼斯一样，布劳仍然以理性人的假设分析社会交换中的主体，认定人们进入社会交换的前提，即对在交换中获得各类社会报酬的概率有所认知。但他还认为，从微观的交换结构中能够看到宏观结构的社会交换逻辑，群体之间的交换合作同样经历“吸引—竞争—分裂—整合”的过程。因此，受齐美尔与马克思的启发，布劳认为作为整体的社会交换，促进了社会团结与整合；但社会交换中诸多不平衡、不均衡的过程，也导致了社会的反抗和分裂。布劳试图以一种辩证的思维来理解社会结构在这种反抗与分裂中的形成与变迁。为此，他提出“不对等交换的原则”来解释权力产生、反抗及变迁等现象。

（三）理查德·埃默森及其后学：交换网络论

20世纪70年代以后，埃默森接过了社会交换理论的大旗，并将之转型为一种量化

---

1 谢立中主编:《西方社会学名著提要》，南京：江苏出版社，1998年，第276页。

社会学研究范式。对埃默森来说，社会交换理论的发展重点不应局限于对宏观的社会结构变迁的考察，更在于分析其中的各类动态关系，因此他格外致力于权力、权力运作、平衡以及权力—依赖关系等研究。而埃默森的理论贡献，正是将交换和权力关系置于网络化的结构之中——把二方关系拓展到N方的社群和网络结构中，从而为当下的各类实证研究所需的量化方法做好理论准备。值得注意的是，埃默森与他的学生库克（Karen Cook）又推进了布劳的结构主义的交换论。他们以网络概念为理论着眼点，深化了布劳的结构视角，将交换理论中出现的三方及以上的交换关系纳入到一种可量化计算的框架中。这种以“可量化”为目标的理论努力，使得社会交换的网络理论将分析视角拓展到“情感”（如承诺、信任）理论、公平正义理论等当代社会学的热点上。此外，埃默森还开创了通过实验室研究对社会权力的理论进行检验的先河，树立了社会交换理论在实证研究上的规范。

第二节 理论要义

整体而言，社会交换理论崇尚演绎性的解释体系。早期的交换理论家往往借助基本的假设前提（如理性选择、社会吸引、预期报酬）及其延伸的相关原理，为自己的解释设置清晰的、可视化的框架结构。因此，交换理论虽然出现过短暂的思辨阶段，但其逐渐发展为一种量化、实证化并与其他学科交叉综合的现代社会理论。

一、理性选择

基于个体投入的成本与回报（收益/报酬）的理性选择，不但构成了交换行为产生的底层逻辑和基本法则，也是我们理解社会交换理论最为基础的起点。在社会交换理论的迭代中，理性选择理论的构架日益精巧复杂，但其基本要义从未改变。无论是初代的霍曼斯，还是发展到数量化的社会交换网络理论，都视“理性选择”为社会交换理论的基石。

（一）成本—收益公式

大致而言，社会交换理论将人际的社会行为，首先还原为一种个体之间对有价值之物的交换行动。这种交换过程及其建立的人际交换关系，在根本上可依据经济学和心理学的规律来刻画，继而还原为一种“成本—收益”（cost-benefit/cost-reward）的公式：

结果=收益−成本

具体而言，一个人参与社会交换的动机，在于他对报酬的期待。而这个人是否维护这段关系，继而为其付出各种成本，则取决于他在此关系中的预期收益。这里的收益可指从货币收入到情绪价值等一系列对等物，即实际获得的“收益”或“报酬”，或面临的“惩罚”。当行动主体认定在某个交换行为中，成本可以换取更大收益时，他就会采取行动维系这段能为其产生收益的社会关系。值得注意的是，社会交换理论认为，维持一段关系的原因并不完全在于他实际获得的收益，而是他对收益（报酬）的预期，即所谓“满意度”。即便一方所得远高于付出的成本或努力，但只要低于预期，他也可能放弃维持此段关系。

（二）权力—依赖模型

社会交换理论之所以解释效力强，应用范围广，在于其能在理性选择的前提下，不断演绎出理性模型和设定为理论增添“补丁”。许多社会交换关系显然并不能依据“收益”与“满意度”加以解释，例如，很多处在家暴关系中的夫妻最终没有终止婚姻关系而是选择继续共同生活。为此，社会交换理论引入了“选择比较水平”（comparison level for alternative，简称CLalt），重新衡量一段关系的依赖度水平。

依赖度=结果−选择比较水平（CLalt）

根据依赖度的概念，在社会关系中，强势方往往会影响弱势方对选择比较水平的认知，从而巩固交换关系的依赖度。例如，近年来流行的热词PUA（Pick-up Artist），其原意为两性关系或者等级关系中的精神控制。一对夫妻或者情侣维持一段并不愉快的关系的前提，恰恰是其中一方极力表演出自己拥有另一方所需要的东西，而并非真正将对方的期待真实兑现。在关系中处于被动的一方，往往处在一个错误认知状态。例如，家暴关系中的受害方会错误地认为，放弃眼前这段关系后，他/她可能最终无法找到另一段情感关系，由此在错误的“比较选择”中，提升了对现有关系的“依赖度”。

（三）理性选择的五条交换原理

随着基本原理的演绎与经验事实之间的不断碰撞，布劳代表的社会交换理论家逐渐完善了交换理论中“理性选择论”的基础框架。布劳认为，基于理性选择的交换行为可演绎出五条基本原理。这五条交换原理帮助我们从社会结构的视角看待交换现象及其得以维持的关键原因。其可概述为：

> **理性原理**（Rationality Principle）：人们在从事某种行动时，越是期望从对方那里得到更多的报酬，就越有可能从事这种活动。
>
> **互惠原理**（Reciprocity Principle）：A. 人们之间交换报酬越多，越有可能产生互惠的义务并以此来支配以后人们的交换。B. 越是违反交换关系中的互惠原理，被剥夺者就越会倾向于惩罚违背规范的人。
>
> **公正原理**（Justice Principle）：A. 人们建立的交换关系越多，就越可能受到“公平交换”规范的制约。B. 在交换中，越是不能实现公平规范，被剥夺者就越会倾向于惩罚违背规范的人。
>
> **边际效用原理**（Marginal Utility Principle）：人们从事某一特定行为得到的期望报酬越多，则该行动的价值越小并且越不可能从事此活动。
>
> **不均衡原理**（Imbalance Principle）：在社会单位中，某些交换关系越是稳定和均衡，其他交换关系就越可能变得不均衡和不稳定。[1]

不难看出，社会交换理论效法了经济学家对市场交易的分析，引入包括边际效应在内的经济学概念来完善理论对交换行为复杂状况的描述与分析程序。但与此同时，由于社会交换的复杂性不只体现在现象层面，更深入到结构层次，这便要求社会交换理论采取一种结构主义的视角与辩证的思维方法。

---

1 特纳：《社会学理论的结构》，邱泽奇等译，北京：华夏出版社，2006年，第280页。

二、结构主义与辩证交换论

结构视角与辩证交换论来自早期社会交换理论家霍曼斯与布劳对理性交换概念的丰富与细化。结构视角为之后社会交换理论从微观走向宏观、从人际交往走向社群与组织问题的跨越提供了理论工具；而辩证法则为社会交换的冲突与整合对社会结构的内在形塑效应提供了更为深入的思考路径。

（一）回报或报酬的等级

无论是发起交换行动，抑或维持交换关系，交换行为无疑建立在人们对预期报酬的认知上。这种认知被称为**社会吸引**（social attraction）：每个行动者进入交换行为中都会揣测他人想法，了解他人的真实需求，并扮演可以满足对方需求的角色。由此出现了上述关于依赖度的概念。

但社会交换必然带来行动者之间的竞争。这种竞争性活动的开展，势必产生出一批拥有更多资源并占据较高地位的个体。在一般的社会交往中，这些拥有较高价值资源的人不会满足于同质性资源的回报，而期待从他人那里获得更多元、更丰富等级的报酬。为此，布劳代表的社会交换理论家将报酬分为四个不同的等级：**金钱、社会赞同、尊重或尊敬、服从**。

在绝大多数情况下，金钱并非最合适的报酬，而尊重或尊敬与服从则展现了一种潜在的社会声望与影响他人行为的权力。好莱坞经典电影《教父》的开场，就生动描述了此类现象：意大利裔的棺材店老板，因其女儿被流氓阿飞凌辱，投告无门后求助黑手党“教父”维托・柯里昂，以暴力手段为女儿复仇。但当他试图为教父的复仇行动支付佣金时，不仅被拒绝，甚至遭到了训斥。其原因在于，掌握社会财富、人脉资源与暴力手段的老教父，期待从这位同乡棺材铺老板收获的报酬是尊重与服从。于是，棺材铺老板亲吻教父的右手，恭敬地叫了一声“教父”，并答应以“友谊”之名欠下“人情”，以便日后报答。这个载入影视经典的场景呈现了如下事实：手握优势资源的个体不满足于以金钱作为预期的报酬；相反，金钱报酬在某些情境下带给他们羞辱感。但从交换理论的视角看，棺材店老板之所以提出金钱作为报酬，恰在于他无法预估向黑社会支付“服从”这类报酬背后潜藏的巨大风险（如遭遇仇家报复、协同犯罪等牵连）。可以说，以“服从”作为报酬的交换行为，使得交换行动的两方不再处于平等地位。因此，布劳将社会生活中的“交换”与“权力”视为前后相继的关系，当“服从”成为等级最高的社会报酬时，权力及其产生的社会分化随之登场。权力关系带来的是交换关系的不平衡，进而衍生出反抗、社会再整合等一系列辩证性运动。这也预示，交换理论经由权力理论的中介，真正从微观视域走向了复杂的、多层化的社会结构视域。

（二）结构主义视角

我们可从社会报酬的等级划分中看到一种结构主义的分层视角。随着交换理论日益向宏观领域推进，交换理论家逐步发现，社会中既有原子化的行动，也有规范化的行动，但二者存在的鸿沟，似可通过引入第三“视点”即“结构”来加以统摄。社会结构在此可以分为微观结构与宏观结构。在微观结构中，人与人的交往是直接的，付出与回报也是双向的，不涉及第三方；在宏观结构中，人们之间的交换行为多是间接的，成本与受益相距较远，因此需要更复杂的社会报酬和维持关系的资源交换。

同时，在宏观结构与微观结构之间还存在“亚结构”。亚结构首先是在权力等不平衡交换关系下产生的一种“分化”了的宏观结构，其是社会力量在交换行动不断失衡条件下的必然产物。社会交换理论大致描述了两类结构参数：一类是类别参数，如性别、种族、宗教信仰、行政区域等；另一类是等级参数，如教育程度、收入、财富或社会部门等。类别参数定义了社会交往中的群体特征；而等级参数则定位了他们在宏观的交换过程中的具体地位。

此外，价值共识也是上述等级参数与类别参数的亚结构的媒介。价值共识不仅是社会交换得以维系的精神要素，也是不同结构参数的群体实现内部团结整合的纽带。在宏观结构中，价值共识必须依赖一种普遍主义的价值体系才能实现社会整合；而在彼此竞争关系的亚结构之中，维系结构平衡的整合性力量，乃是一种与社会普遍主义不同的特殊主义价值。例如，一个收入微薄的工人身份反而可以成为无产者团结的标志。最后，亚结构与宏观结构存在复杂的依赖关系，这种关系甚至表现为一种社会冲突。交换理论家布劳指出，由亚结构自发的社会反抗诉求，同时也是一种社会再生力量，其是促成社会结构变迁的催化剂。重大的反抗运动可以是促使僵化社会重现生机的外部投入，犹如政府的财政支出成为刺激停滞经济的外部投入。当然，社会交换理论不否认，亚结构的社会反抗诉求存在撕裂社会的倾向与风险；但对反抗的包容恰恰是保卫而非葬送民主制度必不可少的前提条件。[1]

（三）社会力量与辩证思维

在布劳看来，社会的内部结构或整体的变迁过程，都可以依据马克思主义的辩证思维加以理解。

第一，辩证式的思维可以把握社会力量在微观层面的矛盾性。在个体间直接交往的微观结构中存在的强迫性交换关系，为额外的社会力量的出现提供了契机。例如在上下级的交换互动中，若上级未能公平适度地行使权力，势必激发下级的反抗。为平衡这种反抗，上级不得不再度调用自身权威进行压服，或是许以其他补偿性的利益作为安抚，但这些举措必然会引起更大规模且预想不到的扰动。

第二，社会力量因其维持平衡而产生的不平衡性，可辩证地反映在社会的各个亚结构中。布劳认为，一个社会部门为恢复权力不对等导致的失衡状态，而额外施加的平衡力量，势必重新构成打破另一个部分的力量。于是，从微观结构向宏观结构的层层运动中，维持局部平衡却导致其他局部失衡的社会力量，逐渐形成亚结构。这种亚结构与宏观结构进而构成相互依赖却又彼此抗衡的辩证关系。

第三，在社会宏观层面上，社会变迁遵循一种辩证的发展模式。布劳认为，任何社会结构的变化也会遭遇抵抗，这是因为宏观社会中存在大量的维稳力量，它们是既得利益和权力、已确立的管理和组织，甚至是传统的价值和制度。这些保守力量促使社会的反抗运动必须进行长期艰苦的斗争。与之相对，导致社会反抗的力量，即压迫和苦难积累到一定程度，才能爆发出广泛的影响力；最后，社会结构中交叉出现的反抗力量，需要聚合成冲量，并在社会反抗力量集聚前形成足以促成社会变迁的合力。

三、社会网络交换论

经过布劳的改造后，社会交换理论从霍曼斯的微观视角上升到社会层面的宏观结构，但布劳的“结构”在处理复杂的社会系统时缺乏现代实证科学要求的明晰性和数理化。为了更好地适应当代社会学在计量工具上的发展，社会网络交换理论应运而生。

1　布劳:《社会生活中的交换与权力》，李国武译，北京：商务印书馆，2012年，第463页。

布劳之后，社会交换理论放弃了思辨的方法，步入了一个重视量化分析的理论发展期。

（一）网络的起点：行动者与交换关系的量化表达

对网络交换论而言，网络的单元是各种类型的关系链接，它既能存在于宏观的社会结构中，也可以发生在微观的人际关系间。

在网络中，行动者可以是人，或者是群体、公司和社会，但在网络关系中他们都可以用一个点A、B、C……N表示。不同字母表示拥有不同资源的行动者，而A1、A2、A3等字母相同的点，则表示交换相同资源的不同行动者。

与之对应，社会交换理论的交换关系，也由此表达为A—B、A—B—C、A1—A2以及其他的联系模式，继而在图表中构成一个直观的关系网络。在网络交换论的支持者看来，网络这一概念很好地将抽象的结构转换为量化的图式。而借助数量化的演绎方法，网络交换论与经济学和统计学意义上博弈论的决策方阵（如“囚徒困境”）相结合，进一步细化了对日常生活中复杂的交换决策的分析过程。

（二）限制性交换与广泛性交换

为证明网络交换理论的表达式可以更好地解释复杂的社会交换现象，网络交换论首先界定了两种交换类型——**限制性交换与广泛性交换**，它们各自遵循的原则完全不同。而社会网络化的交换理论的优势在于，它能借助网络的图式，对更为复杂的广泛性交换进行模拟和演绎。

限制性交换：限制性交换又被称作为“双边交换”，其指交换关系只发生在两个主体之间，不涉及第三方。在限制性交换中双方都根据自身的利益需要参与到彼此的交换活动中，交换方式往往是彼此对等的互惠关系，或基于清晰权责关系的协商模式。在仅有两个主体参与的限制性交换中，若一方没有履行交换的约定，那么获知“不公平”认知或感受的主体，仅是参与交换的另一方，不会涉及两方以外的其他人。因此解释限制性交换完全可以采取一种理性选择的博弈论模型。

广泛性交换：与限制性交换不同，广泛性交换的发生总涉及潜在的三方的交换关系。在广泛性交换过程中，各方并不从他为之提供利益的那一方获得直接利益。如张三帮助了李四，李四则是转向帮助了王五，而不是回馈张三，这基于一种“连锁-广泛性交换”（chain-generalized exchange）。

不妨以宿舍生活为例：张三、李四和王五都是舍友，张三选择包干整个宿舍的卫生，李四负责在雨天为室友从食堂带饭，而王五则解决寝室里清理垃圾和收取快递等工作，那么他们三人就构成了一种“网络-广泛性交换”（network-generalized exchange）。可见，这种广泛性交换形式的特点在于，网络中一个体为另一个体提供具体的有价值的产品或服务（例如李四今日给在寝室的王五带饭，王五去快递站取了张三的快递），但却从这一网络中其他个体那里收获报酬。

在生活场景中，这种广泛性的社会交换已经接近于一种泛化的网络化形态。这种网络化的交换关系，在社会交往过程中可以是自发、自然地形成的。不过，社会交换理论认为，这种网络化的交换关系的维持，指向一种强制性的外部力量。基于纯粹自利的理性假说，广泛性的交换网络势必存在各种类型的“搭便车问题”——理性的个体倾向于不付出、少付出成本或服务，却仍能从网络中的其他成员那里获益。因此，要维系广泛性交换的网络，就需要设置一套规范系统，并辅之以相应的监控手段和赏罚机制。

（三）权力分布的网络形态

与早期的交换理论一样，网络论者必须面对交换理论衍生出的权力问题。在他们看来，行动者及其社会交换关系，以及构成网络化的连接状态，都使得交换行为中不断涌现出不平衡、不对等的状态。正如布劳预想的，原本基于各方需要和意志的交换行为，必然逐步走向一种可能导向冲突或扭曲的依赖关系，这就是权力对交换关系的影响。与布劳不同，网络社会交换论试图勾勒出这种权力分布的“网络形态”，即均权网与强权网：

均权网：一种权力分布均衡的交换网络。在理论上，可以设想这一网络中，只存在一个“位置集合”。在这个“集合”中，所有行动者占据的位置是同构的，同样具有与其他位置的成员直接或者间接的连接方式。举例而言，均权网适合分析日常生活中社会地位相近、社会资源类似的普通人之间的交换网络，例如一个由同辈组成的集体中新入职参加培训的员工、老同学间自然产生的各种圈层。在这里人们的交换行为基于这一“亚结构”的价值共识。再如日常生活中，当有亲朋好友或者他们的家人结婚时，我们会按照某种约定俗成的方式（如依据亲疏关系）给出固定数额的礼金，在此语境下，过高或过分的礼金不仅会增添另一方的道德和情感负担，也会伤及其他第三方、第四方的情感，甚至被误解为一种炫耀。

强权网：一种存在力量位置差异的交换网络。一个社交网络中存在两种类型位置：一类是高权位置（high power position），一类是低权位置（low power position）。高权位置可以与同等级的高权者进行交换，也可以与低权位置交换，而低权位置只能与高权位置交换，并且依赖高权者。依据这一思路，社会交换理论构造出一种排斥理论——处于低位置的行动者彼此排斥，无法进行交换活动。

不妨以中国古代门阀政治中的仕途提携为例。在科举制度成熟之前，高门贵族可互相举荐各自子弟入仕，但寒门子弟在政治网络中处于低权力位置，彼此之间无法通过交换关系获得晋升的渠道，只能通过联姻等各类方式依附于高门的权贵，并由此付出更多代价（尊严、财富或社会声望上的损失）。

通过对强权网的分析，我们发现，倘若高权位置的行动者基于利益最大化的考量，那么与低权位置的行动者发起交换则是一种不理性的行为；相反，真正合理的行为，应该是与同位置的行动者联合，逐步形成对某项或者多项资源的垄断。而这种发展趋向势必会逐步改变低权行动者对投入回报率的预期和认知，使得他们或是不再愿意进入现有的强权网络，或是产生颠覆这一网络关系的期望。依据布劳的辩证法思维，这种不满的情绪积累势必使得整个网络不再平衡，网络中低权位置的行动者的反抗行动，会促使整个网络结构发生变迁。

社会交换理论家埃默森认为，权力网络最终的发展趋势并不一定导向改变结构的社会冲突，而是可能在短时间内达到某种均衡。从理性计算的角度，低权位置的个体未必会联合起来反对整个网络；相反，他们的最优策略乃是采取独自行动，主动向高权力者提供资源以希求青睐，继而打破高权力者之间的垄断联盟。抑或他们在其他行动者联合的过程中，以“搭便车”的方式期待网络的颠覆或变迁，而较少的付出、承担较小风险的理性举措，极有可能无法促成反抗力量的聚合。

不过，更多的实证分析使得当代交换的网络论者不再认同埃默森的观点。他们认为，在普遍的社会交换现象中，强权网络是各类社会困境的根源，而这些社会困境造成社会成员切实的贫困与无助的处境。因此，他们主张从道德信念与理性选择的双重角度，重新审视交换网络的公正论题。

（四）交换网络的公正问题

权力与公正的信念之间的张力问题一直是网络理论的中心悖谬。网络交换论并不试图诉诸纯粹思辨，而旨在追问对公正的感知的来源与理性选择之间的必然关系。对于强权网中处于优势地位者而言，对公正的感知，不仅取决于他们对投入产出比的认知，也基于自我价值认可的伦理立场。这一伦理性的规范在当代社会体现得尤为明显。例如，如果高权力者意识到其所获得的受益基于一种结构性的地位，而非自己的才智、能力或者努力，他们极大可能会限制自己的权力（如设定某种交换制度、保证公平性），因此，高权力者更倾向于支持一种程序性不公正。但另一方面，在现代社会语境下，处于网络中的低权力者往往认为所处情境的结构性不公乃是所有问题的来源，继而主张一种分配性的不公正。

尽管程序性不公正与分配性不公正的界定并不十分清晰，但网络交换论仍可以从网络中的权力位置出发，描绘出高权力者与低权力者各自倾向的公正观，这一描绘也与日常经验中的朴素观感基本相符。目前，网络交换论的发展趋向于重新建构一套糅合经济理性计算与价值规范的学说，以便处理情感、承诺与信任等伦理议题，也在宏观的社会结构中思考公平与公正等法律与政治议题。

第三节　评　析

社会交换理论历经近半世纪的演进，已成为了社会学学科最重要的思想方法与理论流派之一。从学术史上看，交换理论继承齐美尔的思考路径，不再将交换视作单纯的经济学范畴，而是将其界定为社会性行为。而随着交换理论的学科化发展，其预设的前提——交换行为的主体，也逐渐从原子化、抽象化的“理性人”，转向受制于具体性别、承担社会角色、富有文化性格的个体与群体。此外，对于交换主体身处的复杂社会结构及其决策情境的深入考察，也是这一理论不断深化与发展的动力。现代社会交换理论不断与其他学科融合，形成诸多交叉性、综合性的理论，扩大了自身的适用范围。不过，在社会交换理论不断丰富与迭代的过程中，其局限性也日渐显露。

社会交换理论最为人诟病之处在于意识形态上的倒退。首先，早期交换理论对行为主义心理学的盲从便是典型案例。由于行为主义心理学把人类行为在本质上看作动物行为，当作一种以意识来调节和控制外部刺激的反应机制，这令早期交换理论忽略了人的需求的社会性、历史性与文化性。其次，社会交换理论有明显的古典经济学与功利主义的气质，它将交换行为生发的动机以及交换关系得以维持的动力，直接等同为个体利益最大化考量后的抉择。虽然自布劳以后，交换理论将社会语境下的价值共识视作界定交换行为主体进行理性抉择与社会整合的关键纽带，但其再度退回到古典政治经济学预设的理性人假说，以及功能主义的享乐主义假说，以便简化、量化推演的初始条件。从人本主义的视角看，早期和当代交换理论因其功能主义的理论预设，不自觉地落入还原主义的思维陷阱，缺乏对社会规范的伦理性反思与个体多元化选择的必要尊重；而从马克思主义的视角看，交换理论从始至终都深陷于资产阶级意识形态的迷梦中，它不仅将近代市民阶层才产生的自利个体与契约关系视作不可怀疑的起点，更将理性交换原则背后的剥削关系与物化难题作为当代生活存续的一种必要牺牲。

此外，交换理论试图将交换行为作为解释所有社会现象的基石，这一立场存在极大的困难。我们至今仍可以追问，能否把社会关系中人与人的互动都解释为一种交换关系？其中最突出的反例，即是前文述及的交换理论始终难以处理的权力问题。不对等的交换及其形成的复杂的、交缠的社会力量与次生结构，都使得基于平等互惠预设的社会交换理论难以维系。虽然当代社会交换理论通过不断的理论迭代试图在思想上回应这一困境，但其最终方案仍旧是以技术主义的姿态尽可能淡化乃至规避相关讨论。

思考题与推荐书目

思考题

1. 设想，你的好友陷入了一段只有付出却很少得到回报的恋爱关系，你应该如何站在他/她的角度，为其出谋划策？（根据依赖性原则来回答。）
2. 你觉得当下的婚丧习俗中，亲朋好友之间相互赠送礼金的习俗是否有其内在的合理性？
3. 请根据你的生活体验，谈谈你身边是否存在不同等级的“权力网络”？这些权力网络是怎么运行的？你如何评价它们存在的合理性？（例如，同学之间因地域、家境或者学习成绩形成的小圈子。）

推荐书目

彼得·M. 布劳:《社会生活中的交换与权力》，李国武译，北京：商务印书馆，2012年。

乔纳森·特纳:《社会学理论的结构》，邱泽奇等译，北京：华夏出版社，2006年。

刘永根:《社会交换论：古典根源与当代进展》，上海：上海人民出版社，2015年。

第九章 互动理论

互动理论于20世纪前中期盛行于美国社会学界。它发端于美国实用主义哲学传统，但也提出了一系列高度原创的观点。互动论社会学家强调社会互动对人类的思维和观念的决定性影响。在互动论社会学家看来，诸如自我意识和社会角色等主观观念都是社会互动的产物，而不是在社会互动开展之前就已存在。因此，互动论也可以说是一种互动决定论。它提倡分析人们在互动中产生各种想法并给事物赋予意义的过程。和20世纪后半叶逐渐占据主流的经验社会学研究不同，互动论社会学家认为社会现象和自然现象不同，前者并不是纯粹感觉经验的对象；相反，社会现象总是由人们赋予事物的意义构成的。因此，互动论社会学家往往不赞同经验社会学研究对待现象的态度和方法。尽管他们在当代主流社会学领域愈发被边缘化，但却在理论方面做出了重大贡献，仍旧值得学习和研究。

第一节　理论传统及概况

互动理论（interactionism）或称符号互动论（symbolic interactionism）是20世纪初在美国社会学界兴起的一种理论思潮。与强调宏观社会结构分析的社会理论家不同，互动理论家更为关注具体的社会交往在个体层面的作用。换言之，比起宏大的社会现象，他们更在意那些对现代社会中的个人具有直接意义的问题，比如自我、行动、身份等等。

乔治·赫伯特·米德（George Herbert Mead）是符号互动论的创始人。米德同他那个时代的美国实用主义哲学家威廉·詹姆士（William James）和约翰·杜威（John Dewey）过从甚密，他也常常被看作美国实用主义学派的一员，尽管他的观点同后两位哲学家有重要区别。米德在德国莱比锡求学时也曾师从著名心理学家威廉·冯特（Wilhelm Wundt）。他自称“社会行为主义者”[1]。米德的学术兴趣更多地涵盖社会现象，而不是抽象的哲学问题。米德学术生涯的大部分时间在芝加哥大学度过，因此他也被视为芝加哥社会学学派的一位代表人物。在那里，米德的思想又进一步影响了符号互动论的另一位代表学者赫伯特·布鲁默（Herbert Blumer）。布鲁默首先提出了符号互动论这一概念。在布鲁默之后，符号互动论最具影响的代表人物是欧文·戈夫曼（Erving Goffman）。戈夫曼也被人们看作20世纪最受欢迎的社会学家之一。

互动论学派是19世纪与20世纪之交美国人文社会科学领域一种本土传统的产物。

1　George Herbert Mead, *Mind, Self, and Society: From the Standpoint of a Social Behaviorist*. Chicago: The University of Chicago Press, 1972.

它从美国实用主义哲学那里获得了很多启发，直到20世纪中叶仍然具有很强大的活力。然而在此之后，这种传统在美国社会学界的影响逐渐衰弱，并最终被占据主流的实证主义和经验主义取代。美国实用主义哲学和互动论在最根本的理论取向上共享着一种相似的意识：它们都反对本质主义的研究思路。简单来说，它们都认为人文社会科学的研究对象与自然科学截然不同——并不是一个在人类活动之外独立存在的给定实在。正统的实用主义者认为，所谓的外部实在世界只是人们在行动过程中积极构建起来的。与此类似，互动论认为事物的意义并不是事物本身内生的，而是人们在社会交往中附加上去的。社会科学研究事物所具有的意义，不是研究一个先于人类行动和社会交往而存在的实体，而是研究社会交往赋予事物含义的各种过程。

这样的立场导致互动论同20世纪后半叶逐渐占据主流的经验主义社会学研究模式相冲突。在后者看来，社会现象和自然现象一样，是一个外在于人们的意识而固定不变的现实，因此社会科学才有可能建立起关于前者唯一或者权威版本的描述或解释。这样的描述，不论研究者的主观视角或偏好如何改变，也不论当事人如何自我理解，都是统一的。然而从符号互动论的角度看，实证主义所提出的这种统一的描述其实也是社会交往赋予事物以含义的过程。所以，社会学研究者不应该假定自己的研究揭示出了关于某种自在对象的真理，也不应该抛开社会交往的意义赋予过程从而把社会现象理解成外在和中立的事实。

第二节　理论要义

一、米德：自我的社会生成

米德最重要的著作是《心灵、自我与社会》。在这本书中，米德提出了对自我意识的社会学解释。这种解释同传统欧陆哲学的主体主义立场截然不同。自笛卡尔以来，自我意识一直被哲学家视为一种反身性的产物。通俗地说，自我意识就是一个人对自己的意识，即对于自己是一个能够思维的主体的意识。在自我意识中，自我同时是认识的主体和对象。也就是说，意识到我自身的那个人是我，而被我所意识的对象同时也是我。所以哲学家有时候也把自我意识理解为一种同一，也就是作为认识主体和认识对象的“我”自己的同一。

米德不同意这种看法。在他看来，自我把自己作为直接的认识对象是一件不可想象的事情。这种自反性纯粹是哲学家杜撰出来的。[1]首先，自我并不等于我们的身体，自我意识也不等于我们对自己身体的感觉经验。我们对自己身体的感觉同对桌子或者椅子的感觉没有根本不同，在对于物质存在的感觉体验中并不存在自我认知。而且，我们并不是无时无刻都意识到自身的存在。在有些情况下，对自身的意识并不出现在我们的思维之中。当一个人专注于某些事的时候，会达到忘我的状态。况且对自身的意识也不是稳定不变的。面对不同的场合和他人，我们对自己的认知并不相同。因此米德认为，自我意识并不是自我反过来以自己为认知对象而产生出来的。[2]

米德进一步提出，当我们意识到他人存在时，他人就是我们认识的对象；反过来，当他人意识到我们的存在时便把我们作为对象。只有借助他人的这种对象认知，我们才能够建立起自我意识。这意味着两件事：首先，自我意识只能在社会交往中产生。在传统的主体主义哲学中，自我意识是个人面对自身而产生的，因此自我仅仅在自身之中就可以产生出对自己的意识。这是一种个体主义学说。按照米德的看法，这是一种妄想。也就是说，个人不可能独立于其他人自发产生出自我意识。自我意识需要一个人想象一个他自身之外的视角，而这个外在的视角不可能在个体意识内部自动产生出来。它需要首先意识到自我的主观视角之外还存在他人的主观视角。只有通过对他人主观视角的感知才能产生出自我意识。因此可以说，自我是一个纯粹的社会产物。[3]

这表明，自我意识并不是某种同一性。举例来说，当举起自己的胳膊，我会对这个动作产生经验上的感知；当看到另一个人抬起胳膊，我会产生另一种感知。这两种感知并不相同。从我的主观视角感知到自己的动作和感知到他人的类似动作产生出

---

1 George Herbert Mead, *The Individual and the Social: Unpublished Work of George Hebert Mead*. Chicago: The University of Chicago Press, 1982, pp. 176−196.

2 George Herbert Mead, *Mind, Self, and Society: From the Standpoint of a Social Behaviorist*. Chicago: The University of Chicago Press, 1972, pp. 136−138, 142−144.

3 George Herbert Mead, *Mind, Self, and Society: From the Standpoint of a Social Behaviorist*. Chicago: The University of Chicago Press, 1972, pp. 138−142.

两类不同的经验。然而，对于这两种不同的经验，我们却使用相同的语言来描述，即“抬起胳膊”。这就表明我们在两种不同的直接经验感知中设定了某种同一性，而且这种同一性并非来源于直接的经验感知本身。按照米德的思路，这种同一性的来源只能是社会交往。虽然我对于自己抬起胳膊的感知不同于对另一个人抬起胳膊的感知，但从某个第三方的视角看，这二者是相似的，就像我看到甲和乙抬起胳膊相似一样。只有在设想一个普遍第三方视角的情况下，我自己的知觉体验和他人的知觉体验之间才能够建立起同一性。米德把这种普遍的第三方视角称为“普遍化的他者”（the generalized other）。[1]

不过，假如仅仅采取一个普遍的第三方的视角看待人们的行动，那么在自我和他人之间就不再体现出区别。我抬起手如果同甲抬起手或者乙抬起手完全等同，那么自我对于我自己而言就将失去含义。换句话说，在第三方视角下，我和另一个人甲或者乙之间的区别，就同甲和乙之间的区别具有同等分量。自我也就和他人不存在区别。然而，直觉告诉我们，自我是一种相对特殊的东西。我同甲或者乙一样都是人，但我对于我自己的意义毕竟不同于甲对于我自己的意义；反过来，甲对于他自己的意义也不同于我对于他的意义。因此，自我是一个相对于所有其他人或者“他我”而言被加以区别的特殊观念。抬起胳膊，我们可以用“抬起胳膊”形容任何一个人的动作，但这个动作可以由不同的主语发出。甲这个人抬起胳膊，我们就用甲这个主语来描述这个动作。相应地，当我抬起胳膊时，也会使用我的名字来充当这个动作的主语。对于我自己而言，代表自我的这个名字或者符号具有特殊含义，因为使用“我”来描述的行动和使用其他主语来描述的相同行动之间的区别，不同于所有用其他主语描述的相同行动之间的区别。这样一来，代表我自身的这个名字或者符号就同代表其他人的那些符号区别开了。而自我意识，实际上是对这种区别或者差异的认识，它不是同一性的结果。在这个意义上，只有在一个个体需要同他自身之外的其他个体相区别时，才会产生出自我意识。自我产生于这个“我”同其他“我”之间的区别。

其次，米德也指出，假如我们能够通过他人对我们的认知来建立自我意识，那么我们就必须有能力采取他人的视角来看待事物。我必须意识到他人将“我”作为对象

---

1 George Herbert Mead, *Mind, Self, and Society: From the Standpoint of a Social Behaviorist*. Chicago: The University of Chicago Press, 1972, p. 152.

的认知同我将他人作为对象的认知是一致的，才可能理解自身何以作为对象而形成自我意识。这样看，他人是一个可以跟我用同样方式来思考和交流的人。只有在这个前提之下，我们才可能设想他人看待问题的视角。而人和人之间在思考和交流时采用的普遍手段，也是社会交往的基础。这就是语言和符号。米德指出，我们总是通过语言和符号来思考，但是语言和符号并不是我们的意识或者大脑独自内生的。语言和符号能够充当交流的媒介，是因为它们的含义对所有参与交流的人来说是共同的。因此，我们的思想总是带有社会性质，哪怕我们认为自己是在意识里跟自己交谈。我们能够理解一个符号的含义，是因为这个符号在我们身上与在他人身上引起的反应是相同的。当使用一个符号时，我们不仅仅设想这个符号对我们的含义，同时也是设想它对其他人的含义。[1]

因此米德认为，人们在社会生活中总是需要从他人的主观视角来设想交往关系。只有这样，社会交往才成为可能。在社会交往中，我们不仅仅知道自己如何行动，同时也在不断设想他人会如何行动。最明显的例子是儿童的扮演游戏。孩子经常在游戏中企图扮演不同的身份，比如父母、警察和小偷等等。在米德看来，这就是儿童在学习各种社会角色的行动模式。在这些扮演游戏中，儿童的角色经常转化，他可能同时是卖家和买家、老师和学生。为了扮演卖家的角色，他必须同时理解买家的角色，反之亦然。在社会交往中，我们不只是意识到自己，同时还需要意识到交往对象的角色、动机和意图等。米德给出的另一个例子是棒球。在一支球队中，不同位置的球手需要承担不同的职能，但是他们之间必须紧密配合。占据一个位置的球手不能只知道自己这个位置的职责和策略，他必须同时理解其他位置的球手的作用和选择，哪怕他自己并不会实际占据这些位置。因此，在比赛时，每个球手的意识里不是只有一个角色，而是至少同时有九个角色。[2]

儿童正是在这种扮演游戏或者类似棒球的协作游戏中学习如何采取他人的视角。通过这样的活动，儿童获得了采取普遍第三方的视角或者“普遍化他者”的视角来看

---

1 George Herbert Mead, *Mind, Self, and Society: From the Standpoint of a Social Behaviorist*. Chicago: The University of Chicago Press, 1972, pp. 146–149.

2 George Herbert Mead, *Mind, Self, and Society: From the Standpoint of a Social Behaviorist*. Chicago: The University of Chicago Press, 1972, pp. 149–164.

待自己的能力。在米德看来，这也是儿童人格形成的关键过程。一个个人的人格不是产生于这个人对某个单独身份或角色的认知，而是产生于他对一个相互关联的角色网络的认知。只有在认知各种不同的角色以及它们之间的关系之后，我们才可能设想自己在其中的位置，这样人格和自我意识才能够形成。由此米德区分了主我（I）和客我（me）。“主我”即是主动对他人的态度和反应做出回应的我，而“客我”则是我对于他人可能具有的态度的全部设想。一个人的人格总是同时由这两部分组成。按照这种看法，人格并不是一个统一的整体，主我和客我并不是一致的。米德认为，客我是纯粹的社会产物。我们如何设想他人的态度和行动，取决于人类群体生活的模式和形态。但主我却没有这样的确定性。根据米德的说法，主我也不受到机械因果的决定，它几乎是纯粹随机的。[1]在这里，米德陷入到某种二元论之中。虽然他的学说强调自我意识和人格只是在社会交往中产生的，但是在主我和客我的区分上，还是留下了社会/个人二元论的残余。

二、布鲁默对互动论的扩展性探讨

布鲁默作为米德思想的重要继承者，也是符号互动论的一个代表人物。但符号互动论这个术语并不足以概括布鲁默或米德的思想。互动论不只意味着对互动在社会中作用的强调或者对微观社会交往的重视。从米德到布鲁默，美国社会学中这支独特思潮的根本主张可以被总结为“互动决定论”。在米德和布鲁默看来，互动不只是众多社会现象中与其他现象并列的一种，互动是一切社会现象的存在形式。换句话说，在互动之前不存在别的社会现象，而所有具体现象都是互动的组成部分或者结果。我们已经看到，米德认为自我意识是社会交往的产物。这就是说，自我意识不可能在社会交往之前就由个体心理或者神经系统自发孤立地产生。互动论对待社会现象的态度和米德对自我意识的这种解释是一致的。所以布鲁默在总结米德思想时这样概括：对于意识、心灵、物质世界、作为具有自我意识的有机体的人类以及被构建起来的人类活动，人类群体生活是产生以上这些事物的基本条件。布鲁默进一步指出，米德的这种

1 George Herbert Mead, *Mind, Self, and Society: From the Standpoint of a Social Behaviorist*. Chicago: The University of Chicago Press, 1972, pp. 173–178.

看法颠覆了传统哲学的立场。传统哲学认为，像心灵或者意识那样的东西是人类先天具有的，而物质体则是意识之外既存和给定的；人类活动无非是前者对后者的所作所为，而社会生活无非是这些所作所为的有组织的形态。[1]

布鲁默的主要学术贡献集中于《符号互动论：视角与方法》一书。在书中，布鲁默给出了一个与主体主义哲学和生物决定论截然对立的社会学立场。根据这种立场，社会学能够成为一个单独的学科，恰恰是因为人类群体生活并不能还原为个体思维的自发活动或者神经系统的生物运作，不然它就只是心理学或者神经生物学的一个分支。打个比方来说，假设今天的神经科学已经对人类的大脑活动了如指掌，那么这是否意味着人类的社会生活可以直接从我们对大脑和神经活动的知识推论出来？这样的想法本身蕴含了一个个体主义同时又是普遍主义的假设。它假定一切人类具有某种共同的生理的或者心理的本性，而人类社会无非是许多这样的本性在算术上累加的结果。然而在布鲁默等互动论学者看来，这样的想法是站不住脚的，因为人类思维的大部分甚至全部内容不是人类神经系统或者普遍心理规律的产物。以语言为例，我们用"苹果"这个词来形容一种水果，用"手"来形容人类身体的一个器官。我们使用什么词来指称一个固定的事物，或者一个词具有什么含义，这不是由大脑或者个体心理自发产生出来的。一个人固然可以随便给事物起名字，但这不是语言，因为一个人给事物起的名字并不能确保被其他人理解。我们用什么词来指称什么事物，是一个语言社群通过内部交流取得的某种共识。因此，不可能在不考察语言社群内部交往的前提下，单纯从人脑活动或者个体心理来推断语言的含义。

人类的大量思想和体验都像语言一样，是在社会交往中产生的，而不是神经系统或者普遍心理自动生发出来的。前文提到过，米德认为自我意识就是如此。自我意识也像语言一样，只有通过人们之间的交流才能产生，那么单纯研究人脑或者个体的普遍心理就无法解释自我意识。对米德和布鲁默而言，绝大部分的人类现象都无法还原为人脑活动或者普遍心理规律，因为它们是社会交往的结果，而后者具有自身独立的规律。这些规律是社会学的研究对象，也是这门科学独立于其他学科的依据。

在布鲁默看来，社会学的任务在于研究社会交往如何塑造人们的想法、认知和行

1 Herbert Blumer, *Symbolic Interactionism: Perspective and Method*. Berkeley: University of California Press, 1986, pp. 61−77.

动。社会学研究的现象和自然现象不同，它不是一个在研究者进行观察之前就始终存在的事实，而只是在社会交往的当下产生的。社会现象是人们在交流过程中赋予事物的意义以及由这些意义指导的行动。这就意味着，社会学家谈论社会生活的方式本身也是由社会交往赋予事物的意义构成的，而不是一个外在于人类思维的固定实在的产物。如果社会学家认为他们研究的事物像物质体一样是一个外部事实，那么就会误解社会现象的基本性质。[1]

这就是为什么布鲁默反对社会学研究中的变量分析方法。他曾经以美国社会学学会主席的身份发表过一篇文章专门批评变量分析方法。[2]对布鲁默那一代美国社会学家而言，变量分析还是一种新鲜事物。所谓变量分析，无非是确立一个自变量（如教育水平、社会团结、家庭规模等）和一个因变量（如收入总和、生育率、结婚年龄等），再设法验证两者之间假定存在的相关性或者因果联系。布鲁默指出，社会学家测量的变量只是他们对大量具体现象的概括。这些具体现象都是人们在实际社会交往中赋予的意义，然而社会学家却常常认为社会学分析的变量是像气温或者沸点那样的独立事实。以教育水平为例，它实际上是由许多具体现象构成的：一个人在哪些机构和个人那里接受教育，他在教育中获得的具体知识和技能，他在此期间结识的他人和建立的社会关系，他如何在其他领域展示和使用他在教育中获得的身份、技能和人脉，等等。如果变量分析表明教育水平和收入之间存在相关，这种关系也同气压和沸点之间的物理学关系完全不同。在一个社会中，构成教育水平的所有具体内容如何影响一个人的收入，也是由无数具体的社会交往关系组成的。它不仅涉及一个人利用自己在教育中取得的身份、技能和社会关系同他人打交道并影响他人的方式，还涉及社会文化语境如何评价一个人的这些具体特征。另一方面，收入也不是一个像物理量那样的独立变量。收入是一种社会关系，同时也是一种意义。收入之所以具有意义并且能够影响到人们的行动，也是由一系列的社会交往关系支撑起来的。因此，用教育水平和收入之间的相关性无法完全揭示出与此相关的具体和复杂的社会交往关系。反过来讲，

1 Herbert Blumer, *Symbolic Interactionism: Perspective and Method*. Berkeley: University of California Press, 1986, pp. 78–89.

2 Herbert Blumer, "Sociology Analysis and the 'Variable'," *American Sociological Review*, vol. 21, 1956, pp. 683–690.

当人们普遍相信较高的教育水平会带来高收入时，这种信仰也会在实际上巩固这两者在变量分析中表现出来的相关性。换句话说，当社会学家通过变量分析验证了某种相关性，他们的研究作为社会交往和意义赋予的过程，也会变成他们试图分析的现实的一部分。

在布鲁默看来，变量分析方法无法揭示出构成社会现实的具体交往。相反，变量分析所选取的变量本身，也是从已有的交往所赋予意义的事物中挑选出来的。这样的挑选难免过于随意，也很难确保其中哪些变量具有普遍的科学性质。相比之下，布鲁默更欣赏依赖沟通和文本的质性研究方法。归根到底，从互动论的视角看，社会生活不是由先天具有意义的事物或者实在构成的。社会生活是那些不断赋予事物以意义的社会交往本身。社会学家不应该假定在这些交往过程之外就已经预先或者独立存在某种事实或变量，再研究这些事实或变量之间的关系。事实上，社会学研究只能从具体的社会交往出发，在这些交往过程中寻找人们如何体验到他们赋予意义的那些事物。

三、戈夫曼的拟剧论

本章最后要介绍的学者是戈夫曼。戈夫曼在研究生阶段曾求学于芝加哥大学，他也常常被视为符号互动论的一位代表人物，尽管他的思想具有很大的丰富性，也有人指出他更多受到人类学的影响。戈夫曼在去世前不久被选为美国社会学学会主席，但在生前却往往被视为一位“离经叛道”的社会学家。其中一个原因在于，戈夫曼更喜欢民族志那样的质性研究以及对社会生活的具体观察，而不是当代主流社会学的形式化和量化分析方法。

同米德和布鲁默类似，戈夫曼对社会交往，特别是人与人之间面对面交流十分感兴趣。他最为人熟知的思想就是拟剧论（dramaturgy）。戈夫曼认为，人与人之间的交谈其实和舞台上的表演类似。在面对面的交流中，一个人的表现和表达并不是某种“真实”自我的反映，所谓真实的自我是不存在的。人们向他人表现和表达出来的总是他们希望向外传达的自我形象。由此，交往活动中的表现总是一种“扮演”。换句话说，人们总是在交往中扮演他们认为自己所是的那个人。

按照一般的生活常识，扮演是一种虚假的行动。舞台上的演员扮演的角色并不能代表演员本人。扮演的角色不同于“真实”的自我，这就像是一种伪装或者欺骗。然而，对戈夫曼来说，“真实”的自我并不存在，因而扮演也不是一种伪装。我们可以很自然地想到，一个人在面对不同的交往对象，或者在不同的场合，甚至在不同的心境下，都会试图表现出不同的人格特点和行事风格。这说明，我们在现实中不总是按照一种一成不变的方式来同他人打交道。我们相信自己是一个什么样的人、希望自己是一个什么样的人，然后才会按照这样的自我形象行动。所谓“真实”的自我无非是那个我们深信自己所是的人而已。反过来讲，当我们“扮演”我们认为自己所是的那个人时，其中并没有任何欺骗的成分。而现代人之所以热衷于追求“真实”的自我，可能来自某种对自我表现的信仰。

戈夫曼首先区分了人际交往中的两种信息传达。第一种是表达给予（expression given）。这是指最通常意义上的交流，也就是一个人有意向他人传达的信息，比如一个人在商店告诉店员他想买什么。另一种被称为表达释放（expression given off）。这一类信息并不是主动传达的，而是人们在举手投足之间释放给他人的，比如一个人为了给别人留下一定的印象而选择自己的着装、姿态、口音等等。不过戈夫曼认为这两者之间的界限并不是绝对的。[1]

在我们跟他人打交道的时候，总是需要了解对方是个什么样的人，这样才能够预判对方的行为举止，同时也知道自己该以什么样的态度和方式对待对方。对戈夫曼而言，这一点是很重要的。对待一件非人的物体如一块石头，我们知道它的各种物理属性，但是石头是不会思考的，所以我们不会考虑自己的行为如何被这块石头理解，或者会给石头留下什么印象。而在跟人交往的时候，我们需要考虑对方如何理解自己的所作所为。因此，我们向他人传达信息和对待一块石头是不同的。在他人面前我们可能会出于害羞而收敛自己的举止，哪怕这些他人只是旁观的陌生人，但是我们绝不会在石头面前这样做。在前一种情况下，我们会设想别人对我们的主观看法；这在后一种情况下是不存在的。所以，考虑他人的身份特征和思维方式也不同于考察石头的物理属性。我们需要了解他人的身份、性格和思维方式，是因为需要站在他人的角度预测他们如何理解我们的所作所为，并且如何对我们的所作所为做出回应。只有这样，

---

1 Erving Goffman, *The Presentation of Self in Everyday Life*. New York: Doubleday Anchor Books, 1959, pp. 2–4.

我们才能够决定在面对他人时该如何表现自己。

反过来讲，我们也会有意通过向他人表现出一定的举止来影响他人对待我们的方式。在戈夫曼看来，我们在他人面前的表现总是这样有意识的自我展示的结果。或者说，这些表现本身也是有意识的社会行动。他举了一个例子：住在大学宿舍里的女学生在接到电话时，经常故意让电话多响一段时间，这样就可以让室友知道自己经常接到电话，由此留下受欢迎的印象。[1] 类似现象在日常社会生活中很常见。戈夫曼学说的特点在于，人类在社会交往中的表现和行动并不是某种人格或人性本质的产物或者表达，而是在具体的交往中做出决策。当人们面对面打交道时，他们总是根据特定的场景以及他人的表现来回应和行动。因此，社会交往是参与其中的人互相反复解读他人的行动，然后进行回应的过程，行动是在这个相互作用的过程中做出的。这一立场同前文介绍的米德和布鲁默的学说一脉相承。戈夫曼的学说也可以被视为互动决定论。他并不预先假定某种先验的人类本性，然后把社会看作这种本性互相发生作用或者累加的结果，而是把人类社会生活有意义的部分都视为社会交往的产物。

戈夫曼对精神病治疗机构的研究可以很好地说明这种思路。现代人往往认为，精神病人的行为不同于正常人，它是精神疾病的表现和结果，而精神疾病是在精神病人展现出症状或者异于常人的行为之前就预先存在的。精神病治疗针对的是病人反常行为背后的疾病，其成果则反映为病人行为的改变。戈夫曼对美国的精神病治疗机构进行了细致的民族志式的观察。他发现，精神病院中病人的行为其实是由精神病治疗机构塑造的。换句话说，精神病人的行为是对环境和他人的反应，而不是精神疾病本身的一贯表现。精神疾病的症状并不同于器质性病变的症状，后者是生理病变按照固定的生物化学规则产生的机械产物，而前者则是精神病人对具有意义的社会交往和社会环境做出的有意识的回应。精神病治疗就像任何一种社会交往一样，会被精神病人按照一定的方式加以解读，然后产生相对的回应。因此，对于精神病人而言，他们自己的行为也是具有意义的，只不过他们赋予意义的方式与“正常人”不同。但这种差异不能直接归咎于器质性和生理上的病变。打个比方来说，如果人类的行为是计算机屏幕上显示出的图像，计算机硬件的损坏会产生无意义的图像，但不会改变图像具有

---

1 Erving Goffman, *The Presentation of Self in Everyday Life*. New York: Doubleday Anchor Books, 1959, p. 4.

的意义本身。假如正常运作的计算机显示出一只狗的图像，那么硬件损坏并不会使图像变成一只猫。那些由严重生理损伤导致的精神疾病使病人完全无法产生具有意义的行动，而另一些精神疾病则不然。在后一种情况下，病人的反常行为像正常人的行动一样，需要结合它们针对的社会环境和社会交往加以解读。对于戈夫曼而言，精神病治疗机构就是这样的交往环境。在这种环境中，治疗的结果是病人对治疗有意识的回应。例如，使用生理上的刺激手段来改变一个说谎成性的病人的反常行为：在病人看来，这只是针对其“过错”的惩罚；但在精神病学的立场看，这是针对客观疾病的治疗。如果病人惮于惩罚造成的痛苦而“痛改前非”，那么精神病学认为这是治疗的机械后果，而不是病人对治疗者权力的顺从和妥协。由此戈夫曼批评现代精神病治疗机构。在他看来，精神病治疗机构只是一种针对病人的强制权力机构，它的目标是制造出平静、驯顺、不会与正常人的社会发生冲突的病人。[1] 戈夫曼的批评直接推动了美国的精神病医院改革。

总的来说，戈夫曼继承了米德和布鲁默所代表的美国互动论传统，尽管他的分析更加微观和具体。现代社会学家也把他看作沟通芝加哥学派经典理论和现代社会学的桥梁。

第三节　评　析

尽管米德、布鲁默和戈夫曼在美国社会科学界享有非常高的威望，然而他们的学说没有被当代主流社会学所继承，他们的理论对主流社会学后来的发展也没有造成决定性的影响。反而是布鲁默持怀疑态度的变量分析成为了当代主流社会学最重要的研究方法。如果把互动论看作美国社会学界的一种本土传统，那么在今天的主流社会学中已经很少能看到这种传统的踪影了。

美国互动论传统衰落的一个重要原因是它同现代主流社会学的实证研究无法兼容。按照主流社会学模式从事实证研究的学者，常常抱怨布鲁默和戈夫曼等人的理论

1 Erving Goffman, *Asylums: Essays on the Social Situation of Mental Patients and Other Inmates*. London: Routledge, 2017.

在经验研究中很难操作。他们对社会现象的解释难以还原为简单、可测量的变量，也更难用定量方法检测这些变量之间是否存在因果关系。当然，由于布鲁默本人对这样的实证研究方法并不认可，实证研究者的批评也只是从他们自己的视角提出的片面意见。事实上，互动论传统试图建立的社会学同当代主流社会学，代表了两种根本上不同的思维方式。

假如我们把社会中的个人都想象成一台计算机，那么人与人之间的社会交往就是计算机之间互相传递数据的过程。这些数据在现代实证主义者看来是最直接的经验现象，其实我们可以把实证研究者也看作接受和输出信息的计算机，那么社会科学家研究的对象其实是他们从其他“计算机”那里接收到的数据。社会科学家对这些数据进行监控和处理，试图从中发现一些基本的量，然后证明它们之间存在什么样的关系，但这并不是互动论理论家所关心的问题。互动论理论家的基本问题并不在于个体之间传输的数据的内容，而是这些数据在个体之间传递的方式。不仅如此，他们认为传递方式决定了所传输数据的内容。因此，他们想要回答的根本问题是这些数据如何产生，而不是这些数据内部各种量之间的联系。

互动论同当代实证主义在思维方式上的区别，导致了互动论淡出当今的主流社会学。换句话说，互动论的衰落并不是自身缺陷的结果，而是社会学学科潮流改变所导致的。今天我们重新回顾米德所开启的美国互动论传统，仍然可以得到新的启发。

思考题与推荐书目

思考题

1.“我”这个词的含义是什么？

2. 我们日常生活中所说的“真实的自我”和“真情流露”是指什么？我们在不同的社会情境下为何会表现出不同的为人处世风格？是否存在一个统一且一成不变的人格？

推荐书目

乔治·赫伯特·米德:《心灵、自我与社会》，赵月瑟译，上海：上海译文出版社，

2018年。

欧文·戈夫曼:《日常生活中的自我呈现》，冯钢译，北京：北京大学出版社，2022年。

欧文·戈夫曼:《污名：受损身份管理札记》，宋立宏译，北京：商务印书馆，2022年。

厄文·高夫曼:《精神病院》，群学翻译工作室译，台北：群学出版有限公司，2012年。

王晴锋:《欧文·戈夫曼与情景互动论》，北京：社会科学文献出版社，2019年。

G. H. Mead, *The Individual and the Social: Unpublished Work of George Hebert Mead*. Chicago: The University of Chicago Press, 1982.

Herbert Blumer, *Symbolic Interactionism: Perspective and Method*. Berkeley: University of California Press, 1986.

第十章
空间社会理论

20世纪70年代以来，以法国思想界为中心，发生了一场被当下学界称为“空间转向”的运动。在法兰克福学派之后，哲学、社会理论、文化理论、政治学、地理学、史学等多个学科或领域，借助于“空间”想象，形成了激进思想的复兴，向由结构功能主义、实证主义以及现代自由主义主导的社会科学传统发起挑战。在“空间转向”的展开进程中，物理空间的激进化是基础，社会空间的崛起及其社会关系变革是核心，精神空间的凸显扩展了空间话语的内在向度，虚拟空间则是当下最具张力的所在。不同类型的空间既相互区别又彼此支撑，对各种空间类型及其关系的探讨，形构出差异化的空间理论，并通过持续的努力积聚成为当代人文社会科学的主流思潮之一，对现代社会产生了重要影响。

第一节　理论传统及概况

资本主义生产方式及其社会形态在20世纪的持续转型，构成“空间转向”发生的历史语境，这一转型具有如下特征：（1）从组织形式上看，随着生产与资本的不断集中，资本主义从自由竞争向垄断阶段过渡。列宁与卢森堡对帝国主义及其世界范围内不均衡发展趋势的时代判断，推进了对历史唯物主义空间化的理论阐释。（2）就社会形态而言，资本主义从工业社会向后现代社会的转型，引发了时空机制的剧变，时空不再是集体生活理所当然的物质基础，个体的生存与空间的结合具有随机性、偶然性，占据空间成为个体谋求社会化生存的必要条件。（3）信息技术全面渗透生活领域，进一步撑开了当代生活的共时性维度，在全球范围内建构起一个虚实共生的“网络空间”，“网络空间”主导生活空间，但也遭遇到日常生活的抵制。总体而言，经济、社会和技术等多重因素的共同作用，使得“空间”话语及其实践，在当下的社会生活中获得了一种前所未有的重要性。

西方思想传统中存在着一种时间主导空间并对空间进行抽象化的趋势，“空间转向”旨在挑战这一传统。在笛卡尔那里，身心二分以时空二分为基础，认知理性确立了人的主体地位，时间被视为思维内部的一种属性，空间则代表事物外在的广延特征。时间与空间相分离，在思维的线性时间模式中，思维对世界的理性认知，也是将古典意义上经验性的具体空间，化为无差别的几何空间的过程，时间组织了空间，形成了对空间的优先性。如“空间转向”的开启者福柯所概括的，“空间在以往被当作僵死的、刻板的、非辩证的和静止的东西。相反时间却是丰富的、多产的、有生命力的、辩证的”[1]。

“空间转向”对空间的物理性、社会性、文化性及虚拟性等特征的探讨，逐渐演变出四种不同的理论形态：(1)物理空间是空间的基本形态，空间转向首先表现为物理空间的激进化，即个体以及集体占据物理空间并宣誓其主权的行动。(2)社会空间是空间转向的核心内容，空间被社会结构及其社会关系所塑造。亨利·列斐伏尔(Henri Lefebvre，1901—1991)对都市空间的马克思主义解读，福柯(1926—1984)基于异托邦空间的分析，都具有典型意义。(3)精神文化空间是后现代语境中突出的空间形态，体现了人的精神生活的空间化过程。戈夫曼(1922—1982)、布迪厄(1930—2002)发展了齐美尔(1858—1918)对都市生活中社会空间的认识。(4)现代网络技术对社会空间的整体介入与重构，创造了网络空间这一虚拟世界。布鲁诺·拉图尔(Bruno Latour，1947—2022)对“网络”的分析启发了曼纽尔·卡斯特(Manuel Castells，1942—)对网络空间的全面理论化。

空间转向是物理空间向社会空间的转化与生成。**从物理空间衍生出社会空间、精神文化空间乃至网络空间，看似空间的物质性逐渐消退，社会属性逐渐增强。但是，社会空间并不否定物理空间，它是空间由其单纯的自然形态向更为复杂的空间形态发展。**与此同时，空间类型的嬗变也是社会转型过程中不断激进化的社会关系的空间表达。因此，空间转向并不是要全盘否定传统的有机空间形态，而是在新的空间想象中重新理解传统的空间，重塑时间与空间、自然与社会的统一。

第二节　理论要义

一、物理空间

物质性是空间的基本特征，自然物理空间是空间转向的基础概念。物理空间是一

1 Michel Foucault, “Question on Geography,” in Colin Cordon ed., *Power/Knowledge: Selected Interviews and Other Writings, 1972−1977*. New York: Pantheon, 1980, p. 70.

种作为载体的空间形态，空间的意义在于其内部，而不在于空间之间的关联，因而是一种内生性的空间。土地孕育万物，工厂组织生产，人类生命在乡村或城市中繁衍，这些都是自然物理空间的基本含义。在流动性日益加剧的后现代社会中，物理空间依然为人的生命经验提供物质基础。空间转向不可能抛开自然物理空间，空间转向本身也的确注重于自然物理空间的拓展性及其激进政治意义。

古希腊哲人关注的是物理意义上的空间。当哲人提出时间问题的时候，就意味着同时提出了空间问题。古希腊人最初将空间理解为“虚空”，这源于古希腊人特有的想象力，也同当时的经验及科学的局限有关。古希腊人认为“物体”由两个部分组成，一是不可再分的原子构成的实体，二则是实体被置于其间的“虚空”。“虚空”的概念是伊奥尼亚唯物主义最早提出来的，但柏拉图对这样空空荡荡的空间概念并不满意。柏拉图在《蒂迈欧篇》中将事物与空间联系在一起，认为空间既是与事物相适应的外在形式，又是存在的孕育者和“载体”，空间“永恒不朽，无从毁灭，为一切造物提供一个家园”[1]。

柏拉图的空间概念比伊奥尼亚唯物主义具有较大的进步，但亚里士多德认为柏拉图有混淆物质及其存在空间的倾向。亚氏认为，柏拉图“把质料和处所等同看待了”[2]，物质如果被理解为一种尚未获得其形式的质料性的空间，与之对应的空间就是一种广延性的空间；而作为事物存在的空间，则是事物占据的一个特定的“位置”（site），即是一种形式性的空间。亚里士多德对两种空间的区分具有重要意义，广延性的空间观通过笛卡尔的几何空间观成为近代自然科学的基础，而“位置”的空间概念，通过中世纪基督教层级的空间概念，成为当代空间转向的核心概念。中世纪的空间体现为一种基于特定位置的空间系列，基督教把人类历史看作由“创世”“沉沦”“救赎”三大阶段所构成的单向线性系列，空间不过是时间的延续和外在表现。以天国为中心，超天国地点、天国地点以及与天国地点对应的世俗地点，按照层级被部署。自然物理空间被赋予了神圣性与政治性，发展了政治地理学的空间特性。值得注意的是，无论是广延空间，还是“位置”空间，都包含着对具体空间的抽象，进而才有近代的“物理学”。

---

1 Plato, *Timaeus*, in John M. Cooper ed., *Plato Complete Works*. Indianapolis: Hackett Publishing Company, 1997, pp. 1254–1255.

2 亚里士多德：《物理学》，张竹明译，北京：商务印书馆，2009年，第96页。

近代以来，物理空间在笛卡尔、牛顿、康德等哲人的思想中，被进一步抽象化并成为近代科学发展的基础。笛卡尔将空间等同于物质的量的特征，发展了几何学的理性空间观，“地图”便是这一时期的产物。牛顿明确区分绝对空间与相对空间，空间无须同具体物质或时间关联在一起，而就是独立的实在，“它自己的本性与任何外在的东西无关，总保持相似且不动”[1]。从牛顿经典时空观到爱因斯坦相对论时空观的转变，破除了绝对空间观。爱因斯坦指出，时间、空间、物质与运动无法被分开，并不存在绝对时间与空间，时间和空间是相对的，这为物理空间向社会空间的转变提供了自然科学的基础。

空间转向并不是要否定自然物理空间，而是在一种新的空间想象中重新理解传统空间的意义。20世纪60年代以来兴起的航空航天技术，大大扩展了人类对物理空间的认识与想象，人们完全可以真实地想象一种不依赖于时间的空间，太空的运行是脱离时间的空间本身的演绎。同此前地球性的历史时间相比，太空空间本身就具有时间性。

由当代技术加以拓展了的自然物理空间概念，直接影响到了哲学社会科学领域有关空间的讨论。**曾经被宗教语境强化的层级性与政治地理学意义上的空间，被一种新的激进政治力量激活**。在后现代的语境中，个体、集体乃至民族的存在，依然同特定的物理空间联系在一起。占据一个特定的空间，被列斐伏尔称为后现代的“空间实践”。物理空间对人而言，并非自然可得，人往往需要通过对话沟通，甚至艰苦抗争来获得。在快速城市化的过程中，不同的人在空间中的聚集，形成了多样性的物理空间，如都市郊区的同乡聚落、市中心的棚户区等，都成为都市整合所着力考虑的区域。当然，即使是拓展了的自然物理空间，依然不足以把握空间转向中的空间概念。空间转向，是要超越单纯的物理空间而走向社会空间的。

二、社会空间

社会空间的凸显是空间转向的实质。依照当代空间思想家的理解，关于空间的探

1 高宣扬:《福柯的生存美学》，北京：中国人民大学出版社，2005年，第313页。

讨实质上是对社会空间的探讨。社会空间是一个由复杂的社会化系统所形构的现代空间。高速的城市化、蓬勃的房地产业、金融系统的无处不在、社会交往的符号化以及社会的“麦当劳化”，都在提示着一个全球性范围的总体性的社会空间的浮现。

社会空间实质上是一种关系空间。莱布尼兹将空间勘定为两个不同的位置之间的距离或者关系，而非两个物理空间本身。关系空间也可被称作基地（site）空间，“基地被两点或两元素间的近似关系所界定”[1]。值得注意的是，构成特定空间关系的两个位置的重要性并不平衡，其中一个位置更为基础，其他的位置在该位置的参照中获得其存在的意义。

现代性不仅使得空间成为社会关系的场所，并且本身就生产着社会关系。**空间不再只是器具或被动设置的产物，而是自在自为的存在，它具有主动的扩张性与生产性。列斐伏尔指出，社会空间就是社会产品**。这句话一方面指出，在资本主义社会中，空间的物质性尽管并未消失，但是，空间的社会性更为显著。空间必须表现为社会空间，而社会空间本身就已经变成了资本。另一方面，每一种社会形态都有其对应的空间形式，每一种生产方式都依赖于并生产出独特的空间，“每一个社会——因此每一种生产方式及其亚变种（即所有被普遍概念例证的社会）——都生产出一个空间，它自身的空间”[2]。古代社会的空间是依托于山川、河流等自然空间而建立起来的绝对空间；中世纪对应的是历史的空间，是在自然空间基础上的技术、财富及资源积累的空间；资本主义生产方式对应则是“抽象空间”，是一种与自然及其历史空间相对立的人造空间，是资本与国家操控下的“都市”空间形态。早期资本主义的空间的社会性并不突出。在马克思那里，空间主要被视为物质生产的器皿，哈维认为，马克思“未能在自己的思想里建立一种具有系统性和明显地具有地理和空间的观点，这因此破坏了他的政治视野和理论”[3]。

抽象空间是一种兼具均质化、碎片化与等级化的空间类型。抽象空间首先是一个交换的空间。资本主义的抽象空间并非基于人的历史性关联而形成的有机空间，而是在国家与资本所主导的空间规划中，传统的城市空间被切割并按照其功能性重新

---

1 包亚明主编:《后现代性与地理学的政治》，上海：上海教育出版社，2001年，第19页。

2 列斐伏尔:《空间的生产》，刘怀玉译，北京：商务印书馆，2021年，第48页。

3 苏贾:《后现代地理学：重申批判社会理论中的空间》，王文斌译，北京：商务印书馆，2004年，第100页。

拼凑，而形成的碎片化的空间图景。但是，抽象空间与历史空间一样都具有等级性特征。列斐伏尔将都市空间视为抽象空间的权力中心，认为都市是集所有的生产性要素于一处的整体性的交换空间。“这个空间建立于庞大的银行网络、商业中心以及主要的生产实体基础之上，除此之外还有公路、飞机场以及信息网络为基础。”[1]资本主义的世界化以其特定的都市空间为基础，串联了不同民族与地域中的空间“位置”，形成了一个巨大而复杂的位置空间系统，发展为一个等级化的世界都市网络体系。因而，资本主义的生产已不再是在“空间中的生产”（production in space）而是世界范围内对“空间的生产”（production of space）。

抽象空间同时孕育着反抗的力量。在列斐伏尔看来，空间不是既定的资本的统治秩序，而是一个动态的矛盾的实践过程。资本主义抽象空间的生产同时蕴含一种未来社会的空间形态，即“差异空间”。**抽象空间是一个在世界范围内不断延伸的现代都市空间，其中，日常生活被资本的消费主义逻辑所渗透**，变得日渐平庸与乏味。但日常生活也不乏抵抗性，无论在网络空间上还是广场街道上，人们为了捍卫自身的生活方式与空间的权利，展开了各种抗争与实践。

与列斐伏尔关注资本主导的政治经济学意义上的空间不同，福柯着力于探讨空间与社会权力的关系，即空间作为权力机制以及空间在反权力的政治行动中的意义。福柯对空间的分析大致可以分成具有张力的两个方面，其一是对从属于正常秩序的规训空间的分析，其二则是对作为他者空间的“异托邦”空间的分析。

规训空间是福柯最具影响力的空间思想。在《规训与惩罚》等一系列著作中，福柯分析了诸多规训空间类型，如监狱、精神病院、疗养院、学校、医院、工厂等，其中，监狱被作为各种权力空间的模型，全景监狱中空间的监禁功能更是达到了极致。在规训空间之外，福柯还分析了他者空间，即“异托邦”。**如果说规训空间是物理空间在权力作用下单一化的产物，异托邦则阐发了一种充满了异质性元素、多样的、复数的空间类型**。每一个文化、每一种文明都存在着这样的空间，所有使得正常的秩序失去其自然的合法性与权威的空间都是一种异托邦空间。异托邦一方面与现实场所并存，另一方面又与现实场所相抗争，诸如妓院、墓地、博物馆、殖民地等都被视为异

1 列斐伏尔：《空间的生产》，刘怀玉译，北京：商务印书馆，2021年，第81页。

托邦空间，大海中航行的船只被视为异托邦的典型。“船是卓越的异托邦。在文明中，没有船，梦想就会干枯，谍报活动就会取代冒险，警察就会取代海盗。”[1] 异托邦甚至不是固定的场所，它与展开于其中的经验有关，一种直接的当下体验就能将常规的地点变为异托邦。福柯认为制造“异托邦”是城市治理的基本手段，尤其是在处理传染病时期，例如，西方历史上在应对麻风病的时期，以围墙将正常人与病人分隔开，权力在一个封闭的空间中运行，麻风病人则被驱逐至异托邦空间中。

通过异托邦的概念，福柯试图对后现代条件下空间反叛的可能性做出阐释，“我相信，在任何情况下，我们时代的焦虑基本上都与空间有关，毫无疑问，这种关系远甚于同时间的关系”[2]。通过对于现存秩序的反叛敞开了一种自我超越的可能性，因此“异托邦”的主题是“逃逸”，即从正常的社会秩序中偏斜出去，这一思想与德勒兹关于身体“游牧”的思想异曲同工，共同谱写了身体及其空间对组织化生活的批判。“福柯和德勒兹的理论针对的不仅是现实资本主义的统治，而且是韦伯意义上科层化的现代性牢笼。”[3]但与德勒兹的“无器官的身体”的反抗姿态不同，福柯“异托邦”中的身体“逃逸”是对正常的社会秩序进行质疑并使之瓦解的抗争方式。异托邦既具有乌托邦之脱离现实的性质，又因其强烈的现实指向而与乌托邦相对立。就此而言，异托邦与列斐伏尔对差异空间的设想具有更显著的一致性。两种空间类型都保留了乌托邦作为一种未来的空间类型的批判性指向，同时又作为一种具体存在的空间，对乌托邦的理想性及其无地点性予以否定。

三、精神文化空间

精神文化空间是内在的空间，是随着空间转向而凸显出来的空间类型。现代性要求人与人在社会空间里沟通，但每个人都有一个属于自己的内心世界。人有自己的信仰、价值、意义，也有独特的心理，而且社会本身也存在着基于习俗、道德、伦理与制度的精神基础，文化传统也是内在的精神空间。精神空间是以特定时空之下的社会

1 Michel Foucault, “Of Other Space,” trans. by Jay Miskowiec, *Diacritics*, no. 16, 1986, p. 27.

2 Michel Foucault, “Of Other Space,” trans. by Jay Miskowiec, *Diacritics*, no. 16, 1986, p. 23.

3 汪行福：《空间哲学与空间政治——福柯异托邦理论的阐释与批判》，《天津社会科学》2009年第3期。

互动过程为基础，探讨空间与人的情感及其价值的互动关系。

齐美尔较早地从都市生活的角度提出社会空间思想，他扩展了社会学的空间想象力。这位置身于城市化、金钱世界以及普遍的交换关系的边际人，一定感受到了无处不在的社会空间，一种通过现代性祛除了自然物理性的都市人的生活空间。通过“边界”与“社会距离”这两个概念工具，齐美尔执着于心灵划界的空间化，进入到微观空间的社会互动中，将一个社会空间与周边世界分隔开，进而阐释了社会空间理论中的“边界”思想。齐美尔用“框架”对艺术作品的作用来比喻边界的社会意义，“框架宣称在它里面有一个具有自身规范的世界，一个不会被周边世界的决定因素和动态影响的世界”[1]。边界预示着其内部世界的自给自足性，既保证了社会空间的内生性，同时将其从周边的物理空间中区分出来。对于齐美尔而言，社会空间是一个基于社会互动、与人类情感（如厌倦、冷漠）密切相关的空间。社会互动则有着微妙的“社会距离”，对距离的判断关系到且依赖于人的情感和情绪。在都市生活追求令人感到安全、惬意的空间，首要的是要捍卫个体主义的生活方式。他说：“和邻居做朋友是件好事，但和朋友做邻居就危险了。”[2]

齐美尔对现代社会空间的深刻思考产生了重要的理论效应，其中戈夫曼发展了“全控机构”思想，拓展了齐美尔的“边界”理论，用“领地”概念推进了“社会距离”中对个体性空间的探讨。戈夫曼认为现代社会有很多各类“全控机构”（total institution）。监狱、劳教所、拘留所等都是这样的空间，其核心特征在于封闭性。“一个让许多处于相似地位、与外部社会脱节一段时间的人一起过一种封闭的、受到正式管控的生活的居住和工作场所。”[3]全控机构与福柯的规训空间有着很大的相似性，其都强调在现代社会日益个体化的同时，社会管控的普遍化趋势。但与福柯强调规训机构借助于对新主体的生产使个体屈服不同，戈夫曼认为，全控机构的高度封闭性及其对私人空间的侵犯，使得原本互不相识的个体之间形成“反道德规范的同盟”，一种兄

1 Georg Simmel, *Sociology: Inquiries into the Construction of Social Forms, Volume I.* trans. and eds. by A. J. Blasi, A. K. Jacobs & M. Kanjirathinkal, Leiden: Brill, 2009, p. 548.

2 Georg Simmel, *Sociology: Inquiries into the Construction of Social Forms, Volume I.* trans. and eds. by A. J. Blasi, A. K. Jacobs & M. Kanjirathinkal, Leiden: Brill, 2009, p. 569.

3 Erving Goffman, *Asylums: Essays on the Social Situation of Mental Patients and Other Inmates.* New York: Routledge, 1961, p. 31.

弟般的情谊，以对抗全控机构“忍受自我被攻击所产生的心理压力”。[1]

与全控机构相对应的是一个高度个体化的“领地”概念。“领地”是一种个人空间，是“环绕一个人的空间，如果其他人进入的话，会使这个人感到被侵犯，进而表示不快，有时甚至会退出”[2]。领地往往是一种固定的物理空间，**领地空间能够带给自我一种熟悉的感觉，一种都市繁复生活中的确定性与安全感**。领地以个体行动者的感受为中心，将空间与身体、物品等具体事物联系起来，赋予物理空间以特殊意义，极大地模糊了物理空间与社会空间的界限，凸显了个体之于空间的主体性意义。

戈夫曼同齐美尔一样对都市日常空间差异保持着高度的敏感性。通过舞台的类比，戈夫曼对日常生活中自我的呈现进行区域化，将社会世界分为前台区域和后台区域。在“前台区域”中，社会关系是一个舞台，人们如同游戏一般，扮演着自己的戏份。在社会交往的“后台区域”，人们才能放松自己，放下面具，交流其真实的感受与应对前台区域的表演策略。前台区域与后台区域既相互区别又互补存在，人们在前台区域中主动以标准化的形式进行着社会互动，展现出社会交往应有的情绪与姿态，在后台区域中焦虑、紧张、多疑等情绪得以释放，呈现真实自我。例如，对一家餐厅而言，厨房就是其后台区域，倘若被偷窥或者侵入，则可能因其不满或抗议。

与戈夫曼相比，布迪厄更进一步发展了社会文化空间的虚拟性。“场域”是一个想象出来的虚拟空间，几乎不受物理空间的约束，只是强调行为主体和空间位置之间的关联。场域中的位置只有在被某个人或某个群体占据时才有意义。例如，学术圈、娱乐圈、商界等都是一个特定的场域，不同的场域适用不同的规则。**场域是一个竞争性的场所，其中的位置是通过竞争获得的，而位置本身就是一个区分社会身份的文化符号**。在科学场域中，“最重要的是科学权威的垄断问题”[3]，科学家们在场域的竞争中获得同行乃至权威的认可，从而占据场域中的位置。场域是一个相对稳定的结构性空间，不以个体之间的社会互动为前提，也不受到个体流动性的干扰。例如，无论商业领

1 Erving Goffman, *Asylums: Essays on the Social Situation of Mental Patients and Other Inmates*. New York: Routledge, 1961, p. 69.

2 Erving Goffman, “Territories of the Self,” in *Relations in Public: Microstudies of the Public Order*. New York: Routledge, 1971, pp. 29–30.

3 Pierre Bourdieu, “The Specificity of the Scientific Field and the Social Conditions of the Progress of Reasons,” *Social Science Information*, no. 14, 1975, pp. 19–47.

袖如何变换，商界总是存在，其商业规则并不会随商业领袖的更替而发生根本变化。

布迪厄的“场域”概念与其“身体资本”概念紧密相连，教育、品味与关系在特定的“场域”中被转化为资本。特定场域的资本可称为“符号资本”，不同的“场域”中通行着不同的符号资本。在一个场域中流行的文化符号，在另一个场域中则可能一文不值。将身体视为“资本”，体现了布迪厄从经济的角度对身体的理解，正如马克思并不把“资本”视为金钱，而视为在特定制度下不平等的社会关系一样。而“身体资本”更多时候指的是经过长期训练与耳濡目染，已经被身体所内化的一种能力或习惯，其形成本身就依赖于特定的场域，其施展也同样以这一场域为条件。个体无时无刻不在特定的场域中促进自己的身体资本的增殖，或者用身体资本兑换其他类型的资本。

综观从福柯、齐美尔、戈夫曼以至布迪厄，西方经典意义上的空间思想强调了空间不仅是物理存在，更是社会关系、权力结构和文化意义的体现。他们的研究为理解现代社会中的空间变迁提供了丰富的理论视角。

四、网络空间

网络空间是人们当下越来越能够切身体会到的空间形态。公众通常将网络空间等同于虚拟空间，认为只有自然空间、物理空间以及社会空间是客观真实的，文化空间、精神空间虽更多以观念形态存在，但也能为人所认知与理解。而网络空间虽不同于前述的自然空间、物理空间，但仍具有实在性。

“网络”的社会含义最早由拉图尔予以阐发，其试图探讨的正是一种人与物相融合的形态。拉图尔并不把网络仅仅理解为一种空间形态，而是将之视为真实存在的“社会”本身。在拉图尔看来，纯粹的“自然”与完善的“社会”都是不真实的，是一种概念的虚构，并无实际意义。真实存在的“网络”是自然与人不断交融生长的中间形态或中介桥梁。“网络一词，……非常明显地意味着一系列的变形——转译、转换——它无法被任何一个传统的社会理论术语所替代。”[1]在拉图尔看来，网络是其中每

1 Bruno Latour, “On Recalling ANT,” in Law J. Hassard ed., *Actor Network Theory and After Malden*. Massachusetts: Blackwell, 1999, p. 15.

一个行动者所进行的"转译"行动的共同编织与公共建构。网络"转译"行为的关键在于其创造性，即人与自然之间构建起新关联形态以及人与人的新联合形式，"转译不仅融合了不同利益，而且创造了新的融合"[1]。当下的虚拟网络不断吸纳并整合物质资源，契合了拉图尔将网络视为一种人与自然的融合机制的理解进路，这一解读尝试消解将自然与社会严格区分开来的涂尔干式的理解进路。

自20世纪80年代以来，在网络技术支撑下浮现出来的全球性"网络空间"，实质上是拉图尔"行动者网络"概念的现实化。资本主义生产方式从工业化向信息化转型，引发了社会空间形态的相应变化。信息化使得"去中心化"的社会关系模式成为可能，并在社会关系的塑造中逐渐占据主导地位。作为这一转型的结果，虚拟空间重构了实体空间，并呈现出虚实共存的复杂网络空间形态，卡斯特的"流动的空间"概念是对这一空间形态的深刻阐释。在卡斯特看来，在虚拟空间中，权力关系的运行方式发生了转变，传统官僚制的垂直的权力关系被"通信权力"所取代，它是一种通过信息的网络传播而操控人心的新的权力关系类型。"权力基本上是围绕着文化符码和信息的生产与传播进行的。"[2]

在这样的权力关系模式中，每个人都是权力关系的承受者，也是施为者，从事着拉图尔意义上的"转译"活动。虚拟空间与实体空间又是相互叠合的。卡斯特称虚拟空间也具有实体性，因为虚拟空间主导了实体空间，将实体空间包容于其中。信息网络设备被设置于都市空间中，信息的汇聚地也往往是都市的各类中心所在，互联网更多的是强化了实体空间中既有的社会关联。在空间转向的视域里，基于自然物理空间从而质疑今日空间的实在性，实际上是一种误解。在网络空间越来越成为大众基本的生存空间时，实际上已不能称之为"虚拟空间"，而是现实生活本身。

身处于网络空间的复杂形态中，人们的精神世界及其生活经验也呈现出特有的矛盾性。网络空间中的文化是一种"真实虚拟文化"。捏造的、想象的消息，因其迎合了人们的心理需求而产生巨大的社会影响；真实的社会事件如果借助网络空间实现快速而广泛的传播，它将被接受为真实的社会事实。在传统的社会中，信息的传播总有

1 Bruno Latour, *Pandora's Hope. Essays on the Reality of Science Studies*. Cambridge: Harvard University Press, 1999, pp. 88–89.

2 Manuel Castells, *Communication Power*. Oxford: Oxford University Press, 2009, p. 16.

其来源，无论是邻人、朋友，还是报刊书籍，都在一定程度上保障了信息的可靠性。但在网络空间中，人们虚实难辨，真实性与虚拟性往往被技术人员及跨国平台企业所操控，真真假假的信息使得人们在网络空间中的生活变得疲惫不堪进而麻木。虚拟空间成为一种“后真相”的空间。此外，网络空间中时间的形式也发生了变化，**历史性的时间被一种无序的时间形式取代，人们对时间的流逝茫然不觉，也时常出现时间的错乱感。**

借助于“流动的空间”的概念，卡斯特推动了以技术为中介的社会空间理论的激进化转向。网络空间是无边界的、无定形的、自由流动的空间形态，这一“流动的空间”是人类首创的技术化空间形态，超越了空间的自然形态而进入人工再生阶段，是真正意义上的人造的社会空间。

网络空间并非单向度压抑，而是充满了抗争与张力。一方面在世界范围内，网络空间已经在资本逻辑及民族国家的主导下生成为一个内部统一、形态平衡的均质空间。另一方面，网络空间兴起的重要来源之一是部分民众在网络世界发起的抗议活动。他们作为网络社会的行动主体，致力于将网络空间发展成为一个满足日常生活之情感、交往需求，形成多样性、差异化的群体认同场所。时至今日，网络空间已经越来越成为社会运动的孕育之所，人们在互联网中建构新的文化共同体，并在物理空间中展开互动，使得精神共同体展现出影响社会的力量。网络空间传播路径的去中心化特征及其被资本裹挟的实质，使之成为世界范围内民粹主义潮流的温床。与此同时，健康的网络空间是促进不同主体之间文化交流、思想汇聚与观念交锋的信息平台，包括诸如环境保护主义、生态保护运动、性别正义以及其多种社会思潮，都在网络空间中得到广泛认同，体现出前所未有的多样性与影响力。

第三节　评　析

一、身体转向与空间转向

身体与空间彼此有机关联，身体转向支撑并推动了空间转向，空间转向巩固并深化了身体转向。身体原本就是一个“内部空间”，身体与外界的接触，也是外界进入到人的感觉器官、躯体之中的过程。更进一步说，身体空间与外界的接触产生了感受、思想，身体成为了孕育思想的空间。身体所占据的物理空间同时也是社会空间、文化空间。社会空间对于身体而言，是一种与之相应的外部空间，这个综合性的“位置”空间以其所包含的各种社会资源，为身体提供孕育的养分支撑；身体空间是人延展其空间范围与活动的基础与中心。正如福柯所言，尽管思想渴望自由，“但我不得不在我这颗丑陋的脑袋壳上，在这个我不喜欢的笼子里，揭示我自己并四处走动；我必须通过这个烤炉来说话，打量并被人打量”[1]。身体与空间存在着一种互为表里又相互支撑的一体化关系。

近代以来，西方思潮中存在着去身体化的倾向，认为身体属于感性的、不完善的、非永恒的有限实体，而观念或精神才可能达到普遍性与永恒性。由此而来，身体及其所占据的空间一同被忽视，无论是世俗空间对神圣空间的服从，日常空间被政治空间所统辖，还是他者空间被正常空间所排斥，就其实质而言都体现了**精神存在的匀质空间对经验性空间的压制**。现代社会不断加剧的流动性趋势，使得身体在社会中获得一个空间位置日益艰难，消费社会的兴起则进一步抽空了身体及其置身于其中的空间所承载的实体性内容与意义。

身体为空间的激进化提供了不可还原的根基。福柯的“异托邦”思想进一步阐明了空间激进化的身体源头。因为所有的惩罚都首先是通过身体进行的，身体的觉醒及其反抗成为了异托邦，身体抗争是异托邦运动的核心，换言之，异托邦对于权威空间的挑战，来自其所承载的被排斥的、被贬损的身体的存在。因此之故，列斐伏尔提出日常生活批判及其导向的空间的激进化体现为马克思的社会革命以及尼采的艺术创造双重的维度，“一方面立足于社会实践（马克思），另一方面扎根于艺术、诗学、音乐与戏剧（尼采）——两方面均以（物质的）身体为基础”[2]。

1 引自《乌托邦身体与异托邦》，本文是福柯在1966年做的两次无线电广播之一，另一次是《异托邦》，两次广播的时间分别为12月21日和7日。本文收录于汪民安主编的《福柯文选I：声名狼藉者的生活》，北京：北京大学出版社，2016年，第188页。

2 列斐伏尔：《空间的生产》，刘怀玉译，北京：商务印书馆，2021年，第599页。

二、空间转向的激进性实质

对当代空间理论而言，社会空间显然是激进的空间。空间转向有一个意义域的转变，即从存在主义的焦虑转向结构主义的建构，虽然结构主义本身必然走向解构甚至后现代，但毕竟意味着与寻求建构性的意义域。20世纪60年代风行于法国的境遇剧，其实就是虚无主义的境遇化或空间化。在当代空间思想家看来，精神生活的解放已不能从单纯的经典西方马克思主义的人道主义逻辑获得资源。当阿尔都塞、列斐伏尔通过把握列宁及毛泽东的思想，重新解释辩证唯物主义并赋予其激进政治内涵时，实际上是在寻求新的解放逻辑。

列斐伏尔对社会空间的结构及其生产与再生产的考察，旨在寻求日常生活中可能存在的差异空间，这提示了**一个高度疏离化与个体多样性的空间的存在**。当福柯在确定那些能够安顿人的解放与自我解放的异托邦空间时，他无疑是在寻求差异空间及其“生命政治学”的可能性。在这个意义上，福柯同样属于激进左翼。显然，差异空间更多地带有后现代性。全球资本主义、新自由主义或新帝国主义的空间是大卫·哈维等激进左翼理论家特别强调的空间，那里呈现出权力的资本逻辑从属于权力的领土逻辑的新的政治空间，但同时也被视为“希望的空间”。这些并非对空间的实证主义研究，而是包含着一种基于空间的解放旨向。

三、历史唯物主义与空间转向

如果要更为本质地追问社会空间的历史意义，就必须回到马克思。作为经典社会理论的开创者，马克思原则性地回答了社会空间何以可能的问题，这体现在《关于费尔巴哈的提纲》(以下简称《提纲》)的两个著名论纲。《提纲》第6条：“人的本质不是单个人所固有的抽象物，在其现实性上，它是一切社会关系的总和。”[1]这一提法具有社会关系本体论的哲学意义，揭示出社会理论的真理，即人是社会性的动物。古代先哲亚里士多德说人是政治性的动物，从而开创了社会科学，马克思揭示人是社会性的动物，乃是开创了现代性社会科学。对马克思而言，不是说先有存在，后有社会存在，换

1 《马克思恩格斯选集》第1卷，北京：人民出版社，1995年，第56页。

句话说，**如果没有社会存在，存在本身就是值得质疑的。社会存在的复杂性就存在于具体的社会存在领域，诸如历史、空间等等，举凡一切社会生活及其实践活动，而其中的空间必定是社会空间**。正如社会存在规定存在，社会空间也有理由规定自然物理空间。

马克思没有直接提出"社会空间"概念，但《提纲》第3条有关法国唯物主义的判断，其中就包含着社会空间的含义。《提纲》第3条指出："有一种唯物主义学说，认为人是环境和教育的产物，因而认为改变了的人是另一种环境和改变了的环境的教育的产物，——这种学说忘记了：环境正是由人来改变的，而教育者本人一定是受教育的。因此，这种学说必然会把社会分为两部分，其中一部分凌驾于社会之上。……环境的改变和人的活动的一致，只能被看作是并合理地理解为革命的实践。"[1]马克思的批判对象无疑是法国唯物主义的地理环境决定论。**当代空间转向力图完成的从物理空间到社会空间的转变，其实已经为马克思所开创的从被动的地理环境决定论向激进的政治地理学的转变所实现**。社会空间不外乎是社会存在及其实践的具体形式。因而，当代激进空间转向，大多自觉地将自身归宗于马克思的历史唯物主义之下，并且自以为进一步发展了历史唯物主义，尤其体现在列斐伏尔提出"历史唯物主义的空间"、哈维提出历史—地理唯物主义的主张等方面。

四、空间社会理论方法论

（一）空间的谱系学

任何概念都有自己的谱系，空间概念也是一样。福柯相信，当代的空间经验具有它的特殊性和时代性，它既有别于中世纪的空间，也区别于17—19世纪的现代空间。中世纪的空间是由一系列不平等的空间集合而成的，它们之间存在着等级关系，如神圣空间与世俗空间、隐蔽空间与开放空间、都市空间与乡村空间、宇宙论中的超天体空间与天体空间、天体空间与地上空间等等，上述空间的区分与对置，成了中世纪封闭而稳定的社会和文化秩序的基础。每个存在者，不论是神还是人，都在这一等级空间中拥有自己的固定位所（location）。

福柯提出伽利略是最早打破中世纪空间模式的先行者，他最重要的发现不是日

1 《马克思恩格斯选集》第1卷，北京：人民出版社，1995年，第59页。

心说，而是他构想的无限开放的空间概念。在这样的空间中，中世纪圆形概念所构建的封闭的、完满的空间结构解体了，代之而起的是由物体的运动度量的开放的空间概念。在一个无限空间里，物的位置不过是它在运动中的点而已，事物的稳定性不是别的，不过是运动的中止，换言之，从伽利略开始，物的延展（extension）已经取代了位所成为空间的核心概念。空间不再与人的具体生活相联系，而是与物体的运动相联系，这种空间本质上是机械的物理空间。伽利略在空间概念上的革命对现代性意识产生了极大的影响。它不仅使设想统一的历史意识成为可能，也使空间关系的合理化和工具化成为可能。

但是，今天人类的空间概念再次发生结构性转变。空间不再是物体运动的广延性，而是人的具体活动及其关系构成的具体场所，空间不再是抽象的、同质的和无限的，而是异质的、具体的、有限的。福柯说："我们生活在一组关系中，这种关系界定了既不能相互还原也绝对不能相互支配的场所。"[1] 正是这种既不能相互还原又不能相互支配的性质构成了后现代空间的特征。

"场所"概念在福柯的异托邦思想中具有核心地位。就其不能相互还原来说，它是异质性，不同的场所构成不同的生活空间，空间总是具体的、特殊的，不存在普遍的空间逻辑。就其不可相互支配来说，空间关系是流动的、多变的，不存在总体化的可能性。福柯认为空间不能与人的活动相分离，它不是一个空的容器，而是具体的人的空间－实践形式。因此，空间不是现成给予的东西，而是通过实践和关系创造的。在此意义上，理解空间就是理解人类实践本身，空间不是空－间、空的地方，而是人类实践的各种场所。人类的任何具体活动场所都是通向社会认识的途径，不仅像工厂、议院、广场等场所是社会空间，而且火车车厢、咖啡馆、海滩等也是社会空间。因此，福柯对当代空间的理解具有重要的方法论意义，它要求我们不要仅仅关注抽象的空间原则，而要关注人的具体实践的空间特征。

（二）整体性的空间

社会理论中的空间并非指某一种特殊的空间类型，现实的空间是融合物理性、精神性与社会性于一体的整体空间。在福柯那里，空间混合了物理性与精神性，既是一种具体的建筑物、房间和家具，又承载了社会等级、秩序的文化表征。唯有如此，社

1 Michel Foucault, "Of Other Space," trans. by Jay Miskowiec, *Diacritics*, no. 16, 1986, p. 23.

会空间才能作为规训性符号的载体，发挥其作为话语权力工具的功能。在列斐伏尔那里，空间进一步发展为一个集物理空间、社会空间、精神空间“三位一体”的概念工具，以此作为对人类历史上普遍的空间生产进程展开分析的工具。任何社会在进行物质生产的同时，也生产相应的空间形式，空间实践包括物理空间的生产又包含了社会关系的再生产，即通过机场、公路等空间的建造产生对社会关系的维系。因此列斐伏尔提出，“空间实践确保连续性和某种程度上的内聚性”[1]，即便是都市中租住政府补贴住房的日常生活，也属于处于特定空间管控下的空间实践。但物理空间的生产实践是在特定知识、规则及其文化符号的介入下进行的，尤其是在数学、哲学等现代科学的对物理空间的空间表象的把握中展开，物理空间中叠加着空间表象（representations of space），这是一个社会秩序及社会权力的空间；表征性空间（representational space）则意味着尚未被语言符号及其象征秩序所控制的空间，是活生生的直观经验的空间，是一种消极被动的空间，又是蕴含反抗的可能的空间。列斐伏尔所提出的物理空间、社会空间与精神空间这三种空间形式交融于空间生产的过程中，每一种新的生产方式通过这样“三位一体”的空间的生产，既瓦解了历史上的旧的社会关系，保持了其积累的连续性，又生产出新的社会管制及反抗的可能性。因此，资本主义的“抽象空间”的生产进程蕴含作为未来的空间形式的“差异空间”，这正是在这一空间框架中展开的。

思考题与推荐书目

思考题

1. 20世纪70年代以来法国社会理论的空间转向的兴起，存在哪些推动力？
2. 在网络化时代，物理空间是否已经不再重要？
3. 生活中典型的社会空间有哪些？这些社会空间中的权力关系如何展开？
4. 网络空间中的时间感与物理空间中的时间感，具有怎样的差异性？
5. 如何理解社会理论空间转向的激进性？

---

1 列斐伏尔：《空间的生产》，刘怀玉译，北京：商务印书馆，2021年，第51页。

推荐书目

亨利·列斐伏尔:《空间的生产》，刘怀玉译，北京：商务印书馆，2022年。

曼纽尔·卡斯特:《网络社会的崛起》，夏铸九等译，北京：社会科学文献出版社，2000年。

戴维·哈维:《社会正义与城市》，叶超等译，北京：商务印书馆，2022年。

爱德华·W.苏贾:《后现代地理学：重申批判社会理论中的空间》，王文斌译，北京：商务印书馆，2004年。

包亚明主编:《后现代性与地理学的政治》，上海：上海教育出版社，2001年。

第十一章
身体社会理论

20世纪80年代以来，随着法国社会理论“空间转向”的展开，作为一种特殊空间的“身体”在社会议题中的重要性也不断凸显，并发展为涵盖哲学、人类学、社会学、医学、政治诸领域的“身体转向”运动。社会科学领域的“身体转向”是工业社会向后工业社会转型的直接结果，也得益于西方思想传统内部对其“禁欲主义”倾向的自我批判。在社会理论的“身体转向”进程中，对身体的生物性及主体性的探讨，对身体的社会性及被动性的强调，分别构成了这一运动的两端，并为不同类型的身份政治运动提供了思想资源。具身化的身体理论则试图发展出社会理论“身体转向”的合题形式。差异化的身体理论从不同方面推进了对身体的持续关注及其课题化，其影响持续至今。

第一节　理论传统及概况

“第二代”女性主义的兴起是推动身体探讨的首要力量。工业资本主义依赖父权制，以保障男性对家庭财产的继承与分配。服务业比例在后工业社会中的大幅提升削弱了财产与身体之间的紧密关系，这进一步促进了旨在掌控、理解女性自身的身体的女性主义运动的发展。同时，**女性主义运动对资本主义父权制的批判，使得身体成为后现代自我认同的核心**。早期资本主义主要通过纪律、禁欲主义对身体进行管控；而盛期资本主义从生产领域转向了消费领域，欲望的身体取代了劳动的身体，身体在消费文化中越来越居于核心地位，成为现代人一项重要的自我规划。人口的老龄化对人类社会的生产及生活提出了前所未有的挑战，与基因技术、细胞移植、干细胞研究、生育等领域的突破，**共同**促进了激进身体改造的实现。

本质而言，思想领域对身体的聚焦是对西方思想传统的禁欲主义的批判。自柏拉图主义以来，西方思想传统主张用理性、克己与禁欲等方式贬低与压抑身体内在的旺盛的生命力。在追求善与真理的道路中，身体的地位在理性的光芒下日益式微，而在此后的基督教文明中，身体被贬斥为罪恶的渊薮。近代以来，笛卡尔将身体与心灵相区分，使人摆脱了自然性的驱使，人对世界的认识及其存在，不再需要通过神圣性的方式进行，而是凭借其认知理性，确立对于自然的主体性地位。由此，笛卡尔理性主义逐渐与清教思想的身体观相融合，发展出一种基于身体控制的理性规划，即身体的控制与驱使成为锤炼心灵、获得真理的必要途径。如韦伯所揭示的，在清教“天职观”的指引下，身体成为被驯服的工作机器。在整个西方思想传统中，**身体在古典的道德领域代表着罪恶，在近代真理领域意味着谬误，在现代性的生产领域又**

化身为机器。

尼采首先对这一禁欲传统发起挑战。在尼采看来，西方思想创造力的日益衰退及其虚无主义的征候，皆是西方自柏拉图以降所奉行的理性压制身体及其动物性的思想传统所造成的结果。尼采试图重新阐释希腊思想，以狄奥尼索斯的酒神精神和赫拉克利特的发光之火作为构成生命活力的主导性元素。尼采认为二者的不断相遇带给生命以激情并促进生命的绽放。**这种生生不息的力量与欲望不仅是所有生物的根本属性，还是人存在的根本规定性**，即尼采所谓的“权力意志”。权力意志使人具有了一种“自由精神”，即抛弃既有价值的束缚、进行创造的潜能。身体就是自由精神的物质体现，“这种自由精神有一天可能会存在……作为一种肉体的、显而易见的存在”[1]。尼采的身体不仅跳出了意识为它指定的从属地位，更取代思维成为解释与界定一切的准绳。道德评判、真理界定的标准都应以身体的生物学冲动为基础，“我完全是身体，不再是别的什么；灵魂只是身体上某个东西的代名词罢了”[2]。尼采将身体重新植入西方哲学的起源处，为当代社会理论的身体转向提供重要的思想资源。

在尼采身体哲学的启发下，自20世纪70年代以来，西方社会理论对身体的探讨逐渐蔓延开来，大体在如下四个方面展开：（1）以德勒兹为代表的对身体的动物性的探讨，强调身体所具有的感性力量，排斥社会对身体的组织化与规训，发展出一种主体性的身体观。（2）以福柯为代表的建构论的身体观，也称为结构主义的身体观，主张身体为社会结构及其社会关系所渗透与重塑，身体的主动性只是一种被社会生产出来的幻象。（3）身体的政治化助推了身份政治的浮现，自然主义的身体观与建构论的身体观都是其主要的思想资源，在福柯思想的影响下，巴特勒否定性别的自然性，强调性别的社会建构性，成为身份政治的典型代表。（4）主体性的身体观与建构论的身体观在身体的自然性与社会性中各执一端，具身化的身体观则试图将身体视为自我与社会的“中介”，对身体社会理论中自然与社会的分离进行弥合。这一流派中较为典型的是布迪厄与诺贝特·埃利亚斯（Norbert Elias），其探讨了人类总体的文明进程与差异性的文化对身体的渗透性，又彰显了身体对文明与文化的反作用。

1　尼采：《人性的，太人性的》，杨恒达译，北京：中国人民大学出版社，2005年，第7页。

2　尼采：《查拉图斯特拉如是说》，黄明嘉译，桂林：漓江出版社，2000年，第28页。

从古典社会理论到后现代的身体社会理论，并不是实质性的断裂，而是“身体”不断主题化、由隐到显的理论发展过程。古典社会理论传统缺乏对身体的持续关注，但在探讨社会结构、功能运作以及人的行动的性质时，又指向了对身体的某些重要面向的探讨。马克思从劳动问题来考察身体对于人类社会形态演进与人类解放的根本性意义，将生产劳动视为特定社会形态中满足身体本真需要的基本手段。身体既是社会制度及其生产方式的承受者，也具有创造性和革命的潜能。马克思尤其关注资本主义制度如何将身体吸纳入其中，技术如何使身体臣服于机器，进而强调经解放路径实现人的自由身体，而“上午打猎，下午捕鱼，傍晚从事畜牧，晚饭后从事批判”则是自由身体在人的全面发展中的生动写照。齐美尔关注各种文化形式与身体的社会化之间的关系。文化形式既借助身体的社会性倾向而发展，在其制度化之后又削弱身体的社会性，齐美尔的《货币哲学》正揭示了此中要害。韦伯同样高度关注与重视身体问题，他提出加尔文新教的核心就是在“天职观”的主导下对身体的严格纪律化，清教徒的惯习与资本主义倡导的惯习具有内在的一致性，为整个资本主义的发展奠定了心理与肉身的基础。此外，韦伯还特别考察了特定群体的生活方式及其习惯对社会分层的意义。涂尔干研究了社会事实如何渗透入个体的身体，使得身体在“仪式”中被具身呈现，并成为维持道德秩序的基本途径，例如，早在氏族部落时期，纹身就已经是对集体生活的认同的最有力的印记。

总体而言，古典社会理论中的身体主要被视为一种自然的、前现代的现象，但缺乏对身体的持续而深度的理论关注。正是通过与身体划清界限，古典社会理论勾勒出其学科边界，“身体在社会学中并没有遭到彻底忽略，而是属于一种缺席在场”[1]。古典社会理论所把握的社会形态中“集体”而非“个体”是社会存在的主要形态，“在个人主义型西方社会里，身体发挥着社会能量开关的作用；在传统社会里，恰恰相反，它扮演的是集体能量耦合装置的角色。人类通过身体实现与各种赋予集体生存以意义的象征意义场之间的对话”[2]。因此，**也正是随着工业社会向后工业社会的转向，家庭、社区以及社会逐渐疏离，个体性“身体”的重要性前所未有地凸显了出来。**

1 希林：《身体与社会理论》，李康译，上海：上海文艺出版社，2021年，第31页。

2 勒布雷东：《人类身体史和现代性》，王圆圆译，上海：上海文艺出版社，2010年，第15—16页。

第二节 理论要义

一、主体性的身体

在“身体转向”的各种理论路径中，德勒兹有关身体的阐释最切近尼采的思想。德勒兹的身体理论以欲望为根本问题，强调在身体不断破界的“游牧”经历与“增殖”的体验中发展出一种主体性的力量，从而对理性哲学及资本主义社会对身体的压制与规训提出挑战。

“欲望”是德勒兹身体理论的核心。在德勒兹那里，欲望首要的特征是积极性，是一种能动的力量。欲望是纯粹的，其目的不在于获得或占有某物，既不是对某种匮乏的被动反应，也不会因为被满足而终止。毋宁说，**德勒兹的欲望是生生不息的欲望本身，这样的欲望显然并非消费主义能够满足的，其欲求的是无休止地为自身扩充能量**，以冲破对一切外在束缚的欲望，甚至说是对欲望的欲望。欲望与尼采的权力意志具有根本的一致性。欲望具有生产性，是身体不竭的动力源泉，持续生产出身体内部的连接机制以及不同身体之间的现实关联。如果说，尼采意义上的身体不懈地跳着“酒与火”的激情之舞，并成为人重新认识世界的基点，那么德勒兹的身体就是一架永不休止的“欲望机器”。欲望不断超出自身，推动着身体去与其他的欲望进行连接，投注于周围的环境，直接生产出现实。现实就不再充斥着被制度所压制的软弱的身体，而是充满活力与多样诉求的差异统一体。德勒兹的欲望概念主张身体对现实的直接生产，抵制着思辨的辩证法对身体的力量及其诉求的抽象化作用。

在欲望不断的生产之中，身体呈现出三个阶段的变化：第一阶段中，欲望聚集各种能量而形成初级身体，这强调的是身体作为物质生产力的一面。第二个阶段中，能量不断聚集发展为复杂身体，也叫作“无器官的身体”。德勒兹并不反对具体的身体器官，而是反对将活生生的身体等同于一个组织系统，其中每个器官因其功能被连接成等级化的整体，“无器官身体绝不是器官的对立面。它的敌人不是器官，而是有机体系”[1]。反对身体的器官化是反对社会强加至身体之上的形式、功能和束缚，身体随时

1 德勒兹、加塔利：《资本主义与精神分裂（卷二）：千高原》，姜宇辉译，上海：上海书店出版社，2010年，第196页。

准备从对它的规训与支配中逃离，始终处于无界的无规律的“游牧”状态中。第三个阶段则是欲望对身体的生产，使身体处于不断的“增殖”中，带来了身体的精神性维度的凸显以及其对情感与感知等“强度”的体验。欲望生产下的身体变化并非线性模式，而是处于一种无中心的、非系统性的序列中，一个个差异性的瞬间构成一种“块茎”模式的整体。德勒兹以《追忆似水流年》中普鲁斯特对面容的描写为例，阐明块茎状身体的特征。阿尔贝蒂娜的面容随着主人公的情感变化而不断变化，每一次面容变化都预示着新的自我在体验、苏醒与重生，不同的情感与感受交错叠加，从而产生“十个阿尔贝蒂娜”构成的变幻不定的整体。

欲望对身体的生产发展出一种身体的主体性。德勒兹认为个体起初在法律与文化体系下被赋予的主体性是权力建构的产物。就此而言，德勒兹的主体的思想与福柯如出一辙。**德勒兹身体的主体性，是非社会性的，是身体在摆脱一切社会形式与束缚中形成的，因而具有革命性色彩。**巴迪欧的评价最能够体现德勒兹身体理论的主旨，“人们认为他为身体保留了权利以对抗令人恐惧的形式主义；他对于系统性精神毫不让步，总是宣扬大写开敞与运动、毫无预设规范的实验”[1]。与德勒兹相比，尽管福柯的身体观也受到了尼采身体哲学的深刻影响，且同样致力于对资本主义社会的身体规训进行批判，但福柯的身体观则明显更为强调消极与被动的方面。

二、被建构的身体

在当代社会理论对身体的探讨中，福柯及受其影响的结构主义与后结构主义的流派最为活跃且极具影响力。如果说尼采致力于将身体重置为认识世界的准绳，福柯则通过将身体置于社会理论的显著位置，以揭示权力关系的运作机制，并由此发展了一种建构论的身体观。

现代社会的历史是资本主义文化对身体进行理性化的结果。身体的被动性、生产性以及与这些相关的言语权力，这些概念构成了福柯为理解当代身体社会理论而提供的基本框架。同尼采一样，福柯认为理性建立在对身体的暴力的基础上，“事实上，

1 巴迪欧:《德勒兹：存在的喧嚣》，杨凯麟译，南京：南京大学出版社，2018年，第10页。

没有比权力的实施更加物质的、生理的和肉体的了”[1]。身体成为福柯更为细微地考察理性的具体机制的途径。福柯对权力发展史的考察发现，中世纪的政治权力有着显著的暴力特征，但现代权力并非在身体上施以暴力，而是借助于知识及现代科学对个体身体进行周密的控制。对福柯而言，身体的主体性完全是权力与现代科学的产物。精神分析、临床医学、生物学、体育和人口学等与身体直接相关的现代科学领域建构了人们对自身身体的理解与认同，并支撑着人们对身体的激进改造计划。身体在一种自主的外表下成为了被消费主义所裹挟和奴役的身体。例如，福柯在《疯癫与文明》中指出，19世纪疯人院的管制方式并不如17世纪一样直接通过禁闭作用于身体，而是使疯人对自身产生一种羞愧感，并以其主体意识来驯服自己狂暴的身体能量。

福柯消解了身体的本质主义的特征，作为生物学意义上的组织已经被社会权力及其机制所代替。福柯承认身体的物质性，并认为惩罚总是身体性的，无论技术旨在惩罚还是促进身体发展，都在身体上留下痕迹、改变形态。在德勒兹那里，被社会所塑造的身体是有机体系，而处于游牧并不断增殖的身体则是去中心化的、非系统性的整体。在《规训与惩罚》中，福柯表达了一种与之相反的身体观，在各种相互交织的权力的塑造与训练下，社会性的身体不是各种器官组成的有机整体，而是缺乏中心性并处于非稳定状态的身体。福柯的身体缺乏外溢的生命力与积极性，失去了尼采为身体所注入的自我反复扩充的意志与能量，也不具备对纪律与约束的反抗能力。在德勒兹那里，身体是一架巨大的欲望机器，在福柯这里，身体成为了知识权力下“被驯服的机器”。

福柯开创了一种更为宽广的身体社会理论。如果说在《疯癫与文明》《规训与惩罚》等一系列著作中，福柯以对身体的历史性考察为背景，撰写了一部社会惩罚史，那么，在其晚期的生命政治学阶段，福柯对身体的理解则发生了转变：身体从生物性的身体转变为能够实施自我控制的智性身体。在对个体身体与人口身体相区分的基础上，从对个体身体的惩罚性的研究转变成为一种对现代社会的人口生产的治理术的研究，使得身体研究得以从身体内部扩展至其外部，并沿着时间和空间，即约束代际

1 福柯：《权力的眼睛：福柯访谈录》，严锋译，上海：上海人民出版社，2021年，第171页。

的再生产以及约束城市空间内人口的再生产这两个维度同时展开。**福柯将身体变迁的分析与从传统向现代的社会结构转型紧密结合起来，打开了身体理论的社会化解释路径**，也对社会理论的身体转向运动产生了重要影响。

戈夫曼是福柯身体理论的重要继承者。戈夫曼的拟剧理论将社会关系比喻成一个舞台，人们根据身体习语在舞台上进行着各种表演。身体习语类型繁多，不仅指约定俗成的身体语言，如挥手、致礼、眼神等姿态，也包括衣着、语调、位置等与身体有关的社会文化符号。但无论哪一种，**身体习语都是社会身份与等级的象征**。“身体空间作为各种习惯性行动的聚合领域”[1]，成为一种受自我管控的社会资源，以促进习俗和社会秩序的再生产。在身体的各种表演中，“脸面工作”起着关键作用。戈夫曼关注到了在流动性不断加剧的现代生活中，“脸”相对于其他身体器官的突出意义，因此，“脸面工作”尤其能够体现自我与社会互动关系的状况，如脸红、流泪和羞愧等身体表现都预示着认同的危机，“它揭示了这些人的虚拟认同（他们如何看待自身）及其实际社会认同（别人怎么看他们）之间存在差距”[2]。因此，为了避免自己的表演遭遇失败，出现诸如误会、脱节等丢脸行为，个体不惜一切代价练就一身恰当的人际关系技巧，以竭力保存自己的“脸面”。形象管理成为了关键，健身、整容、整形、饮食控制等都是必要的措施，身体从而变成了资本主义商品化的对象，与消费主义的逻辑深度媾和在一起。

戈夫曼对身体的“表演性”特质的探讨，揭示出资本主义社会中的私人与社会两个层面相分离的实质状况。社会性关联更主要地被理解为一种脸面工作，身体被社会关系及其商业逻辑所渗透与裹挟。身体建构论者以不同的方式揭示了社会关系及其生产方式对身体的重塑，以至于社会深刻影响并塑造着身体，身体的实在性被意识形态、微观权力所消解。同生产性的身体观单纯地强调身体的动物性一样，建构论的身体观走向偏向于强调意识形态的另一极端。建构论的身体观与生产性的身体观各执一端，两种不同的身体观维持着身体中自然性与社会性的分离，并在愈演愈烈的身份政治运动中嬗变出新的理论形态。

1　吉登斯：《社会的构成》，李康、李猛译，北京：生活·读书·新知三联书店，1998年，第61页。

2　戈夫曼：《日常生活的自我呈现》，冯钢译，北京：北京大学出版社，2008年，第12页。

三、政治的身体

20世纪60年代以来，广泛的身份政治运动构成了身体社会理论兴起的主要推动力。身份政治运动并不局限于某一种身体观，无论是强调身体的自然性还是建构性的身体理论，都可能吸纳基于身体的政治运动的理论元素，进而形成新的身体理论形态。

自18世纪起，生理性别的差异开始得到关注，科学开始将性别范畴建立在生物性差异之上，19世纪则对性别差异的生物性大加论述，并于20世纪70年代兴盛起来，最终发展为社会生物学。社会生物学秉持一种自然主义的身体观，将社会不平等说成自然遗传的必然结果，"基因"成为解释世界上任何社会行为与社会事件的根本要素。两性差异及其分工的区别也被认为是荷尔蒙分泌差异所致。社会生物学家相信能够通过改变基因改变一切，并否认社会结构对于身体及其行动具有决定性作用。1976年，英国著名进化论学者理查德·道金斯创作的科普读物《自私的基因》是这一思想的典范，他主张个体只是基因代际传承的"维存机器"。社会生物学是社会达尔文主义与帕森斯的功能主义对身体作为"生物有机体"的社会学解读，是达尔文进化论在两性关系问题上的一种版本，企图为人类行为确立生物学基础。

在一种消极的意义上，自然主义的身体观捍卫了身体的生物性，为社会关系提供了物质性的基础。但是，社会生物学通过达尔文的自然选择理论来寻找人类社会性本质的生物遗传学解释，往往忽视了身体的开放性和其在社会关系构建中的重要作用。**自然主义的身体观是一种维护现有权力结构的意识形态话语工具**。正如埃利亚斯所说，掌握权力的人常常借助对被支配者的所谓"低劣生物性"的论述，来证明自己地位的正当性或优先性。这种观念为新右翼的保守主义和新自由主义提供了理论基础。当今的种族主义和极端民族主义等思潮，都与这种自然主义的身体观紧密相关。

与自然主义的身体观相反，巴特勒将福柯建构论的身体观引入对性与性别的分析中，以身体的社会建构性来挑战对身体的自然主义态度。巴特勒接受了福柯对主体性的假设，即主体性是知识权力所生产的。在其著名的"性别展演"理论中，**巴特勒指出性别并非生物性的，而是身体在社会规范的强制下反复"表演"过程的结果**。当人们越来越相信"生理性别、社会性别和欲望之间有因果关系"[1]，并在其行为中不断地表

---

1 巴特勒:《性别麻烦：女性主义与身体的颠覆》，宋素凤译，上海：上海三联书店，2009年，第31页。

演与强化这种一致性的时候，性别归属就被生产了出来。但一旦背离社会规范所界定的性别，身体就会感到“脆弱不安”。集会意味着人们在“顽强地活着”[1]，“当一个脆弱不安、依赖外界的身体表现出自身的脆弱时，它就在行使公开现身的权利，揭示一部分人被视为可弃置的状况”[2]。巴特勒借助于身份偏离所带来的脆弱性，赋予了身体一种政治意味。

四、具身化的身体

社会理论传统中有一种基本的预设：在自然与社会之间存在着一种张力，身体则是二者的中介。“身体决定性地处于世界的自然秩序和世界的文化安排结果之间的人类结合点上。”[3]但古典社会理论并未对身体进行主题化，当代社会理论创造性地运用了古典社会理论的相关资源，在对身体的持续探讨中形成了“具身性”的身体观。

“具身性”（embodiment）身体观最初由现象学传统发展起来。梅洛－庞蒂（Maurice Merleau-Ponty，1908—1961）指出，笛卡尔认为观念可以独立于身体而存在，这种说法实质上预设了世界是预先的且外在于人的客观存在。“具身性”的理论主张人与世界是以身体为基础的统一体，世界通过可感的身体及其体验被人所认识。梅洛－庞蒂将身体理解为肉身（flesh），肉身是感性而脆弱的，因而诸肉身之间总是发生一种“交织”或“纠缠”的“身体体验”。“体验”并非单纯认知性的，而是多个器官形成的总体感受。在身体体验中，意识与身体及世界发展出了一体性关系，确证了人在世界中的存在与世界对人的敞开。意识把握的正是这种统一性，“成为一个意识，更确切地说，成为一个体验，就是内在地与世界、身体和他人建立联系，和它们在一起，而不是在它们的旁边”[4]。身体嵌入世界之深，以至于其不可能被还原为任何一种生物性要素或结构性要素。

具身性的身体观考察的是“交往身体”，这样的身体在自我与社会之间创造最根

---

1 Judith Butler, *Notes Toward a Performative Theory of Assembly.* Cambridge, Massachusetts: Harvard University Press, 2015.

2 沃克：《21世纪的21位思想家》，姜昊骞译，上海：上海文艺出版社，2023年，第234页。

3 特纳：《身体与社会》，马海良等译，沈阳：春风文艺出版社，2000年，第99页。

4 梅洛－庞蒂：《知觉现象学》，姜志辉译，北京：商务印书馆，2001年，第134页。

本的联系。**身体既被社会关系及文化过程所渗透与塑造，身体的生物性又对社会关系与人类文明演化具有基础性意义。**布迪厄在对日常经验中身体性质变化的考察，埃利亚斯有关身体行为在长期的文明进程中的演变及其反作用的研究，都堪称具身性社会理论的范本。

布迪厄视身体为个体在社会化过程中所获得的"资本"。在消费社会中，人们的衣食住行各领域充斥着形态各异的商品，这些商品的使用价值日减，日益成为了一种文化符号，不同程度地体现着社会身份、地位和权力。身体越来越脱离其生物性，而成为各种文化符号的载体。这个被文化符号所裹挟的身体，成为个体在交换市场中进一步积累社会资源必需的甚至是关键的要素，即"身体资本"。一切与身体相关的要素都被资本化，教育是人力资本、品味是文化资本、关系是社会资本等等。同其他任何形式的资本一样，"身体资本"具有生产性，身体所具有的文化符号越稀缺、越有优势，个体在社会生活中越能够获得生存与竞争的优势资源，反之亦然。人们对奢侈品的热衷，无疑正体现出对身体资本的追逐与崇拜。

但布迪厄并非消极的建构论者，"身体资本"具有转换为其他类型资本的可能。在工作、休闲等各种场域中，身体资本转换为包含货币、商品或服务在内的经济资本、教育文化资本，以及人际关系等社会资本。布迪厄举例称，工人阶级身体资本的价值低于支配阶级，但其依然可以通过打造自己的身体能力，来获得更高的经济报酬、社会地位与文化权力，运动员通过职业体育锻炼所实现的阶级突破颇具典型性。

在身体资本的生产与转换中，布迪厄非常注重"惯习"与"场域"的作用。"身体资本"实质上指的是一种"惯习"。"惯习"是特定的社会物质基础与人文条件对个体的身体长期潜移默化的结果，是个体在某种环境下长期生活过程中养成的生活方式。生活方式具有特殊性，塑造了人的整个"性情系统"，并体现为一种品味及人的"素质"或"素养"。在《区分：判断力的社会批判》中，布迪厄指出，最重视身体修养的群体是小资产阶级。"他们的身体素养本身，属于为了经过资产阶级的窄门不得不把自己缩小的人，他们与社会世界的整个客观关系都表现在身体素养上。"[1]**"惯习"成为个体进入到相应的社会"场域"中的条件，也只有在其相应的"场域"中才转化**

1 布尔迪厄：《区分：判断力的社会批判》下，刘晖译，北京：商务印书馆，2019年，第537页。

为资本。因为不同的场域通行着不同的逻辑和资本类型。布迪厄认为资本主义社会中存着各种各样的附庸风雅的社会风俗，这一惯习形式的根本逻辑与主体的教育背景、成长经历等息息相关。布迪厄主张人们通过身体规划突破阶级门槛，但他并没有从理论上具体展开其可能路径。布迪厄的“身体资本”的转换只能是一种个体化的身体行为，并不具备普遍效用。

与之相异，埃利亚斯对“文明化身体”的论述，并非直接展开对社会结构的批判，而是通过呈现人类身体与社会文明在长期演进中的互动关系，凸显身体对人与世界的中介机制与关联效应。埃利亚斯的“身体”是自然与社会的统一体。首先，身体的社会化由身体的生物属性所推动。身体的物质性为文化与社会的习得过程提供了生物学基础，决定了社会能够以何种方式、在何种程度上作用于行动者本身。同时，社会过程对人的习得能力的影响又是在自然性成熟的基础上展开的。例如，在语言习得之前，啼哭、表情等身体语言都在相当长的时间内充当沟通工具的作用。

更为重要的是，身体的样态及其作用在不同的历史时期和文明形态中存在着显著的差异性。在古代宫廷社会中身体代表着价值符号，德国自由军团中身体是暴力的载体，当代社会中身体又化身为表征亲密关系的情感载体。在不同的历史时期，身体与文明的关系也不同。在中世纪所谓相对“未文明化的身体”叙事中，情感的身体化表达具有直截了当性，现代文明中的身体则是高度个性化、隐喻性的。随着文明进程的展开，文化与社会对身体的塑造越来越深入。这些差异表明身体并非一成不变的封闭机体，而是具有突生性变化的能力，就其本质而言身体是处于不断进化过程中的未完成形态。身体能够考察自身属性与外部环境的互动关系，并进行主动的调试，将其习得的社会符号发展为反身性的语言，并以符号的形式代际传承，推动文明化进程。就此而言，“文明化的身体”实际上对文明产生了反馈效应。**文明的进程不是简单的、独立于身体的客观发展，而是随着身体的需求和进化特征逐步走向“符号解放”的过程**。也就是说，身体的变化和需要推动了文明的发展，而不是相反。

埃利亚斯的身体理论凸显了身体的主体性维度，对古典社会理论长期秉持的人类文明发展的理性主义模式发起挑战。同时也表达了对盛期现代性的理性化及其个体化趋势的忧虑，即相比于依赖他人并通过互动满足自身的欲望，人们越来越乐于与自身独处，并投入精力对自身进行规划和监管，这是一种高度自反性的身体模式与文明特征。

总体而言，具身性身体观强调身体的演化性，尤其是布迪厄的身体理论充分体现了古典社会学理论在当代身体的探讨中的创造性转化。“身体资本”概念吸纳了古典思想资源的理论成果，其中包括马克思关于社会阶级和社会再生产、涂尔干关于习俗对身体的渗透机制、韦伯对文化对社会分层的理论分析等。

第三节 评 析

一、消费社会视域中的身体观

消费社会的兴起是身体转向发生的历史背景。在资本主义工业社会向后工业社会转变的过程中，社会的含义发生了变化。作为传统社会基本单位的核心家庭，在后现代社会中受到严峻挑战，社会从公共领域转变为“公共和私人领域被混合揉杂在一起”[1]的形态。“身体”意义在当代的凸显，正体现了个体对社会关系的疏离在个体层面的效应。“身体作为人不可分割的一部分而存在，这一点只有在个体之间彼此隔离，具有相对独立的主观能动性和价值观的个人主义社会结构里才能够想象。身体犹如一块边境里程碑，区分着每个个体。”[2]在这一时代变迁中，无论是生物医药技术还是健康相关领域，这些社会机制与技术通过消费主义作用于身体之上，无形中推动了个体化的进程，意在使个体承担原本由家庭和社会承担的职能。

消费社会的实质在于整个生活经验的符号化及其“去意义化”，消费主义对身体的改造亦如此。消费主义对身体进行抽象化，身体的差异性不再体现为自然的、天赋的差异，而是体现为社会所赋予的文化差异。**感性的肉身成为了一个消费的空间，消费的需要被资本主义生产所主导，从而奴役着身体。**如果说奢侈品等主要是从外在装扮身体，健身、饮食、生物技术等则从内部更为深刻地重塑了身体，这也是福柯关

1 奥尼尔：《身体形态：现代社会的五种身体》，张旭春译，沈阳：春风文艺出版社，1999年，第151页。
2 勒布雷东：《人类身体史和现代性》，王圆圆译，上海：上海文艺出版社，2010年，第21页。

于身体的论述的主旨所在。消费主义的身体又成为了身体资本，重新参与到社会交往及其交换之中。在新技术条件下，虚拟空间成为承载与创造身体需要和满足的重要场所，进一步放大了消费主义对身体的作用。因此，批判性的身体社会理论揭示了新自由主义国家摆脱其社会职能，而资本全面介入到社会领域对身体的商品化，导致个体主义愈演愈烈的趋势。

二、身体社会理论的反思性

在当今身体社会理论中，具身性的身体观是颇具影响力的思潮。尽管兼具了“自然—社会”的统一性，具身理论对身体之“反身性”的强调，致使其依然具有明显的理性主义特征。“反身性”意味着基于身体而来的反思性，根据实用主义者米德的观点，反身性意指自身既是主体也是客体，自我通过扮演他人的角色，展开与自身的对话。对话的内容主要是促进个体识别并习得社会交往中的文化符号。作为一种自我监督与内在对话的身体重塑机制，“反身性”构成了当代具身性身体理论的概念基础。无论是布迪厄将身体作为一种可以进行兑换的资源，还是埃利亚斯从历史的视角阐释了自然过程与社会过程的关联，都强调现代社会的反身性特征。吉登斯的现代性与自我认同理论也如此，在晚期现代性之时空“脱域”机制下，个体通过不断重组自我叙事来建构自我认同，将自我与世界进行关联，为个体的生存寻求新的可能。

基于反身性的个体与世界的统一，依然是一种认知的统一性。这样的具身化理论与梅洛-庞蒂所设想的以身体为中介的身体现象学，具有显著差别。在梅洛-庞蒂那里，肉体与世界的关系是一种“身体体验”，“触摸”是实现这一过程的重要方式。梅洛-庞蒂有一个著名的例子，当人的左手去触摸右手的时候，左手既是触摸者，也被右手所触摸。身体与世界的关系也是如此，当身体接触世界的时候，身体也感受到世界的触动。“触摸”包含了身体的全面感受与思考，通过这种感受，人的意识将世界纳入进来。这表明，没有一个独立于思维的客观身体。人与世界的关系是在思维的引导下，通过身体来建立的。换句话说，我们的思考和理解影响了我们如何体验并与身体及周围世界互动。当代著名的具身化理论家的希林也同样认为，真正意义上的具身化理论主张感性与理性的统一，即“强调意义与知识的身体基础，强调积极做出体验和解释的身体”，同时，在对肉身维度保持敏锐的前提下，“阐发个体在结构性背景中的嵌入性，以及结构本身的具身体现”。[1]

三、技术与身体

随着人工智能、基因工程、生物医药等技术的发展，围绕着技术化身体的争论日益凸显出来，但对身体的技术化与社会关系的研究，还有待进一步展开。目前已有的研究多沿袭了福柯建构论的身体观，认为技术的发展使得身体越来越臣服于技术，以至成为一种“后人类身体”。奥尼尔断言，生物技术对人身体的改造已经普遍化，以至于“通过身体的医学化，我们被社会化了”[2]。如果说早期资本主义执着于身体配件的修复术的话，晚期资本主义则致力于基因修复术，器官移植、芯片植入等技术是既具有重要的医学意义，也具有社会以及意识形态意义的重要事件，对生命的结构进行根本的改造已经成为世界范围内最具战略性的领域。

四、马克思的身体问题研究

身体社会理论的诸流派都试图将身体置于突出的位置，对笛卡尔的理性主义及其个体主义传统进行批判。但目前的身体社会理论，包括具身化理论在内都尚未形成一种基于身体对社会的系统性的、历史性的分析。建构一种批判性的身体社会理论则要求直面西方思想的理性化传统及其个体化后果，既要通过强调身体在社会中的在场，又要在形成对人类社会历史变迁的把握中，阐明身体在这一过程中的作用。埃利亚斯对文明化身体的分析，还仅是一种阐释性的把握，缺乏更为深入的批判性分析。

在当代身体社会理论的诸种流派中，身体或是欲望的、被建构的，或者是政治的、被技术所介入的，却从不是劳动的。身体社会理论强调以身体的“欲望”确立其主体性。但马克思并不是从“欲望”来理解身体，尽管马克思强调身体的感性特征。

1 希林：《身体与社会理论》，李康译，上海：上海文艺出版社，2021年，第348、351页。

2 奥尼尔：《身体形态：现代社会的五种身体》，张旭春译，沈阳：春风文艺出版社，1999年，第123页。

马克思从政治经济学批判角度来解读资本主义对“需要”的生产，“每个人都指望使别人产生某种新的需要，以便迫使他作出新的牺牲，以便使他处于一种新的依赖地位并且诱使他追求一种新的享受，从而陷入一种新的经济破产”[1]。更进一步说，在马克思这里，**“需要”及其满足的过程也正是社会关系的建立过程。**在资本主义社会中，这是一种一方依赖于另一方又被其所支配的社会关系类型。

马克思并没有把身体看作由各个分离的部分组成，比如神经系统、消化系统和性别特征等。在马克思看来，人的身体具有一种普遍性的劳动能力，即利用工具改造自然的能力。这一点使人与动物区别开来，动物的生命活动皆受制于本能的驱动，依然从属于自然属性。但人改造自然的活动，受制于特定社会的生产方式及其社会关系，这是身体活动的社会条件。通过将劳动视为人改造自然的过程中的自由自觉的活动，马克思赋予了身体一种真正的在场。马克思认为，并不存在固定不变的永恒的现实，以及独立于社会的自然。自然是经过人的劳动改造的“人化自然”。**在改造自然的过程中，技术及其社会环境得到了变革，人的身体能力的限度也不断得到提升，人的劳动潜能随之逐步释放。在以劳动为中介的“自然与社会”的辩证关系中，人的身体逐渐从自然的限度以及社会制度的束缚中解放出来，并形成基于劳动的人类文明的进程，也体现了马克思社会思想中的人道主义维度。**

五、身体的谱系学

对于身体社会理论来说，对身体展开谱系学考察具有基本的方法论意义。使用这种历史研究方法的前提是批判传统的进步历史观。在尼采看来，传统的进步历史观掩盖了历史中不同权力之间的斗争，以及这种斗争带来的意外和变化。基于身体的历史观则专注于解释这些变化和矛盾，展现那些被理性压制的群体的生存状态。尼采的“谱系学”方法拒绝了进化论、进步论和目的论的历史观。在此基础上，福柯继承了尼采的谱系学方法，并将身体置入其中。在《尼采、谱系学、历史》中，福柯指出，对历史的追溯并非致力于寻求“起源”，而是要在那些已经逝去的踪迹中，“发现历史

1 《马克思恩格斯文集》第1卷，北京：人民出版社，2009年，第223页。

关系的复杂性"[1]。历史中充满了偶然与断裂，一种全面的进步的历史观掩盖了对疯人、穷人等的暴行。或者说，谱系学探讨的是多元的起源如何被化为单一的原因的，"谱系学探究的是，将那些实际上是制度、实践、话语的结果，有着多元、分散的起源的身份范畴，指定为一种起源和原因，这样做的政治着眼点是什么"[2]。

在《疯癫与文明》中，福柯首次提到了身体，并在历史分析中揭示权力对身体的作用方式。福柯指出，与17世纪通过将疯人禁闭以驯服其身体相比，19世纪的疯人院的管理手段已经发生了变化，转而采取将身体与心灵相区分的惩罚模式，使疯人以其对自己身体过失的羞愧感来驯服自身。《规训与惩罚》中，福柯推进了其关于身体的谱系学探讨，将以身体的惩罚为基础的历史进程呈现了出来。从身体的视角来看待历史，历史不再是由抽象观念建构的崇高的历程，而是通过对身体之神经系统、营养与消化系统等进行锻造与监管的混乱的、野蛮的进程。

思考题与推荐书目

思考题

1.20世纪80年代以来法国社会理论的身体转向的兴起，存在哪些推动因素？

2.同样受到尼采身体哲学的影响，德勒兹的身体观与福柯的身体观有什么不同？

3.建构论的身体观是如何被身份政治所吸收并利用的？

4.布迪厄的"身体资本"是一个完全消极的概念吗？

5.你认为"具身智能"是否可能？

推荐书目

克里斯·希林:《身体与社会理论》，李康译，上海：上海文艺出版社，2021年。

布莱恩·特纳:《身体与社会》，马海良等译，沈阳：春风文艺出版社，2000年。

---

1 Michel Foucault, "Nietzsche, Genealogy, History," in Paul Rabinow ed., *The Foucault Reader*. New York: Pantheon House, 1984, pp. 76–100.

2 巴特勒:《性别麻烦：女性主义与身体的颠覆》，宋素凤译，上海：上海三联书店，2009年，第3页。

大卫·勒布雷东:《人类身体史和现代性》，王圆圆译，上海：上海文艺出版社，2010年。

约翰·奥尼尔:《身体形态：现代社会的五种身体》，张旭春译，沈阳：春风文艺出版社，1999年。

朱迪斯·巴特勒:《性别麻烦：女性主义与身体的颠覆》，宋素凤译，上海：上海三联书店，2009年。

欧文·戈夫曼:《日常生活的自我呈现》，北京：北京大学出版社，2008年。

第十二章
消费社会理论

消费理论的系统探讨始于20世纪60年代，随着商品市场的扩张和消费民主化，消费行为从特定阶级扩展至全民，并从单纯的基本需求满足转变为包含美学和符号意涵的文化消费，成为现代社会中个体自我认同和社会关系构建的关键媒介。本章从消费与消费品、消费与社会关系两方面展开。第一部分的讨论发生在消费者和消费产品之间，马克思、凡勃伦和鲍德里亚分别探讨了消费品中的物化和剥削现象、有闲阶层的精神消费以及符号消费对具体消费品之意义的消解。第二部分的核心围绕消费行为中主体与他人构建的社会关系，道格拉斯认为消费有助于文化认同和群体团结的形成，布迪厄则发现了消费中暗含的品味差异对阶层区隔和社会关系再生产造成的影响，最后，阿多诺探讨了资本主义社会中的文化工业对消费者的意识形态统治。消费理论揭示了消费在现代社会中的多重角色和消费行为背后的社会意义。在数字信息技术迅猛发展的今天，消费理论所讨论的对象也在进一步拓宽，这些新的变化有赖于我们对消费理论及其对社会结构和意义再生产体系的影响进行深入的洞察和批判性思考。

第一节　理论传统及概况

社会理论对“消费”（consumption）的理解与日常用语中的消耗或经济学中的购买行为有所区别。在直接生产阶段，生产者和使用者是同一个人，此时存在的只是对劳动产品的直接消耗。在货币经济出现之前的简单商品交换阶段，买卖双方基于需求来交换产品，这种交换行为还不能称为消费。随着金银等一般等价物的出现，庞大的商品堆积，此时买卖行为不再单纯基于需求展开，而是以货币本身的积累为目的。这一转变标志着现代意义上的消费概念正式出现。

对消费的大规模学术探讨，主要在20世纪60年代以后兴起。回顾消费观念的演变过程，我们可以辨识出一条明显的发展轨迹：在传统社会中，个体的经济活动以自给自足的小农经济为主，生产和消费的直接关联限制了超出生活必需品范围的消费行为。在这一历史阶段，消费被视为对欲望的放纵，尤其在西方基督教传统中，它被视为人类原罪的体现。随着经济的发展，阶级社会的出现带来了生产过剩，消费在不同社会群体中呈现出多样化的面貌。对于贫困群体而言，消费主要关乎基本生存需要的满足；而对于资本所有者而言，消费则成为享乐和展示社会地位的工具。进入21世纪，消费不再局限于特定阶级或社会群体。大量丰富的商品涌入市场，纷繁复杂的广告刺激着消费者的购买欲望。大众消费时代的来临标志着消费的民主化，广泛的社会成员得以享受日益增长的消费成果。这一时期，消费不仅在经济层面上发挥着重要作用，而且也在文化和社会身份的构建中扮演着关键角色。

消费观念实现了从抑制消费到解放消费的转变，消费能力也经历了从特定社会阶层向全民普及的过程。正如英国消费社会学家科林·坎贝尔（Collin Campbell）指出的那样，工业革命不仅引发了生产的革命，同样也催生了消费的革命。在这一过程中，赚钱和消费逐渐被视为自身的目的，这标志着对传统价值观的显著突破。[1]尽管古典社会理论并未将消费作为其核心议题，但它们对消费的探讨为当代消费社会理论的建构提供了理论基础。

许多学者认为马克思的理论以生产为核心，并不重视消费，这体现了早期资本主义的特点，因而对当下的消费社会缺乏解释力。针对这一批评，需要注意的是，首先，马克思从资本的运行逻辑入手，解释生产相对于消费的决定性作用；其次，马克思的阶级分析着眼于消费领域的现实问题，即在市民社会中，市场上存在大量丰裕的消费品，而人们却生活在极度赤贫中。从消费的巨大不平等、消费能力和生产能力不匹配等问题出发，马克思揭露了资本主义在消费中的等价交换骗局，并指出生产与消费的内在矛盾会导致资本崩溃的危机。

在韦伯的理论中，消费问题占据了相对重要的位置。韦伯在对社会阶层的划分中明确指出，不同社会群体之间的竞争主要围绕消费展开。在传统社会中，不同阶层所需要的消费品在数量、种类和等级层次上存在显著差异，消费品被用来区分社会阶层和象征身份等级，它的符号价值远远超过使用价值。而到了现代社会，尽管贵族与平民等阶层的划分已不复存在，但利用消费品来确证身份的做法仍在延续。这里可以看到马克思与韦伯的根本性差别。马克思认为在资本主义社会中使人们相互区分的基本单位是阶级，而阶级是通过生产方式及其生产资料的占有来确定的。韦伯则强调不同的消费方式会影响个体的社会生活和身份地位，消费不仅巩固了社会阶层，而且对社会分层产生了深远影响。在《新教伦理与资本主义精神》中，韦伯详细探讨了消费观念的转变，并力图阐释禁欲主义的新教伦理如何在形成过程中将财富的积累与消费行为一同视作对上帝的责任。韦伯指出，禁欲主义绝非克制一切欲望，而是通过抑制短暂而被动的欲望，以实现长期的和可持续的欲望的满足。这种禁欲主义的新教伦理为其后全面解放自我欲望的消费时代的到来提供了思想准备。

在古典社会理论家中，齐美尔作为对消费系统性探讨的先驱之一，将现代社会消费行为的一个重要特征定义为对时尚的追求。齐美尔认为，时尚不仅是一种社会现

1 Colin Campbell, *The Romantic Ethic and the Spirit of Modern Consumerism*. Oxford: Basil Blackwell, 1987.

象，更是一种文化机制，它能够同时满足社会成员的双重动机。首先，个体通过消费行为体现与他人的差异化，以此表达和确证自己的身份和个性。其次，消费还能够使个体与特定社会群体保持一致，通过模仿他人来获得群体归属感，并借助模仿较高社会阶层的风格来提升自己的社会地位。在齐美尔的分析中，时尚消费中包含“求同”和“示异”这两种动机，它同时满足了个体建构自身身份认同和表达群体归属感的两种社会功能。另外，齐美尔还分析了时尚的传播途径和演变趋势。他认为时尚潮流往往起源于社会上层阶级，随后被下层阶级所模仿。然而，这种模仿在一定程度上模糊了不同社会阶层之间的界限，削弱了上层阶级通过时尚来区分身份地位的能力。因此，为了维持独特的社会地位，上层阶级往往会放弃旧有的时尚风格，转而制造新的时尚趋势，以此来重新确立与大众的区别。

齐美尔关于时尚的观点揭示了近代消费观念在两个关键方面的转变：在传统社会中，社会阶层相对稳定，消费观念倾向于“仿古”，并强调对世代相传的“老钱”（old money）的继承。例如，在伊丽莎白时代，一个富裕的家族要经过至少五代人的传承，才能获得“温文尔雅”的社会认可。在这一过程中，具有历史痕迹的建筑、珠宝和服装成为身份的象征。这是传统社会上层阶级抵御和排斥下层阶级的模仿并维护其社会地位的一种手段。随着社会阶层的界限逐渐模糊，现代社会发展出了一种“追新”的消费模式，以重新发挥身份区隔的作用。在这种模式中，上层社会成员首先创造并采纳新的时尚潮流，这些潮流随后被较低的阶层模仿和追捧。在这种消费观念中，旧事物不再象征着家族世代的传承，而被视为“过时”的体现。此外，从“老钱”到“新钱”的转变也伴随着消费群体的变化，即从以家族为中心转向以个人为中心。传统社会的奢侈消费是家族财产的一部分，消费品所体现的也是以家族为单位的身份区隔，而新时代的消费则更多反映了个体的私人品味，对时尚的追求也体现了个体的社会地位差异。这种转变也导致相对固定的传统消费风格被打破，取而代之的是一种瞬息万变、不断追求新事物的消费趋势。[1]这种消费模式的流动性和不稳定性，也反映了现代社会中个体身份认同和社会地位的流动性。

1 Peter Corrigan, *The Sociology of Consumption: An Introduction*. London: Sage Publications Ltd, 1997, p. 5.

第二节 理论要义

消费社会理论主要围绕三个问题展开：首先，探讨消费主体与消费品之间的关系，以及不同性质的消费品在消费活动中承载的社会意义和象征价值；其次，分析个体在消费过程中如何与其他社会成员以及不同社会群体建立联系；最后，关注当代消费现象存在的新特征和趋势。

一、消费者与消费品

（一）马克思：作为物的消费品

马克思采用历史唯物主义的方法分析了消费的起源，以及消费和现代资本主义生产方式的关系。在《〈政治经济学批判〉导言》中，马克思提出了生产和消费的一般关系："生产直接也是消费。"[1]消费在这里包含两层意思：首先指直接消耗生产的产物，例如以自给自足的方式消耗掉自己的劳动成果；其次是通过交换或购买的方式享用他人的劳动成果。第一种消费贯穿前资本主义时代，这种消费的特点在于生产是它的唯一尺度，人能消耗多少、消耗哪些种类的产品直接取决于私人生产的进步。第二种消费在前资本主义时代是偶然出现的，马克思发现物物交换或简单商品交换最早发生在共同体的边缘，因为不同共同体在生产方式及其产品方面有较大差别，这构成了现代消费的最初雏形。

随着资本主义时代的到来，第一种消费逐渐被第二种消费取代了。资本主义在原始积累的过程中剥夺了劳动者的生产资料和生产工具，这使第一种自给自足的消费不再可能。建立在雇佣劳动和分工之上的普遍的消费时代来临了，人们不得不依靠消费他人的劳动产品维持生存。此时以交换为中介的第二种消费呈现出两个特点：首先，每个人既是消费者也是生产者。马克思指出，人们在消费中扮演了买方和卖方的对立角色，而这些角色只不过是经济关系的人格化。琳琅满目的消费品和消费者一样，都是资本运动的"承担者"[2]。其次，消费不再是生产的结果，而是生产的前提。在资本主

1 《马克思恩格斯全集》第30卷，北京：人民出版社，1995年，第31页。

2 马克思：《资本论》，北京：人民出版社，2004年，第110页。

义生产方式下，生产的结果不再是自然物，而是潜在的消费品。如果产品不能完成从生产到消费的“惊险一跃”，那么生产就无法实现自己的价值。

消费和生产的“头足倒置”导致资本主义社会出现了一个难以解释的现象，即生产能力和消费能力的不匹配。一般来说，劳动者生产的越多，他所能消费的就越多。但是现实情况则恰好相反。马克思从这一奇怪的现象出发，在《1844年经济学哲学手稿》中对资本主义社会的消费现象进行了阶级分析。首先，消费品领域出现了两极划分：一方面是资产阶级的“精致的需要”，另一方面是工人“牲畜般野蛮化的”、粗鄙的需要。在消费理论领域，很多思想家已经注意到了社会不同阶层通过消费品进行区隔的现象。但马克思发现，精致和粗鄙的消费品不仅作为社会阶级区隔的现象和外观，它的内部存在着一种因果关系，即精致的消费“再生出了相反意义上的自身”[1]。也就是说，一部分人的奢侈消费导致另一部分人只能停留在粗鄙的、维持生存的消费中，二者看似只是地位、身份的外在表现，或消费品味的偶然差别，其实在以私有财产为核心的资本主义社会中具有剥削与被剥削的内在关联。

其次，马克思发现消费伦理的倡导在不同阶级内部也存在差别。工人的美德是自我节制，他不能超过日常生活的最低标准来购买和消费；而资本家的美德则是通过奢侈的消费来促进国家财富。[2]这意味着消费行为在不同阶级内部实际上有不同的经济意涵。工人的消费是对其身体的再生产，本质上是通过吃喝来维持劳动力的存续。在《资本论》中，马克思分析了资本家如何通过调节工资来控制工人的消费，从而达到使工人难以逃离一无所有的现状并实现阶级跃升的目的。资产阶级的消费则意味着促进资本的循环。这里的消费不仅帮助剩余价值的再生产，也刺激了竞争，并推动了生产技术的进步。这是工人与资本家的消费在资本体系中的差别。但是，马克思进一步看到了二者的相同之处：无论是工人的消费还是资本家的消费，无论是精致的消费还是野蛮的消费，它们的目的就是生产更多财富，即完成资本“承担者”的使命。

综上所述，马克思的消费理论是历史分析与辩证分析的结合。前资本主义与资本主义社会在消费方式上的差别，根本上是生产与消费关系的差别。消费反作用于生产是资本主义社会的特有现象，而这一历史分析又带动了马克思对无产阶级和资产阶级

---

1 《马克思恩格斯文集》第1卷，北京：人民出版社，2009年，第225页。

2 《马克思恩格斯文集》第1卷，北京：人民出版社，2009年，第226页。

消费的辩证分析。从表面上看，奢侈消费与粗鄙消费的表象下隐藏了前者对后者的剥削，而从本质上看，任何一个阶级的消费在资本主义社会中都是资本运动的结果。马克思在这里着重讨论了与物质生产直接相关的消费及其在现代资本主义社会中的特殊境遇。但消费不仅能从生产及其产品的角度理解，它同样折射了消费者的价值观、审美倾向和生活模式。在消费行为中，个体展现了其社会身份和角色，这些行为是他们社会地位和个人认同的体现。

（二）凡勃伦：有闲阶级的精神消费

1899年美国制度经济学家索尔斯坦·凡勃伦写作的《有闲阶级论》是对消费理论的一个重大贡献。他通过讨论有闲阶级的历史起源及其在社会结构中的位置，将社会学研究的焦点转向了消费行为。把握凡勃伦的理论要从他对制度的理解开始。他认为制度由个体或社会在长期生活中逐渐形成的习惯组成，而习惯又源于人类的本能，因此制度与人类本能之间有内在的联系。[1] 凡勃伦在这个问题上的批判对象是古典政治经济学对理性经济人的假设。该假设认为，市场中的每个参与者都能最有效地判断何种选择最符合个人利益，从而进行理性决策。但凡勃伦认为，人类的经济行为并非完全受理性控制，而是在很大程度上受到本能的影响。他指出，**资本主义社会中存在两种基本的本能，分别对应着两种经济制度**：第一种是虚荣的本能，它支撑着对财产所有权的法律保护；第二种是工作的本能，它构成了物质生活中技术和工具供给的基础。以这两种本能及其对应的制度为基础，凡勃伦从历史的角度开始讨论有闲阶级的形成。

凡勃伦将人类历史的发展划分为四个阶段：野蛮时代、未开化时代、手工业时代和机器时代。在野蛮时代，尽管生产力水平低下，但恰恰在这个时代中，有闲阶层得到了最充分的发展。这一现象的原因在于性别分工的出现，即男性主要从事掠夺性工作，而女性则从事生产性工作。掠夺性工作由于能够保障共同体成员的安全并迅速通过劫掠他人获得物质资源，因此在社会中被赋予了更高的地位。相反，生产性的劳动缺乏体力的门槛，在生产力水平较低的时代难以创造大量财富，因而被视为较低级的劳动形式。随着历史的演进，在未开化的时代中，直接暴力行为逐渐减少，财富积累

1 凡勃伦：《有闲阶级论：关于制度的经济研究》，蔡受百译，北京：商务印书馆，1964年，第138页。

的主体从共同体转变为个体，社会财富的积累开始从直接掠夺转向以私有财产为基础的合法占有模式。凡勃伦认为，有闲阶层的起源可以追溯到从事掠夺性劳动的群体，这一群体主要由从事战争、政治、宗教仪式和竞技体育等职业的男性组成。

如果说暴力及与之相关的荣誉在野蛮和未开化时代是社会地位的象征，那么手工业时代和机器时代的人们如何获得声望呢？凡勃伦的回答是，财富的占有成为衡量社会地位和声望的新标准。但问题在于，积累起来的大量财富如果隐而不显，就难以有效地转化为社会地位。那么如何凸显和展示自己的财富就成了首要的问题。凡勃伦指出，有闲阶层实现这一目标主要通过两种方式，一种是炫耀性休闲，另一种是炫耀性消费。**炫耀性休闲**指的是有闲阶层避免从事任何与生产有关的活动，并忙于一些本质上没有任何价值的事情[1]，以此来证明自己的社会地位。例如，良好的礼仪需要通过长时间的培养才能运用自如。一些需要花费大量时间学习的技能也使有闲阶层获得社会声誉。另外，有闲阶层也可以通过养活不需要劳动的人来证明自己占有大量财富。凡勃伦认为，这或许是近代以来不用从事额外工作的家庭主妇大量出现的原因。妻子或仆人的替代性闲暇也逐渐成为炫耀性休闲的一个重要组成部分。随着资产阶级社会流动性增强，日益壮大的中产阶级实际上并没有富裕到足以完全放弃劳动。他们不得不从事一些劳动来增加收入，这样一来**炫耀性消费**就取代了炫耀性闲暇，成了有闲阶级彰显社会地位的主要方式。消费取代闲暇的这一趋势也符合凡勃伦对两种人类本能的理解，既能满足人们的劳动本能，又能满足人们通过消费来获得荣誉的需求。有闲阶层的炫耀性消费显然不是出于理性主义的实用价值观，他们的目标是一些“刚巧为我们力所不及的，或者是需要加一把劲才能达到的理想境地”[2]。较高的阶层通过追求高级奢侈品来彰显社会地位，这些有闲阶层的消费选择会进一步扩散成为其他社会成员追随的对象，炫耀性消费最终成为影响全社会消费行为的风尚。

综上所述，凡勃伦的理论补充了古典政治经济学利用理性经济人的模型来解释消费所存在的缺陷。在消费行为中，消费者不应被简化为仅从自利角度出发的孤立个体。相反，消费动机受到一系列复杂的社会因素的影响，这些因素包括但不限于社会地位、文化价值观、群体认同和象征性需求。因此，消费不仅是消耗或购买物品的经

1 凡勃伦:《有闲阶级论：关于制度的经济研究》，蔡受百译，北京：商务印书馆，1964年，第32页。

2 凡勃伦:《有闲阶级论：关于制度的经济研究》，蔡受百译，北京：商务印书馆，1964年，第77页。

济活动，它同样受社会观念和等级制度的影响。凡勃伦从社会文化观念的角度分析消费行为，为其后的学者提供了一个重要的研究视角。

（三）鲍德里亚：符号化的消费

法国社会学家和西方马克思主义学者让·鲍德里亚开创了从符号学的角度理解消费的思潮。他受马克思、索绪尔和列维-斯特劳斯的影响，从消费社会入手展开对晚期资本主义社会的批判。

鲍德里亚首先论证，当代资本主义社会已经经历了从以生产为中心到以消费为中心的根本性转变。在前资本主义时代，消费行为主要以满足个体基本需要为目的，它是建立在个体与其所需要的特定物品之间的直接关系。这种消费模式是生产过程的直接延伸，消费只有在生产活动结束后才能开始，并且与特定的生产活动之间存在一次性的关系。如果按照这个逻辑理解现代消费社会，我们很容易把消费的扩大化理解成生产丰裕化的结果。但鲍德里亚认为恰恰相反，绝对意义上的丰裕和匮乏的社会从未真正存在，这些现象都是结构性过剩或结构性匮乏的产物。[1]但是在生产总量并未显著增加的前提下，消费体系的全面扩张是如何实现呢？鲍德里亚认为，原因在于消费者在消费的过程中并不看重商品的实用性价值，而更加重视其符号价值。这意味着，从个体与特定物品之间的关系来理解需求的传统视角已不再适用于当前的消费社会，相反，需求的满足与物品及其社会意义所构成的系统有紧密关系。

消费社会中的“物品系统”有以下的几个特点：首先是**全面的商品化**。该系统要求社会生活中的万事万物均能转化为潜在或实际的消费品，这不仅包括传统的劳动产品，还包括人的自然身体、欲望、观念等非物质层面。一旦某物被纳入消费品的范畴，它便获得了符号价值的入场券，成为社会意义和文化价值的载体。其次是**符号价值的建构**。物品系统具有与语言结构相类似的特征，它构成了一个超越特定消费品的意义体系，由此出发能够规定个别物品的意义和功能。因此，消费品的意义不再仅仅与物质属性相关，而是更多地受到其在物品系统中所处位置的影响。最后是**主动的消费模式的建构**。在物品系统中展开的消费活动是一种建构积极关系的主动模式。在以生产为核心的传统体系中，消费的对象和能力受到生产水平的制约。进而，由需求或欲望所驱动的消费行为被视为一种被动的活动。但在物品系统中，消费者通过消费具

1 鲍德里亚：《消费社会》，刘成富、全志钢译，南京：南京大学出版社，2000年，第38页。

有符号价值的商品时，这种消费行为已经超越了物质属性和生产技术的直接控制，成为一种无意识的文化实践。“这样便可把消费定义为一种完全唯心的、系统性的作为，它大大溢出人与物品的关系和个人间的关系，延伸到历史、传播和文化的所有层面。”[1]

既然消费社会中个体与特定商品的关系，已经转变为个体与整个物品系统的关系，那么物品系统又是如何满足消费者的多种需要呢？鲍德里亚发现，由消费构成的主动性结构呈现为一个意义的黑洞。首先，被符号编码体系赋予意义的消费品不再是独立的物，而是“符号－物”。在这个新的消费对象中，具有同等符号价值的物之间可以无限替换。鲍德里亚在《拟象与仿真》中进一步把符号在能指与所指之间产生的差别，解释为模拟与现实之间的差别。表面上看，模拟与现实、能指与所指之间应该具有一一对应的关系，但是经由消费社会的广告营销等手段对产品进行包装后，模拟与现实之间的关联被切断，符号本身也沦为一个空洞的意义黑洞。在这种情况下，被符号中介的物之间不再具有实质性的差别，例如冰箱和洗衣机在提供舒适性和彰显社会地位的意义上是完全等同的。正因为符号是空洞的，它才能吸收和满足各种“个性化”的需求，这些表面上有差异的需求在通过消费彰显身份地位的意义上正是同质的。其次，各种消费品被符号编码的系统赋予了新的等级关系，通过符号在能指和所指之间完成对比和替换，大众能够在消费中获得不同等级的符号编码所体现的身份差异。“要成为消费的对象，物品必须成为符号，也就是外在于一个它只作意义指涉的关系——因此它和这个具体关系之间，存有的是一种任意偶然的和不一致的关系，而它的合理一致性，也就是它的意义，来自于它和所有其他的符号－物之间，抽象而系统性的关系。这时，它便进行‘个性化’，或是进入系列之中，等等：它被消费，但（被消费的）不是它的物质性，而是它的差异。”[2]

鲍德里亚的理论旨在对消费社会进行全面批判，在这方面他延续了法兰克福学派批判理论的立场。在鲍德里亚看来，消费品在模拟与现实之间的绝对割裂，揭示了消费社会宣称能够满足个体的个性需求的表象是虚假的。不仅如此，正如人们在资本主义生产体系中被资本驱使一样，消费社会中不断增长的消费需求成为役使人们的新的统治工具。在这一过程中，消费不仅不是个体欲望的自由表达与实现，反而成为一种

1 鲍德里亚：《消费社会》，刘成富、全志钢译，南京：南京大学出版社，2000年，第226页。

2 鲍德里亚：《物体系》，林志明译，上海：上海人民出版社，2001年，第224页。

新的控制机制，使得个体从自然身体到欲望和精神都被迫商品化，成为被符号编码体系所估价的对象。

二、消费与社会关系

（一）联合：消费与文化认同

20世纪英国文化人类学家玛丽·道格拉斯（Mary Douglas）在其著名的作品《洁净与危险》中提出了消费和文化认同理论。道格拉斯在这本书中利用结构主义的方法建立了一套清晰的群体分类系统。她认为群体性的定义不仅源自正面和积极的文化内容，也在禁忌和危险中确立自己的边界。道格拉斯通过观察人们在日常生活中经常使用的，却很少意识到的分类差别——例如哪些物品被归类为危险或不洁的，哪些物品是神圣和清洁的——揭示了这些分类标准如何反映了群体内在的分类逻辑。道格拉斯观察到，清洁之物通常具有明确的种类和清晰的界限，而污秽之物则是边界模糊的、容易破坏现有秩序的。前者反映了群体对维护自身安全的需要，而后者的模糊则被视为危险的来源。因此，群体不仅通过明确的秩序建立一套外在的边界，而且也在日常行为和对物品的选择中确立了内在边界，以此来建立一种潜移默化的群体认同。

从文化人类学的观点出发，道格拉斯希望探究人类日常的认知系统、分类体系和消费选择等行为，以揭示社会如何依靠事物的象征逻辑来运行和维持秩序。在与计量经济学家拜伦·伊舍伍德（Baron Isherwood）合著的《物品的世界》一书中，道格拉斯延续了这一研究方法。道格拉斯批评了传统理论理解消费的两个错误视角：第一种视角把消费和效用联系在一起，过于狭隘地从理性经济人的角度看待消费者的选择；第二种视角则是凡勃伦式的观念，即把消费看作一场引人注目的竞争性游戏，在这个视角下，消费主义被斥责为贪婪和愚蠢的。这两种视角共同忽视了消费的象征意义：消费者对消费品的选择往往超越了实用性或社会地位展示的层面，消费行为实际上暗含了人们对广义上社会和文化建构的深层理解。因此，“消费品是中性的，它们的用途是社会性的：既是可以确立群体边界的栅栏，也可以用作沟通群体内部的桥梁”[1]。

---

1 Mary Douglas and Baron Isherwood, *The World of Goods: Towards an Anthropology of Consumption*. New York: Basic Books, 1979, p. xv.

道格拉斯的理论旨在探究消费对社会文化的建构和排斥作用。在这个基础上，她提出了消费品的两个功能：首先，消费品是“使文化范畴变得可见和稳定的必需品”[1]。如果要理解消费对文化建构的意义，那么研究者必须把目光从个体消费中移开，转而关注消费如何展现特定群体对特定文化的选择和偏好。例如，在不同文化群体中，食物禁忌的选择并不是基于健康考量，而是基于“位置不当”的象征性逻辑，即禁忌的食物是在象征的符号体系中被安放在错误的群体分类中的食物。其次，消费品的另一个重要用途是“建立并维系社会关系”。为了理解消费与社会关系的建立，我们需要将个体消费者置于一个由情感纽带构成的社会关系网络中。因此，消费过程是意义的创造，消费品构建了一个充满意义的社会，个体不仅通过消费品的选择来建立更广阔的社会关系，并且还能在由群体认同所建构的世界中进一步强化对自身的认识。

（二）区分：品味与阶级消费

法国社会学家皮埃尔·布迪厄是当代社会学界的领军人物之一，在他已经出版的三十多部专著和几百篇文章中，其理论涉及了社会结构、文化权力、阶层、亲属关系、知识分子等多个领域。布迪厄的基本理论旨趣是在客观的结构和能动的主体之间找到一种辩证的立场。他认为个体的实践受场域所影响逐渐形成了惯习，而惯习不是一成不变的，它能进一步建构新的场域，所以个体与结构必须被理解为在实践中相互作用。在此基础上，布迪厄在其最著名的《区分：判断力的社会批判》一书中集中探讨了人们在消费领域的品味如何体现并再生产其所在的社会阶层。

首先，布迪厄从**惯习**（habitus）概念入手解释不同阶级品味的形成机制。惯习可以被理解为一套动态的心智与行为配置系统，它既非完全来自主体的策略性选择，亦非完全受客观社会结构的决定。基于惯习而行动的个体应当被理解为在既定的社会结构和正在被构建的社会结构之间进行持续的反馈活动。[2]在这个基础上，处于相同社会阶层的成员或群体倾向于发展出相似的惯习。惯习对个体而言是一套理所应当的，甚至是常识性的“信念”（doxa）。即便个体脱离了原有的社会环境，惯习仍然会对其实践活动形成长期而潜在的影响。随着时间的推移，这些惯习逐渐内化为个体的性情倾

---

1 Mary Douglas and Baron Isherwood, *The World of Goods: Towards an Anthropology of Consumption*. New York: Basic Books, 1979, p. 59.

2 格伦菲尔：《关键概念：布迪厄》，林云柯译，重庆：重庆大学出版社，2018年，第67—69页。

向，成为其行为与认知的持久性特征。

布迪厄认为，惯习会进一步表征为不同阶层在日常生活中的**“品味”**差异。那么不同阶层在文化和审美品味上的差异究竟是如何形成的呢？对此，布迪厄提出了与康德截然不同的观点。康德认为审美判断力是一种天然禀赋，它是理性主体的一种普遍的先验能力。但布迪厄认为，康德对美的“纯粹形式”的判断，将占有文化资本的特定社会阶层通过审美培养和高等教育等手段获得的美学体验能力，错误地普遍化为全体人类共同的感性法则。[1]布迪厄认为，对艺术图式的感知能力、对音乐的理解和体悟等审美判断力，并非源自个体的先验能力，而是后天习得的社会文化产物。这些审美能力的获取与个体在特定社会场域（fields）中的位置密切相关。因此，审美品味的差异并非源自个体固有的理性差异，而是社会结构和个体在社会场域中位置的直接反映。

布迪厄对文化资本的讨论从马克思的阶级理论中获得很多启发。他认为马克思正确认识到了资本对人的社会属性的影响，而这一影响不仅决定了个体在宏观社会结构中的阶级位置，同时也体现在个体的主观体验和对生活风格的选择中。“马克思所说的戳记，正是生活风格本身，通过生活风格，最贫困的人立刻暴露无遗，这甚至体现在他们对空闲时间的利用上，因此，他们注定要充当所有高雅举动的陪衬物，并以全然否定的方式支持奢望与区分的辩证法，这种辩证法是品味不断变化的根源。”[2]根据文化资本与品味的关系，布迪厄构建起一个三维的社会空间模型，该模型由资本总量、资本结构，以及这些属性随着时间的变化来确定。这意味着不仅总资本的匮乏或富有影响了阶级品味的形成，在资本内部文化资本和经济资本各自占有的比例及其变化趋势，也极大影响了阶级品味的划分，并进一步体现在阶级代际传递的过程中，影响个体或群体从当前的阶级向下或向上流动的可能性。

布迪厄进一步阐述了文化资本在形成个体品味方面的重要作用。**文化资本**是品味的重要载体，它主要以三种方式存在。首先，文化资本总是具象化在人的身体之上，它呈现出个人的自我完善程度。与经济资本不同，文化资本不能转让或赠予，它是个人努力和自我投资的结果，并且可以通过声音、语调或穿着举止体现出来。布迪厄发

---

1 参见布尔迪厄：《区分：判断力的社会批判》上，刘晖译，北京：商务印书馆，2015年，第一章，“一种反康德的‘美学’”。

2 布尔迪厄：《区分：判断力的社会批判》上，刘晖译，北京：商务印书馆，2015年，第281—282页。

现，具象化在身体之上的文化资本来源于家庭的地位出身和后天所获的教育。教育并不能打破人们在出身地位上的不平等，反而是一个隐蔽的阶级固化的场所。其次，文化资本大量以物质的形式存在，如珍贵的艺术品或高级的科技产品等等。在这里，布迪厄揭示了生产领域和消费领域之间存在着一种同源性。以时装产业为例，生产领域的内部斗争主要围绕着新旧和老少展开，而这种对立正是通过昂贵/廉价、经典/实用等方式在消费领域体现出来。“在时装场中占统治地位的妇女高级时装店经营者只需听从谨慎和克制的消极策略，就可以直接配合老牌资产阶级的需求……同样地，年轻的妇女高级时装店经营者或服装设计师则试图推行他们的颠覆观念，他们是年轻的资产阶级统治阶层和新阶层的盟友。”[1]最后，文化资本还能在制度中体现出来，这种客体化形式与身体和消费品的资本有所区别。文化资本制度化的典型例子是学术认证和从业资格证书等，它为文化资本赋予了一种权威性的地位。布迪厄认为，制度化的文化资本通过制造准入门槛来发挥阶级区分的作用。在对专家和知识分子的批评中，他指出符号体系本应是知识传播和沟通的工具，但是当其解释权被特定的群体垄断后，对符号的争夺就变成了对权力争夺的延续。[2]

综上所述，布迪厄认为人们在消费中所体现的品味“是一场不可避免的分类实践”[3]。品味首先发挥着一种匹配（match-up）的功能，它将个体在审美和行为表现上的选择与其所处社会群体的地位匹配在一起，并采取多种机制以维护这种匹配关系的稳定性，防止其受到破坏。其次，品味具有内在的排他性特征，个体在坚持自身品味选择的过程中往往暗含了对其他群体的品味以及其背后的阶级惯习的否定和排斥。关于品味的斗争正是符号暴力的领域，这里永远充斥着对合法权的争夺。不同阶级在争夺对风尚的定义权时，品味所引发的冲突实际上构成了广义上阶级斗争的一部分。

另外，值得注意的是，除布迪厄外，阿多诺有关文化工业的分析，也呈现出一幅悲观的现代消费社会图景，其中资本主义的工具理性和物化似乎已经全面入侵并主导了社会生活。在阿多诺的代表作《否定辩证法》中，他强调了必须抵制同一性对现代

1 布尔迪厄：《区分：判断力的社会批判》上，刘晖译，北京：商务印书馆，2015年，第362—363页。译文有改动。

2 布迪厄：《论符号权力》，吴飞译，《学术思想评论》第5期，沈阳：辽宁大学出版社，1999年，第116页。

3 布尔迪厄：《区分：判断力的社会批判》上，刘晖译，北京：商务印书馆，2015年，第93页。

生活的侵略，这种同一性在消费领域常常以极具个性化的、非同一性的假象出现。因此，抵御资本主义意识形态通过消费文化实现社会统治，就是要揭示文化工业对欲望的生产和对欲望的虚假满足。鉴于阿多诺是批判的社会理论的旗帜性人物，本教材已在“法兰克福学派的社会批判理论”一章中做了相关讨论。

第三节　评　析

本章旨在从消费品和消费的社会关系入手理解现代社会中消费现象的多维特征。在关于消费品的研究中，现有的理论呈现出两种趋势。首先，消费已经从资本主义生产的从属环节转变为现代社会的核心特征。尽管消费仍然以生产领域的技术和组织方式的进步为物质基础，但是消费的核心动力并不单纯来自物质生产的丰裕，而是更多依赖消费社会对欲望的生产。在这一框架下，消费者和消费品所扮演的角色既是经济领域受资本驱动的主体，同时也是表达身份认同和进行自我定位的社会主体。其次，在第一种趋势的影响下，消费者选择商品时所重视的不仅仅是消费品满足需要的物质属性，消费品的交换价值代表的也不只是价格，而是价格背后能够承载的社会意义。消费品是消费者自我理解和建构个体社会地位的手段。在这个意义上，消费行为在很大程度上具有表演性质，它不仅是主体出于享乐的目的对物品的自主选择，而是主体嵌入社会结构的一种方式。消费品的流行趋势及其蕴含的社会意义表面上看似迎合和反映了消费者的需求，但实际上其社会价值受“有闲阶层”彰显身份的消费选择影响，这些选择又由现代资本主义的社会结构及其构建的符号体系所决定。这种社会结构和符号体系的共同作用形成了一种由上而下的社会整合和文化同质化现象。

在对消费及其社会关系的研究中，消费行为具备联合和区分的双重作用。在联合的层面上，消费行为不仅是个体获得社会成员身份的途径，而且通过共享仪式化的消费实践，群体能够形成具有明确边界和内部凝聚力的共同体。此外，消费者高度个性化的生活方式也成为身份政治的一种表达。在社会区分的层面上，消费不仅是不同社会阶层之间身份地位、资源占有和社会权力之间差异的外在表现，而且也进一步再生产了这些差异。在消费领域围绕品味展开的争斗是阶级矛盾的进一步延伸。最后，批判理论认为消费是晚期资本主义实行社会统治的重要场所。社会统治首先渗入了批量生产的文化工业的产品，使得表面上具有伪个性，但本质上不具备任何美学意涵的流行文化成为消费者的唯一选择。进而，社会统治借由消费品掌控了消费者，人们不再能够欣赏和理解未被文化工业简化的真正艺术品，最终失去了对资本主义生活处境的反思和抗争能力。

英国社会学家阿兰·瓦尔德（Alan Warde）将消费理论的发展历程大致分为三个阶段：第一个阶段是从经典社会理论研究到20世纪80年代，这一时期的研究重点是大众文化的兴起与发展。第二个阶段是从20世纪80年代到世纪之交，这一时期受主流社会理论文化转向的影响，消费理论也开始关注消费文化的潜力。第三个阶段延续至当下，消费理论重新呈现出物质和技术转向的趋势，这一阶段对消费的研究开始注重人工智能和自媒体等新兴技术对日常消费的影响。[1] 从这个角度看，目前主流的消费理论尚未在第三个阶段发展出与时俱进的解释路向。因此，消费理论的研究应该回归对生产领域的重视。数字经济的兴起不仅极大地提高了生产力的水平和人们的消费能力，同时也孕育了新的消费习惯和风尚。网络社会以及与之相关的新技术会进一步通过消费在不同群体之间构造新的差异，这种由消费引发的社会区隔现象可能成为未来消费理论的研究重点。

思考题与推荐书目

思考题

1. 请解释“现代资本主义社会已经从以生产为核心转型为以消费为核心”这一观点的具体意涵，并谈谈你对此的理解。
2. 请解释布迪厄是如何论证品味与阶级区隔之间的关系？
3. 为什么鲍德里亚认为消费社会的符号体系是一个“意义的黑洞”？

1 Alan Warde, “The Sociology of Consumption: Its Recent Development,” *Annual Review of Sociology*, vol. 41, no. 1, 2015, pp. 117–134.

推荐书目

罗钢、王中忱主编:《消费文化读本》，北京：中国社会科学出版社，2003年。

齐格蒙特·鲍曼:《工作、消费主义和新穷人》，郭楠译，上海：上海社会科学院出版社，2023年。

弗兰克·特伦特曼:《商品帝国》，马灿林、桂强译，北京：九州出版社，2022年。

安东尼·加卢佐:《制造消费者》，马雅译，广州：广东人民出版社，2022年。

迈克·费瑟斯通:《消费文化与后现代主义》，刘精明译，南京：译林出版社，2000年。

Peter Corrigan, *The Sociology of Consumption: An Introduction*. London: Sage Publications Ltd, 1997.

第十三章
风险社会理论

风险社会理论是当代社会理论对于风险时代的自觉反映，将现时代所面临的重大不确定性作为研究对象，更新社会认识，并提出相应的方略与举措。风险社会理论也是一种理论范式，包含相应的方法论意义，影响到哲学、政治学、教育学、生态学等学科领域，表现出较强的跨学科性，"风险社会+"已经成为立足社会理论并辐射到其他学科的理论范式。

第一节　理论传统及概况

风险社会理论真正进入当代社会理论的中心地带并广受关注是在20世纪80年代中期。1986年4月26日凌晨，在位于苏联的乌克兰境内切尔诺贝利核电站发生了严重的核能反应堆事故，这场灾难造成了数千亿美元的经济损失，其核辐射在苏联地区造成了严重的人身伤害与生态灾难，外泄的核辐射尘更是扩散到苏联的西部地区、东欧地区、北欧的斯堪的纳维亚半岛，并随大气飘散到其他地区。不仅如此，因核辐射直接造成的伤亡数以万计，更多的是数十万人因过量核辐射而患上恶性肿瘤等疾病。时至今日，“切尔诺贝利核泄漏事故”造成的危害仍旧未能消除，对人类社会从心理、生理、经济与文化等方面都造成了严重伤害，产生了持续的风险效应。无独有偶，1986年，德国青年社会学家乌尔里希·贝克（Ulrich Beck，1944—2015）出版了《风险社会：朝向一种新的现代性》一书，该书在德国出版之后即广受关注并在短时期内销量达6万本之巨，远超德语世界中一般学术著作的销量，“风险社会”（risk society）也成为流行术语。1992年，英国著名社会理论家安东尼·吉登斯将《风险社会》引介到英语世界之中，贝克的风险社会学正式进入学术话语的中心地带。同时期，英语世界中斯科特·拉什（Scott Lash）也关注风险社会学研究，并参与到与贝克等学者的学术对话和讨论中，英国也形成了风险社会研究重镇。

一、理论背景：社会危机的时代病理学

随着风险社会成为现时代的时代形态与典型特征，风险社会理论也成为社会理

论的理论热点与争论焦点。本质而言，风险社会理论是关于当代社会危机的病理诊断学，其缘由大致有三：

第一，现代社会的危机诊断。社会危机既是破坏社会和谐、危及社会安全的重要因素，也是激活社会活力与重构社会团结的重要来源。纷繁复杂而形态各异的社会危机冲击与考验了社会结构的韧性与强度，同时也呼唤着各种风险认知与治理理论的出场，包括风险社会学、冲突社会学、公共安全学等理论的兴起都反映了社会理论对时代危机的敏感性与反馈性，正是基于对社会危机的深刻认知与合理诊断这一根本需求，风险社会理论应运而生。

第二，现代性的二重性效应。以涂尔干、韦伯等为代表的古典现代性理论大师认为现代性就是理性化，现代化本身就是由理性所驱动而不断朝向理性化的过程。知识的发展与科技的进步将捍卫现代性的意义与成就，但问题在于理性化自身在创造了前所未有的文明与成就之际，在消除了诸多“传统风险”之后，却创造了许多形式更为隐秘、后果更为严重的新型风险，诸如核能风险、气候变暖与物种灭绝等。风险社会本质上是工具理性不受限制地推进的必然结果，其负面后果是导向“理性的非理性化”。为此社会学家乌尔里希·贝克提出用“自反性现代性”（reflexive modernity）概念以更为准确地勘定现代性的坐标，它兼具意义与风险、机遇与危机的二重特质。

第三，当代社会理论从确定性理论向不确定性的转向。传统社会理论将社会状态勘定为惯常时态、安全状况的确定性情境，社会治理的目标是消除不稳定而追求稳定、克服风险而确保安全，从结构主义、功能主义到社会稳定理论，几乎都将维护确定性与安全性作为社会理论的根本原则与目标。但随着人类社会的巨大变迁，特别是科学技术的迅猛发展及“双刃剑”效应的产生，现代社会的“加速化”导致自然风险丛生、社会瞬息变化、世界风云变幻，人类自身亦疲于应对。就此而言，当代社会理论亟须范式转型与理论重构，以确定性范式为坐标的社会理论已不能有效解释当代社会所经历的重大变迁与风险突变，更不能对在不确定的瞬间所爆发的风险做出快速反应与敏捷治理。冲突理论、危机学说与风险社会理论的兴起确证了风险社会正是当下的时代境况与历史际遇，不确定性是对现时代的本质刻画与准确定向。

二、代表人物：道格拉斯、卢曼、贝克

（一）道格拉斯

早在1968年，英国著名人类学家玛丽·道格拉斯（1921—2007）就提出了“文化的危机理论”，在1966年出版的著作《洁净与危险：对污染与禁忌等观念的分析》与1968年出版的《污染》中，提出了文化建构主义，在1982年出版的《风险与文化》一书直接提出了风险建构主义。她认为与传统社会相比，现代社会的风险并非真的变多了，而是风险感知的方式更为多样而可用。在强调了社会如何认知、选择与建构风险之后，玛丽·道格拉斯重点研究了风险归责问题。一方面，她主张在现代社会中应根据客观中立的原则来分配承担风险后果的责任，在此基础上开展风险溯源、风险预警、风险应急与治理等，另一方面风险又具有“辩论资源”（forensic resource）的性质，对风险性质、危害后果的选择与认定等方面容易受到特定的政治情景、道德理念、伦理价值与审美判断的影响，群体的风险观念也会影响到风险感知。因此现代风险认知与其说是风险预测，不如说是风险辩论，风险文化才是现代社会的真实境遇，我们所处的时代应该是告别“风险社会”而走向“风险文化”的时候了。

（二）卢曼

尼克拉斯·卢曼（1927—1998）是德国著名的社会学家，提出了著名的社会系统理论，1989年获“黑格尔奖”，其著作涵盖社会学、法学、政治学与哲学等多学科，其中的代表性著作有《社会系统的观念》（1964）、《法律社会学》（1972）、《社会体系》（1984）、《风险社会学：对工业社会中环境风险的理论研究》（1991）。

卢曼的风险社会学理论的核心论题有三个：

第一，社会的复杂性决定风险的多元性。卢曼认为现代社会高度复杂，包含了诸如政治、经济、文化、法律等子系统，系统之间存在着纷繁复杂的关联，不同子系统的风险既在内部发生，同时也与其他系统彼此相关而形成连锁反应，整个社会形成了由不同风险要素所编织而成的网络系统。社会的高度复杂性导致风险形态的多元化，既存在着自然风险、环境风险、生态风险，也存在着经济风险、政治风险、精神危机等，自然风险与社会风险又各有其根源与表现。

第二，**“二阶观察”**（Second-Order Observe）**是认识社会风险的分析框架**。卢曼原

创性地提出了这一概念。如果说“一阶观察”强调观察到了什么，即是“what”意义上的，那么“二阶观察”则是从“how”的意义上，注重观察的方式或者说如何观察，并检视“一阶观察”活动中的盲区与误点。对风险进行“二阶观察”是从对风险客体的认知转向了风险主体的认知，弥补以往仅从外部将风险视为客观的固定对象的不足，而更加注重从风险活动的参与主体、认知主体、责任主体以及认识与应对方式等方面来考察风险活动的不确定性。

第三，风险是在社会系统中决策的结果。卢曼强调社会风险都与决策活动相关，风险是对决策进行观察的方方面面，无论是个人决策者还是集体决策者，包括更大层面的社会决策，都与决策时所处的心理状态、社会情境、共同舆论等社会性要素息息相关。风险乃社会系统进行决策的后果，但存在两重性：决策活动是为了控制或规避风险，但在规避某些风险时又可能产生新的风险，或严重的决策失误导致更大的风险。

卢曼的风险社会学开创了社会理论的风气之先，他首次对“风险”做专题性阐释，摆脱了冲突理论、不确定理论的羁绊而成为一个具有标识性的概念，为贝克的“风险社会学”的出场做了理论上的铺陈。

（三）贝克

德国著名社会学家乌尔里希·贝克创立了“风险社会学”，并对风险社会展开了系统研究。1986年，贝克出版《风险社会：朝向一种新的现代性》，指出工业现代性在创造巨大财富之际也将现代社会带入了史无前例的风险中，风险社会是现代性自反性运动的必然结果，生活在现代社会就是生活在现代文明的火山口，现代性的风险宛如达摩克利斯之剑，高悬于人们的头顶而面临随时坠落的风险。贝克分析了风险社会中人们生活境况与生涯模式何以走向个体化、制度化与标准化的悖论，“劳动的解标准化”是风险社会对劳动方式重构的结果。在宏观的层面上，“亚政治”的兴起以及重新反思现代化都是在风险社会中形成的新挑战。在《风险社会》中，贝克大胆预测，当代社会中最具威胁性的风险既不是地区冲突或战争的威胁，也不是粮食短缺、能源危机、经济困境等问题，而是核能的广泛应用以及正在运行的核电站。1986年4月26日即发生了切尔诺贝利核泄漏事件。在事后的评估与反思中，人们惊奇地发现贝克先知式的预警，贝克也走进当代思想文化的核心。

贝克总在进行风险预警。在1999年的新书《世界风险社会》中，贝克再次指出，现代社会的风险已经扩散为全球性风险，而最具威胁性的风险将由民族冲突、地区战争甚至恐怖主义导致，2001年的“9・11”事件竟是印证。贝克的影响由此变得更大。而其风险社会学也提供了一个极具解释力与预见性的分析框架，并影响到诸多学科，形成了诸如“风险教育学”“风险政治学”“风险生态学”“风险心理学”与“风险传播学”等，“风险+”的范式成为一种流行的理论框架。

贝克风险社会学理论的核心要点大致有两个基本面：

一是风险社会是现代性自反性运动的意外后果与制度性副效应。工业现代性是简单现代性，偏重于现代性的意义与成就而遗忘了现代性的困境与负面效应，在技术理性一往无前的推进之下，取得了前所未有的经济增长与物质繁荣，但由此而来，生态危机、贫富分化、政治极化与精神荒芜等风险却被忽略。事实上现代性是一把“双刃剑”，风险社会是现代性进程必须要承担的成本与代价。既然工业现代化的阶段不可跨越，也就意味着风险社会不是依据我们的喜好而定，而是时代的必然际遇与命运，关键在于必须重审现代性。贝克提出自反性现代化这一新的阐释范式，即现代性具有自我指涉、自我抗拒与自我反驳的能力，在展示意义与进步之际也在生产危机与风险，为此需要建构一种新的现代性理论范式——自反性现代性——来理解与阐释当下的复杂现代性进程，而风险社会理论就是自反性现代性的理论自觉。

二是风险社会重构了当代社会中个人、集体与国家的关系。从个人层面而言，风险社会中个人的生存体验从传统社会中的“我饿了”转变为“我害怕”“我恐惧”，个体实现更好生存的关键在于具有更强大的认识与应对风险的能力。风险社会介入与形塑了个体的微观生活，风险从表现形式、激烈程度、危害后果等方面都远超既往时期，家庭难以继续发挥在传统社会中的“庇护所”功能，家庭港湾功能的式微与社会组织的兴起相互确证了现代性风险的巨大不确定性。不仅如此，风险社会还导致了国家在风险应急与治理方面的功能变迁。面对共同的灾难性风险，国家组织面临着失灵的困境，而国际组织在应对全球性更是力不从心，在诸如应对气候变暖的全球治理方面，目前几乎陷入停滞。贝克认为，全球化时代人类进入风险共同体之中，但基于各自不同的实力基础与利益追求而导致巨大的分歧与冲突。

第二节　理论要义

风险社会具有动态性、复杂性与生成性特征，这决定了难以提炼与归纳出具有普遍意义的风险认知模式或治理经验，风险认知与治理更多的是以情境化、地域性与时代性的理论阐释与经验决策的方式进行的。透视复杂多变的风险社会，把握不确定性时代中的确定性，是风险社会的理论旨归。总体而言，理解风险社会理论需要切中如下三个核心议题。

一、二元结构悖论：风险社会的内在悖反

社会结构的类型多样、层次繁杂，但能对社会功能产生重要影响或定向作用的只有基础性的底层社会结构，也称为社会基本结构。风险社会所展现出来的危险与机遇、损失与收益并存的二重特质与其二元性结构密切相关。从社会结构层面分析，现代性的风险根植于现代社会的结构之中，现代性困境源于其内在固有的结构性悖论，即是说，现代社会的结构是一个极其稳定和安全的社会系统，系统内在的调节机制可以化解社会冲突，规避社会危机的爆发。但社会结构所给予的确定性承诺并不意味着安全社会，相反，社会风险实质上就是一种结构性的风险，结构所内蕴的断裂趋向使得社会生活危机重重。

就结构本身而言，它是将社会生活总体性地关联起来的事物，是对社会状态的内在形式的表达，结构的基本功能是对社会生活的调节与整合。结构具有二重性：一方面，社会结构是由人的实践活动所建构起来的，受主体认知、社会心理、价值取向等主观性因素的制约，因而结构本身不稳定。另一方面，经由人的实践活动所建构起来的社会结构又是人的实践活动的桥梁和中介，对人的行动本身具有背景性和构成性作用。由于人是能动能知的主体，任何行动都必定是被筹划的因而具有主观意图，但其结构往往超出了结构本身的预设，意外后果的不断涌现和对意外后果的理论自觉正标示着向风险社会的转型。

社会结构形塑了时代的风险与危机，危机又促进了结构的断裂。一个组织严密、技术至上、专家治理的社会系统，其结构一方面保障了高效率的社会生产、严谨的社

会秩序与精准的社会运转，但另一方面在应对风险时则有着固有的有限性：一是相对固定化的结构较之不断变换的风险境遇，具有一定的滞后性；二是结构的张力具有一定的限度，当不能容纳风险所造成的损害时，必然面临着结构转型甚至断裂的危机。就现代社会而言，一方面社会结构不断优化和增强，但另一方面在面对诸如环境污染、生态危机、核风险等现代性的灾变风险时却往往无能为力。例如，现代社会的环保标准日益严格，但由此形成的风险主体越多，每一责任主体所担负的职责就越小，甚至导致责任模糊、责任主体缺位和错位的现象。贝克将此现象称为“有组织的不负责任”。他说：“在第一次现代化所提出的用以明确责任和分摊费用的一切方法和手段，如今在风险全球化的情况下将导致完全相反的结果，即人们可以向一个又一个主管机构求助并要求它们负责，而这些结构则会为自己开脱，并说‘我们与此毫无联系’，或者‘我们在这个过程中只是一个次要的参与者’。在这种过程中是根本无法查明该谁负责的。”[1] 因为由人所建构和控制的结构并不能完全和有效地化解掉自己所制造的风险，它反倒是衍生其他风险的根源与诱因。

风险社会实质上是一种结构性危机，风险的控制与治理依赖于对结构本身的调整与优化，或者新结构的建构，但作为建构的实践活动本身也在生产与制造风险，新的风险因素使得社会系统更为复杂和无序。

二、自反性现代性：风险社会的现实逻辑

风险社会是现代性发展的负面效应与意外后果。就其负面效应而言，风险社会解构了传统的现代性叙事而主张现代性的两副面孔与两种后果，一副面孔是积极的阳光形象，对应的后果是现代性的意义与成就；另一副面孔则是消极的负面形象，对应的后果是现代性的困境与危机。现代性的两副面孔瓦解了启蒙理性所宣扬的对现代性的迷思与复魅，展现了现代性的复杂性与多变性，风险社会正是由启蒙理性所驱动与支配的现代性运动的负面效应，它确证了现代性的“双刃剑效应”。同样，风险社会也是现代性运行的意外后果。按照启蒙理性的运行逻辑，现代性是一列风驰电掣的列

1 贝克、威廉姆斯：《自由与资本主义》，路国林译，杭州：浙江人民出版社，2001年，第143页。

车，在通向理想世界的行进路途中不被允许停滞或倒退，即使真的出现了所谓的危机或困境，那也只是短暂的、局部的“暂停”，随着技术理性的进步，一定能克服现代性的危机。但世纪之交以来风险社会的爆发彻底打破了启蒙的神话，“知识越发达，社会越安全”的信条已然遭受严重质疑。为此，我们在重思现代性的来路时就理当发现，现代性不是一条笔直向前的平坦大道，而是荆棘密布、风险丛生的崎岖之路，它内在蕴含了自我抗拒、自我反驳的自反性基因。

自反性现代性是由贝克首创并得到吉登斯、拉什等学者高度认可的核心概念，它强调现代性本身是一个动态性的过程，具有二重性效应。现代性在工业社会中已经发展到极致，工业现代性的成果在推动社会进步的同时，也衍生出许多风险与危机，工业现代性内部孕育了反对甚至颠覆自身的力量。现代性的自反是现代性无法避免的后果，一旦这种后果激进化和集中化为一种时代特征的时候，就意味着风险社会的来临。启蒙理性将现代性建构为一个屹立不倒的神话，即只要进入现代性的进程之中，传统社会的一切危机与困境都能得到克服与超越，似乎用现代性的方式走出传统就能解决传统社会的一切问题。如果说还没有被解决，那只能归结为“不够现代”，换言之，即科学技术还不够发达，才会滋生出环境危机、能源危机、贫富分化、科技异化、心态危机等“现代病”。疗救现代性症结的方式仍必须是科技进步。工业革命以来盛行的“科技万能论”思路支撑起了对现代性的单向崇拜，但风险社会的来临破除了科技理性无往而不胜的神话，不确定性将成为人类社会的常态，风险生存是现代人必然的生存境遇。如果任由现代性不受规范地推进，那么，风险社会可能从现代性的增量结果演变为普遍特征和社会常态，从有待被规范和重建的世界走向一个“失控的世界”。

现代性的自反并不等于现代性的终结，而是指在理性精神和工业化力量的推动下自然的彻底社会化和社会生活对传统的撤离。自反性现代性的提出实际上宣示了风险社会的来临，标示着现代性已走到十字路口。风险社会既是现代性的直接后果，也是现代性曲折展开的当代形态，但它也只是对现代性的一个总体性概括，这一风险叙事刻画出现代性自反性所生成的风险图景。因此我们可以说，现时代就是一个高风险化的时代，风险社会就是我们的时代遭遇。它不仅从理论反思的层面对现代性道路发出警示，而且实际上已经在为我们时代的客观状况给出命名。无论我们意识到或承认与否，我们已然置身于风险的包围圈之中，它时刻以有形或无形的力量影响甚至塑造着我们的日常生活甚至未来命运。

三、全球化风险与世界风险社会的来临

传统社会的风险具有地方化特征，即由于受地理环境、交通方式与传播路径等因素制约而导致风险的发生及其传播被限制在特定主体与范围之内，这一时期的风险多是地方性风险、族群性风险、行业性风险等，属于原发型风险，虽不乏杀伤力但范围有限，难以快速地扩散与波及开来。即便是极具流行性的瘟疫，也主要是在特定区域内造成严重危害，可能使整个聚集区遭受灭顶之灾，但不会快速扩散为遍及全国的风险。但随着地理大发现的来临，人类历史从民族历史进入世界历史的时代，一方面现代性的文明维度不断传播与扩散到全球范围，落后民族与地区被卷入到现代性运动中并受益巨大；另一方面现代性的弊病与困境也输入到不发达国家，风险也具有了全球化的冲动。

工业化生产模式的全球扩展在带来现代性工业成就的同时也将现代性的风险后果播撒于世界各地。在贝克看来，现时代不仅置身于高风险社会之中，而且风险社会本身也是一种世界风险社会，风险已成为不可逃避的共同境遇，并具有全球效应。资本的全球流动在增殖本性的驱动下既加速了全球经济融合的步伐，提高了商品交换的效率，但同时也增加了金融风险与产业危机爆发的可能性。从震荡世界经济的金融危机的“大流动病”到全球性气候危机，从地缘冲突到可能引发全球灾难的核战争，没有任何一个国家或地区能在世界风险社会中独善其身。相反，全球性交往造成了风险传播的“蝴蝶效应”，在此地发生的风险很快能波及其他地区，形成一种区域性甚至全球性的影响。

值得注意的是，风险的全球性并不意味着所有的风险后果都是均等化的，发达国家可能利用风险的全球性扩散将国内的生态危机、经济危机与政治矛盾以对外投资、产业转移、民主政治输出等模式转嫁于不发达国家。风险的全球性蕴含风险责任承担上的不平等和不公正，因而建立一种公正民主的全球合作制度以应对世界风险社会就显得尤为必要。

第三节 评 析

风险治理是风险研究的理论深化与现实需求，体现了风险社会理论的对策研究与实践智慧。贝克早在2004年就预测说："当代中国社会因巨大的变迁正步入风险社会，甚至将可能进入高风险社会。从西方社会发展的趋势来看，目前中国可能正处在泛城市化阶段，表现在城市容纳问题、不均衡发展和社会阶层分裂，以及城乡对比度的持续增高，所有这些都集中表现在安全风险问题上。"[1]当代中国的现代化必然是一个风险与机遇相互交织的复杂性进程，不仅存在大量的传统风险，而且还有许多新的风险涌动，更有诸多不确定性带来的挑战，风险治理变得尤为必要与紧迫。但风险社会的复杂性决定了风险治理的系统性，风险治理不当或失误反而会人为放大风险、衍生次生危害与造成灾变效应。风险治理的系统性要求从治理理念、治理制度与实践应用三个层面展开。

一、责任伦理：风险治理的形上规范

卢曼指出风险本身就是人为决策的后果，风险决策是制造或放大风险的重要原因。贝克等批评了现代化的生产就是"有组织的不负责任"，它渗透进了一切领域与行业，每一个个体、团体、组织和政府都应该为科技时代的风险负责，承担相应的后果。"责任就更需要成为普遍性的伦理原则……在'责任原则'之下，没有人能够逃避彼此休戚与共的责任要求。"[2]在风险社会之中，没有任何具体的组织或人员愿意或能够对已经造成的危害担负责任。不仅在面对诸如气候变暖、金融危机、区域冲突等"灰犀牛"式的风险时存在相互推诿、责权模糊、治理失位的弊端，而且在面对核能危机、地震海啸、公共疫情等"黑天鹅"式风险时更是束手无策、进退失据，风险责任的晦暗不明与权责利关系的混乱导致风险治理陷入深层的制度性困境，因此亟须从

1 薛晓源、刘国良：《全球风险世界：现在与未来——德国著名社会学家、风险社会理论创始人乌尔里希·贝克教授访谈录》，《马克思主义与现实》2005年第1期。

2 薛晓源、刘国良：《全球风险世界：现在与未来——德国著名社会学家、风险社会理论创始人乌尔里希·贝克教授访谈录》，《马克思主义与现实》2005年第1期。

责任伦理的立场为风险治理提供伦理规范。

“责任伦理学”（ethics of responsibility）是由汉斯·约纳斯（Hans Jonas，1903—1993）、乔尔·费因伯格（Joel Feinberg，1926—2004）、汉斯·昆（Hans Küng，1928—2021）、汉斯·伦克（Hans Lenk，1935—2024）等人所提出来的实践伦理。责任伦理所主张的“责任”是前瞻性的、实质的、非对称的、自然的责任，它坚决地捍卫责任原则，要求“绝对不可拿整个人类的存在去冒险”[1]。风险社会呼唤责任伦理的出场，直接原因是作为传统伦理主要进路的美德伦理、功利主义与义务论伦理在应对风险社会之际面临着根本局限：都是以此时此地发生的实践活动为道德评判对象，而没有将时空视野拓展到未来，忽视了未来可能出现的风险情形；都站在一种不成熟的人类中心主义的立场上来进行道德判断，对自然采取支配者的姿态，没有考虑到人以外的其他物种的权利。

但是，责任伦理在风险社会中展现出自己的理论优势与实践智慧：一是它是面向未来时间的伦理考量。风险社会中人类不仅要注重当下的行为，更应将目光投射到未来的社会、未来的人类身上。当代人可能是未来风险的肇事者，但却享受着眼前的利益，而未来人则是这种可能风险的承担者，气候变暖、生态危机、物种灭绝等风险即是典型问题。就人类可持续发展的目的而言，“让后代都能够生活在一个适合于人居住的环境之中”[2]是每一个当代人的伦理责任与道德义务，这契合了责任伦理所主张的对未来可能出现的风险进行前瞻与预测的要求。二是责任伦理关注的是整体性的生物种类，认为包括其他物种在内的整个自然生态圈都有生存的权利，伦理对象不仅仅是此时此地的人，还要包括自然以及未来的人。三是责任伦理是强调风险关注的伦理学。约纳斯积极提倡“忧患启迪法”，认为在当前社会，风险可能是无处不在、无时不有，对于未来的预测，预凶比预吉更具有优先性。因此，“责任伦理”也是“未来的伦理”“整体的伦理”和“风险的伦理”。

1 Hans Jonas, *The Imperative of Responsibility: In Search of an Ethics for the Technological Age*. Chicago: University of Chicago Press, 1983, p. 16.

2 Hans Jonas, *The Imperative of Responsibility: In Search of an Ethics for the Technological Age*. Chicago: University of Chicago Press, 1983, p. 10.

二、法制建设：风险治理的制度要求

风险治理的根本保障在于制度建设，只有建立快速灵敏而科学合理的制度体系，才能真正发挥风险防范、风险预警、风险应急与救治的功能。制度建设本身是一个综合性体系，既有政治形式、经济制度、意识形态等方面的要求，也有法律规则、伦理规范与道德倡议等方面的约束，各有其特定功能并相互作用，方能保证风险治理的井然有序。法制建设则是这一综合体系的基础与保障，具体而言：

一是风险社会的法制建设思路是在确定性与灵活性之间保持动态平衡。在风险社会倡导法制建设的目的在于，通过法律条款的规定性来消除社会不确定性，法律条文以其公开性、明晰性、完整性等特点而发挥预防违法犯罪的功能，在风险社会中推进法制建设要求在法律条文中清晰地划分风险防控的责权利关系。但是，风险社会中法制建设又不能拘泥于形式主义，严苛的风险追责条款可能会滋生在风险社会中的“躺平”心态与不作为实践，僵化的风险应急机制不利于灵活应对瞬息万变的风险形态。风险社会增加了相关领域法制建设的复杂性，改变了以往过度追求明晰性的单一要求，法制建设应更注重原则指引性，构建充满人道关怀、充满张力和合理解释的法制体系。

二是风险立法应着重于事前预防。目前立法体系中关于惩罚犯罪的三个基本要件分别是：犯罪主体、犯罪行为与犯罪结果。基于这一原则所颁布的法律条款特别强调行为后果的真实性及其危害性，对于那些仅仅具有可能性的风险则称之为“犯罪未遂”。这一基本原则无疑是正确合理的，但在风险社会中法制建设不能仅从因果证据链条来防范风险。贝克指出当代社会的法律在防范风险方面已经落后于风险社会这一时代了，例如环境保护法其实是为跨国公司、垄断企业等进行环境污染开了方便之门。“在与科学和法律的美妙和谐中，我们继续采用所谓的污染者补偿原则作为认识和消除风险的方法。我们知道，因为其自身结构，现代化风险一般不能依照这种原则正确地得到解释。”[1]风险社会中法律责任的分配和承认应充分考虑如何对风险进行提前预防，将未来可能酿成灾难的危险提前防范与消解。

1 贝克：《风险社会》，何博闻译，南京：译林出版社，2004年，第74页。

三、风险预警：风险治理的实践应用

风险预警是风险治理的前提基础与现实应用，灵敏有效的风险预警能将风险的损失与危害降低到可以接受的范围，甚至能直接规避与消除风险后果。

风险预警是具有自身指向性的对象化活动，它以特定的风险现象作为研究区域，经过对风险区域中的特定事件进行监测识别、诊断分析、警示预控等一系列环节，通过积极主动的风险预警以最大程度地规制风险。风险预警的功能多样，主要体现为：（1）风险监测功能。监测是一种客观的描述性活动，即对社会运行过程中可能出现的危机现象进行实地观察、记载、汇编、报告等。监测功能是风险预警所必备的基本性功能。没有监测功能发挥作用去观察记载危机现象，收集整理相关信息，汇报提交有关情况，风险预警活动就成了“无源之水”“无本之木”了。（2）社会解释功能。它主要是描述风险境遇下社会运行的状态，探究其运行的一般规律，分析各种危机现象的活动背景与成因要素，并进行因果关系说明。（3）预见警示功能。风险预警的主要作用就是对现实生活进行超前反映，预见社会未来的发展趋向，报告可能发生的危机，预测将会带来的损失，以警诫、告示的方式使风险得到最大程度的减轻甚至回避风险。

风险预警功能的实现需要通过具体的实践环节展开，大致而言风险预警可分为如下基本环节[1]：第一是监测警情，指观察记录特定社会风险的不同表征，收集整理相关危机现象的各项信息。它是社会预警活动得以开展的前提性、必备性条件。第二是寻找警源，指依据警情的表现特征，回顾危机的既往历史，追溯风险源头。它是整个预警活动的起点。第三是分析警兆。警兆是社会危机的“指示器”与“标志牌”，在社会预警研究中起着“路标”作用。分析警兆即是指识别所获监测信息，判断预警对象的某一部分或环节是否将趋向危险状态，并评估其可能后果，这是整个社会预警活动的关键环节，它为后续的预报警度提供了理论依据。第四是预报警度，指预测风险趋势、评定危害级别、警示社会以维护其稳定运行。第五是实施预控，在此应具体问题具体分析。就可能发生的风险而言，预控活动具有一定的主动性，因而主要采取回避风险、转移风险、分散风险、中和风险等方法；而就业已存在的危机现象而言，预控

1 潘斌:《社会风险论》，北京：中国社会科学出版社，2011年，第235—238页。

活动相对来说就较为被动，主要采取的则是补救、抑制的策略。[1]

总体而言，当前社会正在建设一个合理有效的社会风险预警体系，首要的是培养公众成熟的风险意识，令其时刻具备忧患意识和底线思维，作好随时面对风险的准备。其次是要制定切实可行的风险应对方案，根据不同的风险类型、风险级别和责任主体，制定相应的风险防控方案。此外，还要建立快速高效的社会风险预警机构，加强社会风险治理建设。

思考题与推荐书目

思考题

1. 虽然风险会带来一定的损失与危害，为什么有些人主动地卷入风险，积极地参与风险博弈活动?
2. 从你的日常经验出发，你对哪些风险最为担忧，对哪些风险保持淡定，对哪些风险又基本不在意，原因是什么?
3. 为什么说风险社会是现代性自发性运动的结果? 如何理解风险社会与现代性之间的关系?
4. 在面对气候变暖这类关乎人类未来生死存亡的重大风险之际，为什么全球合作共同治理气候危机始终没有实质性措施?

推荐书目

乌尔里希·贝克:《风险社会》，何博闻译，南京：译林出版社，2004年。

乌尔里希·贝克:《世界风险社会》，吴英姿、孙淑敏译，南京：南京大学出版社，2005年。

尼古拉斯·卢曼:《风险社会学》，孙一洲译，南宁：广西人民出版社，2020年。

安东尼·吉登斯:《现代性的后果》，田禾译，南京：译林出版社，2000年。

潘斌:《社会风险论》，北京：中国社会科学出版社，2011年。

1 宋林飞:《社会风险指标体系与社会波动机制研究》,《社会学研究》1995年第6期。

索引